Thailand

Volker W. Radke (Text) · Rainer Kiedrowski (Bilder)

EINSTIEG Im »Land des ewigen Lächelns«

Mit ihren Schilderungen aus dem alten Siam setzten Kaufleute vor Jahrhunderten die Menschen in Europa bereits in Entzücken. Seit sich Thailand der Welt geöffnet hat, wurde dem Land zwar die Note des Geheimnisvollen, nicht jedoch der Reiz genommen. Altertümer und die interessante Kultur üben eine große Faszination aus.

Der Lotosknospen-Pavillon, historischer Nachbau in Ancient City

Chedi des Wat Phra Keo in Bangkok

Ayutthaya: Buddhafigur im Chedi Chaya Monghol

Thailand zählt zu Recht zu den beliebtesten Reisezielen Südostasiens, denn das Land von der Größe Frankreichs bietet eine kulturelle und landschaftliche Vielfalt wie kaum ein anderes der Region. Besonders an Bangkok, einer modernen Weltstadt, ist das 20. Jahrhundert natürlich nicht spurlos vorbeigegangen. Aber dennoch finden Gäste in vielen Gebieten Thailands noch exotische Reize, von denen Reisende im alten Siam bereits vor Jahrhunderten zu berichten wußten.
Der Buddhismus bestimmt das Leben der Thais in starkem Maße. Die tiefe Religiosität findet in zahllosen Tempeln und Buddhafiguren ihren Ausdruck. Doch auch der Glaube an Geister hat seinen Platz, bunte Geisterhäuschen machen auf ihn aufmerksam.

Wat Chalong in Phuket

auf dem Doi Suthep bei Chiang Mai

Thais machen gern darauf aufmerksam, daß die Umrisse ihres Königreiches auf der Landkarte dem Kopf eines Elefanten ähneln. Das Tier zählt zu den heiligen Symbolen der Buddhisten, repräsentiert Macht, Reichtum sowie Weisheit und wird eng mit dem Königshaus assoziiert. So wehte in der Flagge des ehemaligen Siam noch der weiße Elefant, den bis heute nur Könige besitzen dürfen.

Lange Zeit war Siam ein Land der Geheimnisse, ein unbekanntes, fernes Reich, aus dem nur Abenteurer und reisende Kaufleute in Büchern und Erzählungen berichteten. Für die meisten Europäer blieb Thailand indes lange Zeit ein Land der Träume, das die Phantasie anregte, aber unerreichbar war und daher Fernweh und Träume unerfüllt ließ.

Heute liegt das exotische Land mit seiner fast 2600 Kilometer langen Küstenlinie – 740 Kilometer am Indischen Ozean und der Rest am Golf von Thailand – nur noch 12 Flugstunden von Mitteleuropa entfernt; die Flüge führen meistens zum Don Muang-Flughafen von Bangkok oder – weit bequemer – fast direkt per Charter zu den »Traumstränden« von Pattaya und Phuket.

In Chiang Mai der Wat Chedi Luang

Der geheimnisumwitterte unsichtbare Vorhang, mit dem sich das »Land des ewigen Lächelns« schützend umgab, hat sich seit Beginn des Tourismuszeitalters sachte gehoben. Die Bühne des Gastlandes verheißt ein Szenarium voller Exotik.

Thailand ist ein »sanftes Abenteuer«, auf das man sich vorbereiten sollte. Reiseschecks, Sonnencreme und Badehose reichen nicht aus. Denn die Reise geht nach Asien, das gerade Europäern eine Vielzahl von Rätseln aufgibt und eine Herausforderung bedeutet: an die Geduld und an den guten Willen, vom Buddhismus geprägte Sitten und Moralvorstellungen zu respektieren.

Der Buddhismus ist in Thailand Staatsreligion, der rund 93 Prozent des 55-Millionen-Volkes angehören. In diesem Glauben, der gleichzeitig Philosophie und Weltanschauung bedeutet, sind die Thais tiefverwurzelt. Er hat ihren Charakter geprägt, bestimmt ihr tägliches Leben und zwischenmenschliches Verhalten. Die über 25 000 Tempel des Landes sind der sichtbare Beweis dieses religiösen Machtfaktors.

Wo immer man sich in dem 514 000 Quadratkilometer großen Land, das etwa der Größe Frankreichs entspricht, befinden mag: Thais bleiben höflich und reserviert, verlieren selten die Geduld und erweisen sich als zuvorkommende, tolerante Gastgeber. Denn besonders Toleranz gebietet ihnen die Religion – auch dem Farang, dem Fremden, gegenüber.

Religion prägt das Leben – und den Umgang mit Fremden

Thailands Bevölkerung bildet keine homogene Einheit. Die turbulente und teilweise blutige Geschichte hat dem Land Nationalitätengruppen und rassische Elemente aus den Nachbarländern beigemischt: Malaien, Burmesen, Mon, Khmer, die halbnomadischen Bergvölker des Nordens und nicht zuletzt einen unübersehbaren Anteil Chinesen, die man vor allem in den Städten und gewerblichen Zentren antrifft.

Entsprechend vielschichtig sind Tradition und Kultur, Kleidung und Essensgewohnheiten. Das Spektrum der Religionen reicht von den verschiedenen Formen des Buddhismus über den Islam bis zum Animismus, den Glauben an die Beseeltheit der Natur und der Naturkräfte, an das Geisterwesen.

Unsichtbare Mächte beherrschen danach im Glauben das gesamte Volk vom einfachen Bauern bis zum einflußreichen Politiker, die sich von »Geistern« abhängig sehen, von Dutzenden, mal guten und mal bösen. Ein Phii ist überall. Er kann ein Ahne sein, er mag aus dem Kosmos kommen oder im Reiskorn leben. Es gibt Wasser-, Wind- und

Tempel auf dem Doi Tung bei Chiang Mai

Tempeltänzerinnen beim Erawan-Schrein

Thonburis Marktfrauen in Booten

Im nördlichen Bergland: Maeo-Kinder in Trachten

Reisende in Thailand sind meist beeindruckt von der Höflichkeit, die ihnen entgegengebracht wird. Eine Reise durch das Land macht mit Menschen ganz unterschiedlicher Kulturen und Lebensweisen bekannt, selbst innerhalb Bangkoks. Stämme wie die Maeos, die Yaos oder die Akhas bevölkern die Berge des Nordens. Manche ihrer Dörfer sind bereits auf den Tourismus eingestellt, und so ist es durchaus verständlich, daß selbst Kinder für den Druck auf den Auslöser der Kamera einige Baht verlangen.
Wie seit eh und je paddeln Frauen in Thonburi, der Schwesterstadt Bangkoks westlich des Menam, ihre Waren mit Booten zum Markt – ein reizvolles, buntes Bild.

Rendezvous in Bangkoks Lumpini-Park

Baumgeister. Der Phii Ruan lebt im Hause oder auf dem Grundstück. Ihm gebührt ein »Geisterhäuschen«, in das man Opfergaben legt: Reis, Früchte, Kerzen, Blumen und Räucherstäbchen. Man sieht die bunten Häuschen überall, selbst vor Regierungsgebäuden.
Der Aberglaube steht zwar im Widerspruch zur buddhistischen Lehre, er ist jedoch so tief verwurzelt, daß auch Mönche und insbesondere brahmanische Priester zu einer Vielzahl von Riten hinzugezogen werden. In einer solchen Welt blüht der unzerstörbare Glaube an Amulette, gedacht als Helfer für das Glück und als Schutz vor dem Unglück.
Die Mentalität der Thais bietet Raum für eine sehr komplexe und kontrastreiche Lebensphilosophie. Sie zeigt sich zum Beispiel in der Angst vor Geistern einerseits und andererseits in einer überschwenglichen Lebensfreude. Thais finden immer Anlässe für Sanuk, Spaß im gesamten Bereich des nicht immer leichten Lebens. Sanuk versüßt den Alltag, oft mit Hilfe einer Prise Schadenfreude.

Heimfahrt von der Arbeit

Schuljungen spenden einem Mönch

Achtung erfährt, wer die Gelassenheit übernimmt

Thais sind Lebenskünstler; ihre Zauberformel heißt mai pen rai, etwa »das macht nichts«, denn an einem Mißgeschick oder Unglück läßt sich, so die Haltung, ohnehin nichts mehr ändern. Diese Gelassenheit läßt sich in allen Lebenslagen beobachten. Als Farang erzielt man einen Achtungserfolg, wenn man sich diesen Ausdruck bei passender Gelegenheit zu eigen macht, natürlich mit einem Lächeln.
Zur Exotik Thailands gehören nicht nur die vergoldeten Dächer der Tempel, sondern auch die safrangelben Kutten der kahlköpfigen Mönche. Man begegnet ihnen auf Schritt und Tritt. Die hierarchisch streng gegliederte Ordensgemeinschaft der Bhikkhu zählt rund 200 000 Köpfe. Sie leben in Tempeln und Klöstern oder als Wandermönche nach strengen Regeln unter Einhaltung von 227 Geboten. Ein Mönch darf nicht bequem schlafen, keine Duftstoffe benutzen, keine Rauschmittel zu sich nehmen; nur Rauchen ist gestattet. Jegliche Berührung von Gold, Silber, Edelsteinen und insbesondere Frauen ist ihnen verboten; ein Mönch darf sich nicht einmal allein mit einem weiblichen Wesen in einem Raum aufhalten.

Mönche nehmen Gaben – doch Dank schulden Spender

Alles, was man ihm nicht anbietet (dazu zählen auch Speisen und Getränke), darf er sich nicht nehmen. Er hat praktisch besitzlos zu leben; ausgenommen sind Unterwäsche, Robe, Gürtel, Schal, ein Tragebeutel und notwendige persönliche Utensilien wie Rasierzeug und Nagelschere. Zum Sonnenaufgang und vor 12 Uhr mittags ist jeweils eine bescheidene Mahlzeit erlaubt, die Gläubige in die Bettelschale spenden.
Mönche schulden dabei niemandem etwas, auch kein Lächeln oder ein Dank für die Gaben. Im Gegenteil: Die Gläubigen schulden den geduldig wartenden Männern in den safrangelben Roben Dank für die Gelegenheit, eine gute Tat vollbringen zu dürfen. Die überwiegende Mehrzahl der Spender von Lebensmitteln sind übrigens Frauen, für die Buddha keine Erleuchtung vorgesehen hat. Aber viel Bun (gute Taten) schürt die Hoffnung auf Seelenfrieden.
Die Schüler Buddhas sind heilig und unantastbar. Sie stehen unter dem direkten Schutz des Königs und dürfen durch nichts belästigt werden, was sie im Bestreben ihrer Pflichterfüllung irritieren könnte. Dies gilt auch für die Mönche »auf Zeit«, also praktisch für jeden gläubigen Thai, der einmal im Le-

ben für ein paar Wochen oder Monate die Mönchsrobe mit seinem Anzug vertauscht. König Rama IV. pilgerte 27 Jahre als Mönch durch das Land, und auch der jetzt regierende Rama IX. (Bhumibol Adulyadej) verbrachte drei Monate in der Abgeschiedenheit eines Klosters. Der tiefverwurzelte Glauben kommt auch in den ersten Worten der thailändischen Königshymne zum Ausdruck: »Ich, Sklave Bhuddas, beuge mein Herz und mein Haupt als Zeichen der Huldigung und bitte um Segen für den Beschützer des Landes aus der großen Chakri-Dynastie. Oberhaupt des Thai-Volkes von höchstem Rang, Deinem Schutz verdanke ich alles Gute. Durch Deine gnädige Fürsorge ist das Volk glücklich und friedvoll. Wir beten, daß das Schicksal Dir alles geben möge, was Dein Herz begehrt. Wir grüßen Dich.«

Die Könige der Chakri-Dynastie, denen dieses Loblied gewidmet ist, regierten das Land ab 1782. Der erste Rama war ein General, der 1767 die Zerstörung der Hauptstadt Ayutthaya durch eingedrungene burmesische Truppen überlebte. Die Niederlage war eine der düstersten Stunden in der thailändischen Geschichte und führte das Land fast auf den Nullpunkt zurück.

Könige wurden bekannt durch Dichtung und Wissenschaft

Es war General Taksin, der das Thai-Reich wiederaufbaute, sich selbst zum König erklärte und Thonburi zur Hauptstadt des Landes machte. Seine Erfolge erlaubten dem nachfolgenden Chakri (Rama I), sich auf innere Reformen zu konzentrieren.

Aus Gründen der Wiederbelebung des nationalen Bewußtseins ließ er alle nicht dem Zerstörungswahn der Burmesen zum Opfer gefallenen Schriftstücke zusammentragen und in einem Staatsarchiv lagern. Der König gilt als »Vater der Nation«, und der »Chakri-Tag« (6. April) ist einer der höchsten Feiertage in Thailand.

Der Hof seines Nachfolgers Rama II. wurde zum Zentrum der Wiederbelebung traditioneller Kunstrichtungen: Drama, Tanz, Musik, Poesie und Architektur. Wie Chakri hinterließ auch dieser König ein umfangreiches Werk eigener Verse und ging als »Dichterkönig« in die Geschichte ein.

Beschäftigt viele Menschen: Reisernte im Süden des Landes

Bemalte Busse in Bangkok

In einem Maeo-Dorf

Geisterhäuschen sind allerorten zu sehen

Thailand ist überwiegend ländlich geprägt; nur rund 30 Prozent der 55 Millionen Thais leben in Städten, doch die Landflucht entwickelt sich zu einem Problem. Besonders aus dem Nordosten des Landes, wo klimatische Extreme – Dürren oder verheerende Überschwemmungen – an der Tagesordnung sind, wandern viele Menschen nach Bangkok, auf der Suche nach Arbeit und einem besseren Leben. Unter ihnen sind viele Frauen, die von Agenten zum Teil mit falschen Versprechungen angelockt werden und in der Prostitution landen. Während der Norden Thailands vielfach noch von dichtem Wald bedeckt ist, wird die fruchtbare malaysische Halbinsel im Süden für die Landwirtschaft genutzt.

Gewimmel auf dem Schwimmenden Markt von Damnoen Saduak

Bangkok: Personenfähre auf dem Menam

Auch Forscher gab es unter den Chakris, wie Chomklao oder Mongkut (Rama IV.), der – fasziniert von Wissenschaft und Technik – zum Erstaunen europäischer Astronomen für den 18. August 1868 eine tatsächlich eintretende Sonnenfinsternis vorhersagte.
Unter der Regentschaft des vierten Ramas vollzog sich Mitte des 19. Jahrhunderts eine revolutionäre Wandlung im Ansehen des Herrschers von der jahrhundertealten Gottähnlichkeit mit totalem Machtanspruch und despotischer Gewalt in eine Vaterfigur, einen fast greifbaren Menschen. Das war damals ungeheuerlich, vor allem in Anbetracht der Tatsache, daß sich General Taksin rund 100 Jahre zuvor noch zum Buddha ernannt hatte.

Erst 1932 Abschied von absolutistischer Macht

Rama IV. wurde in dem Hollywood-Streifen »Mein König und ich« mit Yul Brynner als herrschsüchtiger, intriganter und weibertoller Despot dargestellt. In manchen Bereichen hat das Drehbuch übertrieben, aber überliefert wurde, daß der Herrscher rund 400 Frauen »besessen« haben soll. Die Zahl seiner Kinder ist verifiziert: 76 waren es.
Einige thailändische Könige und unzählige Prinzen haben in Amerika und Europa studiert, sich die dortigen Verwaltungs- und Wirtschaftsstrukturen zu eigen gemacht und ihr Land nach westlichem Vorbild reformiert. Aufgrund ihrer Kenntnisse über die europäische Machtsituation lavierten sie sich, genau wie ihre Vorgänger während der Kolonialisierungszeit vor dem Ersten Weltkrieg, mit geschickter Diplomatie durch das Geflecht der Bündnispartner. Das Muang Thai (Königreich Thailand) wurde, anders als manche Nachbarstaaten, nie kolonialisiert und so seinem Beinamen gerecht: das Land der Freien.
Nach Einführung der konstitutionellen Monarchie nach einem Staatsstreich im Jahre 1932 nahm Thailand Abschied von 700 Jahren absolutistischer Macht. Die drei neuen Machtblöcke im Staat hießen Regierung/Verwaltung, Armee und eine aufstrebende Schicht bürgerlicher Kapitalisten. Korrupte Generäle regierten das Land in den nachfolgenden Jahrzehnten, während Intellektuelle und Liberale um die Einführung der Demokratie kämpften.

In den Jahren 1973 und 1976 wurden parlamentarisch-demokratische Systeme von Militärjuntas außer Kraft gesetzt. Seit 1978 hat das Land eine neue Verfassung und zwei Parlamentskammern. Während eines der Häuser mit 324 Abgeordneten alle vier Jahre neu gewählt wird, ernennt der König die 244 parteilosen Mitglieder der zweiten Kammer; überwiegend handelt es sich um Militärs und Regierungsbeamte.
Vier Fünftel des thailändischen Volkes leben in ländlichen Regionen, und fast 70 Prozent der Bevölkerung sind in der Landwirtschaft als stärkstem Wirtschaftszweig des Landes beschäftigt. Mit Hilfe ausländischer Investoren wird der Aufbau der Industrie seit den siebziger Jahren verstärkt vorangetrieben.
Armut zählt zu den Gesichtern Thailands, die Touristen nicht unbedingt sehen. Besonders die Nordost-Regionen sind davon betroffen. Bleibt der Regen aus, folgen Mißernten und Hunger. Die Armut ist aber auch eine Folge der mangelhaften thailändischen Entwicklungspolitik, die Randregionen gegenüber den Städten stark vernachlässigt. Kinderreiche Familien sind zudem eine Konsequenz der Sozialstruktur des Landes, in dem eine Alterssicherung nur über zahlreichen Nachwuchs gesichert werden kann.

US-Soldaten als Vorläufer von Prostitutionstouristen

Die Abwanderung jüngerer Arbeitskräfte in die Städte, besonders nach Bangkok, schürt seit Jahren neue Probleme; eine Folge der Armut, der Kluft von Einkommen und Chancen zwischen Stadt und Land und der damit verbundenen Landflucht ist die Prostitution, die in jedem Jahr Zehntausende von Männern vor allem aus Mitteleuropa und Japan nach Thailand führt.
Vorläufer des Prostitutionstourismus in dem Land, wo gewerbliche Liebe offiziell verboten ist, waren US-amerikanische Soldaten während des Vietnam-Krieges. Zusätzlich zu den rund 50 000 in Thailand stationierten GI's wurden jährlich rund 70 000 Soldaten vor allem nach Bangkok geflogen, um sich von den Strapazen des Krieges zu erholen. Diese Ausflüge zur Rest and Recreation, kurz R & R genannt, führten zum Ausbau der Prostitution.
Die Lücke, die nach Ende des Vietnam-Krieges aufbrach, begannen rasch die männlichen Touristen zu füllen. Ihnen werden »besonders für alleinreisende Herren geeignete« Hotels bereits zu Hause in Reiseprospekten angeboten. Nach Schätzungen arbeiten weit mehr als eine halbe Million Frauen in Massagesalons, Bars und Bordellen – in einem Land, in dem Shorts, schulterfreie Kleidung und »oben ohne« auch an Touristenstränden verpönt sind.

Vielfältiges Reiseland: Kultur, Sport, Entspannung

Als Reiseland hat Thailand eine große Vielfalt an Sehenswürdigkeiten und Möglichkeiten für Aktivitäten zu bieten: Strände und Kokosnuß-Plantagen, Trekking zu den Bergvölkern im Norden, die Ruinen der Khmers oder der Thai-Königreiche, die Nationalparks, die Museen und überwältigenden Tempelkomplexe mit filigraner Architektur, weite Strände oder das Tiefseetauchen. Auch die regional unterschiedlichen kulinarischen Genüsse in Garküchen oder Restaurants, die betäubenden Düfte der Märkte mit ihrer Vielfalt an Blumen und exotischen Früchten, der Gestank in den Fischereihäfen und auf den Klongs von Thonburi.
Das außerordentlich vielschichtige Spektrum thailändischer Lebensweise, Kultur und des touristischen Angebots macht dieses Land zu einem bevorzugten Urlaubsziel für sonnenhungrige Strandfreunde, Bildungsbeflissene und Abenteuerlustige.

Parasailing in Phuket

Hübsche Tanzdarbietung im Phimai-Restaurant

Dutzende von Charter- und Linienflügen enden täglich auf dem Flughafen von Bangkok oder in den beliebten Urlaubsregionen von Pattaya und Phuket. Die weiten Strände und das klare, fischreiche Meer sind ein Paradies für sonnenhungrige Europäer und erlauben viele Arten von Wassersport.
Viele der Reisenden sind allerdings Männer, die weniger der Strände und des Wassers wegen nach Thailand reisen; denn das Land ist eines der begehrtesten Ziele von Sextouristen.

Traumlandschaft im Süden: Ko Phi Phi

Massage, Diskos und deutsche Küche im Pattaya

Handarbeit: Schirme in Bo Sang

Touristenattraktion: Kobras im Pasteur-Institut

Prostitution ist eine der Schattenseiten des Tourismus in Thailand

Die Millionenstadt Bangkok, Sitz der thailändischen Regierung und kulturelles Zentrum des Landes, läßt sich am besten mit entgegengesetzten Vokabeln beschreiben: ohrenbetäubend laut und friedlich, westlich-modern und exotisch-geheimnisvoll, abstoßend und dennoch einladend. Wer sich auf sie einläßt, erlebt eine Welt voller Spannung.

BANGKOK I

Die Stadt der Engel: verwirrend, vital, extrem

Die Idylle täuscht: Armut in Thonburi

Swimmingpool des Shangri-La Hotels am Menam

Blick über das alte und neue Bangkok

Bangkok ist beides: eine Weltstadt westlichen Zuschnitts und eine orientalische Metropole. Fünfeinhalb Millionen Menschen leben in ihr, umgeben von dem Gestank der Abgase von 900 000 Kraftfahrzeugen und ohrenbetäubendem Lärm. Auf bis zu 40 Grad steigen die Temperaturen bei einer Luftfeuchtigkeit von 95 Prozent.
Auf Bangkok muß man sich einlassen; die Stadt dankt einem die Mühe mit vielen reizvollen Eindrücken: eine ethnische Vielfalt von Menschen, die interessante Architektur der buddhistischen Gebäude, quirliges Leben auf den Märkten, die Kähne am Menam und die Boote auf den Klongs, vor allem in der Schwesterstadt Thonburi.

»Langschwanz« auf einem Kanal in Thonburi

Der zentrale Prang des Wat Arun

Thailands Hauptstadt mit ihren etwa 5,5 Millionen Einwohnern trägt viele Namen – manche zu Unrecht. Es wäre wohl übertrieben, von einem »Venedig des Ostens« zu sprechen, und den Anspruch, das »Tor Asiens« zu sein, muß sich der 1537 Quadratkilometer große Moloch – in dem im Jahre 1900 noch 460 000 Einwohner auf 300 Quadratkilometern lebten – mit Singapur und Hongkong teilen.
Die Bezeichnung »Stadt der Engel« kommt der Sache schon näher, weil sie die drei ersten Worte des traditionellen Namens bildet. Er besteht je nach Transkription aus bis zu 178 Buchstaben, ein Chaos wie die Stadt selbst: Krungthepmahanakhonbowonraanakosintharamahintharayutthyamahadilokphopnopharatanaratchathaiburiromudomratchaniwetsanamahasathnamonphima-

Betende vor Buddhastatue im Wat Sutat

Drachenverkäufer auf dem Sanam Luang-Platz

nawatasathitsakkathatiyavshnukamprasit. Die sinngemäße Übersetzung lautet »Stadt der Engel, größte aller Städte, unsterblich wertvolles Juwel, allmächtig und alt, Hort der neun kostbaren Edelsteine, himmlische Stadt, von Vishnukarman erbaut«. Thais sagen schlicht Krung Thep, und im »Amtsthai« heißt sie Phra Nakorn, »Heilige Stadt«.
Man könnte die Metropole Thailands auch einfach das größte Dorf der Welt nennen, denn Bang heißt in Thai Dorf; Kok bezeichnet eine Art wilde Olive. Das »Dorf der Oliven« war vor über 200 Jahren der Ort, an dem die heutige Stadt gegründet wurde, einst eine kleine Fischersiedlung an einer strategisch günstigen Stelle in einer Flußkrümmung des Menam Chao Phraya.
Ein Dorf, das zu einem Moloch wurde! Liebe auf den ersten Blick ist unmöglich, denn wer verliebt sich schon in ein ungeheuer chaotisches Verkehrsgewühl mit über 900 000 Kraftfahrzeugen, stinkenden Abgasen, ohrenbetäubendem Lärm, in ein babylonisches, unverständliches Sprachgewirr und einen Brutkasten mit bis zu 40 Grad Hitze bei 95 Prozent Luftfeuchtigkeit?

Tuk-Tuks: im rasanten Slalom durchs Verkehrsgewühl

Bangkok ist keine Stadt, Bangkok ist ein Zustand: verwirrend, wild, vital, extrem. Das jedenfalls ist der erste Eindruck, wenn man, vom Flughafen kommend bis zu 90 Minuten benötigt, um knappe 30 Kilometer zum Hotel zu fahren. Daß Touristenbusse und Edeltaxen eine Klimaanlage besitzen, ist nur ein schwacher Trost, denn wenn man später die Stadt auf eigene Faust erkundet, benutzt man meistens ein offenes dreirädriges Tuk-Tuk, eine der Motorrad-Rikschas.
Sie sind zwar preiswert, kosten aber Nerven. Die knatternden Straßenraketen werden von Draufgängern gesteuert, die ihre PS-Samlor (Sam bedeutet drei, Lor heißt Rad) im rasanten Slalom durch die engsten Verkehrslücken steuern. Als Fahrgast auf einer Sitzbank hinter dem Fahrer sollte man sich einige Grundregeln merken: Fahrpreis vorher aushandeln, festhalten, Füße abstemmen und nach der Ankunft nicht mit großen Scheinen zahlen. Tuk-Tuk-Fahren gehört in jedem Fall zum Bangkok-Erlebnis wie das gern zitierte Salz in die Suppe.
Wer im Oriental Hotel wohnt, genießt von einer der ältesten Nobel-Herbergen der Stadt den Blick auf die Charoen Krung Road, heute meist New Road genannt. Als erste Straße Bangkoks wurde sie 1864 für den Verkehr eröffnet, auf einem ehemaligen Elefantenpfad parallel zum Menam. Sie war der Grundstein für den Massenverkehr.
Im Jahre 1871 ließ ein wohlhabender chinesischer Kaufmann König Chulalongkorn die erste Rikscha der Stadt als Präsent überreichen. Bereits 1901 wurde die Zahl der Karren per Gesetz im Interesse der öffentlichen Sicherheit li-

Speisen aller Art . . .

. . . lassen sich in Bangkoks . . .

. . . Garküchen genießen

Ein Besuch von Bangkoks Chinatown ist ein touristisches Muß. Wer sich in das Gewirr von Gassen begibt, erlebt eine malerische Basarathmosphäre. An Ständen und in kleinen Geschäften wird geworben und gehandelt: um Lebensmittel, Kleider, Ersatzteile, Tiere und unzählige Dinge des täglichen Bedarfs – und um Heilkräuter, gemischt mit allerlei merkwürdigen Zutaten wie zerriebenen Käfern und getrockneten Fröschen.
Die erste Siedlung der Chinesen hatte König Rama I. vor 200 Jahren abreißen und an ihrer Stelle den Königlichen Palast errichten lassen. Doch es dauerte nicht lange, bis die Chinesen die Umgebung der an manchen Stellen nur dreieinhalb Meter breiten Sampeng Lane zu ihrem neuen Zentrum machten.

Straßencafé in Chinatown

Exotik unter Wellblech: Marktgasse in Chinatown

Tanzvorführung in Chinatown

Echte Seide vom Ballen im Pahurat-Viertel

Gläubige in chinesischem Tempel

mitiert. 1902 tuckerte ein Prinz mit dem ersten Automobil über Bangkoks Straßen; 1908 waren es bereits über 300. Der Bedarf nach mehr und breiteren Fahrbahnen stieg, und bald begann man, die traditionellen Wasserstraßen, Klongs, zuzuschütten. An ihrer Stelle braust jetzt das vielspurige Verkehrschaos. Nur am linken Ufer des Menam – auf der Thonburi-Seite – sind noch wenige Kanäle übriggeblieben. Die Idylle wird allerdings durch eine Vielzahl von den mit Touristen überladenen Hong Yaos gestört, die auf diesen schmalen, wendigen »Langschwänzen« mit ihren dröhnenden Außenbordmotoren die Stadt besichtigen, bis hin zu den berühmten, jedoch längst uninteressant gewordenen Schwimmenden Märkten. Auch dies ist ein Beispiel dafür, daß Thailands Hauptstadt von der Zeit überrannt wurde.

Die Metropole ohne Zentrum zeichnet sich durch einen trostlosen Hausbau und pompöse Ministerien aus. Einmal abgesehen von den Tempeln gibt es kaum ein reizvolles Gebäude. Zu den wenigen Ausnahmen zählt der alte Trakt des Oriental Hotels aus den sechziger Jahren des letzten Jahrhunderts. Ein Hauch von Nostalgie schwebt in dem »Autorenflügel«, in dem berühmte Schriftsteller wie William Somerset Maugham zu residieren pflegten.

Von den obersten Stockwerken des angrenzenden Neubaus genießt man eine beeindruckende Aussicht über den trägen Fluß, auf dem sich Schleppkähne, Expreßboote und Fähren ihren Weg bahnen. Hinter einer Biegung erhebt sich der Wat Arun, der »Tempel der Dämmerung«, dessen zentraler, 86 Meter hoher Prang mit seiner Außenschicht aus glasierter Keramik und chinesischen Prozellanstücken Morgenröte und Sonnenuntergang reflektiert.

Dieses markanteste und älteste Bauwerk Bangkoks ist das Wahrzeichen einer Stadt, die kaum die finanziellen Mittel besitzt, die wichtigsten historischen Bauwerke zu erhalten. Auch am Wat Po, bekannt durch seinen 46 Meter langen liegenden Buddha, bröckeln die Fassaden, fallen die Gesteinsbrocken aus den Chedis, in denen die Asche königlicher Familienmitglieder aufbewahrt wird. Neben ihm befindet sich der Wat Phra Keo, einer der schönsten und berühmtesten Tempel Asiens, auf der Hitliste der touristischen Sehenswürdigkeiten der Welt ganz oben stehend.

Chinatown: wie der Irrgarten eines Ameisenhaufens

Neben seinen bemerkenswerten Tempeln hat Bangkok, das faszinierende und facettenreiche kulturelle und wirtschaftliche Zentrum an den Ufern der schmutzigbraunen »Mutter des Wassers«, viele reizvolle und aufregende Sehenswürdigkeiten zu bieten, ganze Stadtteile, die Besucher in ihren Bann ziehen. Zum Beispiel Chinatown.

Bald nach der Gründung der neuen Hauptstadt im Jahre 1782 ließ König Rama I. die ursprüngliche Chinesensiedlung abreißen. An ihrer Stelle prunkt heute der Grand Palace, der Königliche Palast. Die rassische Minderheit der Chinesen wurde zwar erst 1956 per Gesetz zu vollwertigen Staatsbürgern erklärt, doch lange zuvor war das neue »Reich der Mitte« der fleißigen und cleveren Kaufleute rund um die Sampeng Lane bereits zu einem wirtschaftlichen Machtfaktor gediehen, ohne den die Stadt praktisch lebensunfähig wäre. Die Chinesen haben überall ihre Finger im Spiel.

Chinatown, in dem eine Stadt von der Größe Lübecks Platz finden würde, wird zwar auch von vierspurigen Verkehrsschlagadern durchzogen, aber wer sich abseits der Yaowaraj, Charoen Krung, Suwannakorn oder Chakkrawat Road in das enge Gewirr der Gassen begibt, fühlt sich schnell in eine andere

Welt versetzt. Diese Sois, vollgestopft mit Waren aller Art, muten wie der Irrgarten eines Ameisenhaufens an. Hier pulsiert das Leben in allen Farbschattierungen und mit der gesamten Skala erdenklicher Gerüche aus Lagerräumen, den »Apotheken« der Kräuterdoktoren und Garküchen. Hier wird gehandelt und gefeilscht. Gemüse, die gesamte Palette exotischer Früchte, ferner Geflügel, Textilien, Ersatzteile für Fahrzeuge jeder Art, Kleintiere, Devotionalien für Hausaltar und Tempel, Antiquitäten und Schmuck, Möbel – alles findet seinen Absatz, illegale Waren inbegriffen. In den Hinterhöfen fände ein Spitzweg tausend Motive: Chinatown-Romantik, Idyllen, die kein anderer Stadtteil Bangkoks bietet. Kaum ein Tourist verläuft sich hierher.

Trickreich attackieren sich bunte Flugdrachen

Das Kontrastprogramm erlebt man auf dem Sanam Luang, einem riesigen Platz, der vom Nationalmuseum, der Universität und dem Wat Phra Keo flankiert wird. Nach Feierabend, aber besonders an Wochenenden und Feiertagen, gibt es dort thailändische Idyllen unter freiem Himmel. Ganze Familienclans lassen sich dann zum Picknick auf dem abgetretenen Rasen nieder, und Lebensmittel-, Getränke- und Eisverkäufer umkreisen die Gruppen und Grüppchen ausgelassener Menschen, die insbesondere zwischen Februar und April zu Tausenden kommen.

In diesen Monaten weht der Nordostmonsun, und es ist Zeit für die Drachenkämpfe. Sie sind ein Nationalsport wie das Thai-Boxen oder die Büffel- und Hahnenkämpfe. Die Flugdrachen haben eine Spannweite von bis zu vier Metern und müssen von mehreren Männern gehalten werden. Die bunten Konstruktionen sind entweder ein Chula (männlich) oder ein Pakpao (weiblich), die sich verbittert und trickreich attackieren. Der Sport findet bereits seit der Sukhothai-Periode vor 700 Jahren begeisterte Anhänger.

Zu den Leidenschaften der Thais zählen das Wetten (auch bei Drachenkämpfen) und das Glücksspiel. Sie würden ihre Schwiegermutter setzen, wenn diese nicht selbst Losverkäuferin wäre. Lose kann man an jeder Ecke kaufen, vor jedem Tempeleingang und in Bangkok

Groß ist die Auswahl am Gemüsestand

Blumenstand am Straßenrand

Scharfe Gewürze bedürfen der Gewöhnung

Zierfische auf dem Chatuchak-Markt

insbesondere am Lak Muang neben dem Verteidigungsministerium unweit des Wat Phra Keo. Der Lak Muang ist der geweihte Mittelpunkt der Innenstadt, eine mit Blattgold beklebte Säule als Symbol des Grundpfeilers der Stadt. In dieser Säule wohnt dem Glauben nach der Schutzgeist der Metropole, der Chao Por. Sie ist von brahmanischen Priestern geweiht, hat die Form eines Phallus und schützt die Bevölkerung vor Unglück und Krankheit jeder Art, bringt Glück. Frieden und beschert Kinderreichtum.

An der Säule werden Opfergaben dargebracht, um der guten Geist gnädig zu stimmen. Wer es sich leisten kann, mietet sogar dort wartende Tanzgruppen, die traditionelle Szenen aus dem Epos Ramakien aufführen. Eine ideale Gelegenheit für lebensnahe Schnappschüsse von Tänzern und Tänzerinnen als Kinnaress-Figuren, halb Mensch, halb Vogel.

Vor Holzhäuschen planschen Kinder in den Klongs

In Bangkok gehen Tradition und modernes Leben nahtlos ineinander über. Während Opfernde am Erawan-Schrein, einer dem Hindu-Fruchtbarkeitsgott geweihten Pilgerstätte, für ein paar Baht Räucherkerzen kaufen und zu traditioneller Musik Tempeltänzerinnen engagieren, befindet sich nur wenige Meter weiter eines der modernsten und elegantesten Einkaufsviertel. In seinen Boutiquen werden die Kunden mit Rock von Pink Floyd oder elektronischer Musik von Jean-Michel Jarre berieselt.

Die höchsten Gebäude der Stadt sind Hotels, die in den letzten zehn Jahren wie Pilze aus dem Boden schossen – luxuriöse Nobelherbergen, von denen man in das Gewirr der Hinterhöfe von ein- bis dreistöckigen Häusern schaut. Eine recht unpersönliche Steinwüste. Setzt man jedoch mit der Fähre über den Menam Chao Phraya zur eingemeindeten »Schwesterstadt« Thonburi, offenbart sich eine andere Welt. Entlang den von Fäkalien stinkenden Klongs, in denen Kinder planschen und den vorbeifahrenden Touristen zuwinken, stehen die leichten, barackenähnlichen Holzhäuschen auf Stelzen. Das ist keine heile Welt, aber sie erinnert an alte Zeiten, an die Beschreibung der ersten

Gemüse gleich körbeweise auf dem Pak Klong Talaad

Papageien auf dem Chatuchak-Markt

Wer in Bangkok Obst und Gemüse, Textilien, Antiquitäten, Zierfische, Kampfhähne, Papageien, Spielzeug und Kassetten mit den neuesten Hits kaufen möchte, ist auf den unzähligen Märkten an der richtigen Adresse. Immer neue Gerüche ziehen beim Bummel entlang den Ständen und Garküchen durch die Nase, und hinter jeder Ecke bietet sich ein neues Bild: Goldfische und Schildkröten in Blechwannen, Türme von Textilien, Stoffballen und ein überwältigendes Angebot an Blumen, vor allem Orchideen, bieten auch reichlich Motive für Fotografen.

Eines der Einkaufszentren westlichen Zuschnitts

Reizvoll anzusehen sind Tänze in Theater-Restaurants

Schmuck ist ein beliebtes Souvenir

Frauen als Ware: Prostitution in einer Bar

Historische Suite im Oriental Hotel

Buddhafiguren in Rivercity

Im Pasteur-Institut werden Schlangen vorgeführt . . .

. . . und »gemolken«

Wer einmal residieren möchte wie einst der Schriftsteller William Somerset Maugham, wird sich im berühmten Oriental Hotel einquartieren. In jedem Fall ist es jedoch ratsam, nach einer ruhigen Unterkunft Ausschau zu halten, um nachts von den Eindrücken und dem Lärm der Metropole Erholung zu finden.

Einen Besuch lohnt die Schlangenfarm in der Nähe der »grünen Lunge«, des Lumpini Parks. Täglich um 11 Uhr werden die Giftschlangen gefüttert und für die Gewinnung von Seren »gemolken«.

europäischen Siamreisenden, die den Ausdruck »Venedig des Ostens« prägten.

Nach Thonburi fährt man, um den Wat Arun und die Halle mit den Königlichen Barken zu besichtigen. Ein Besuch, der mehr lohnt als die berühmten Schwimmenden Märkte. Die Zahl der heranbrausenden, PS-starken Boote übertrifft dort inzwischen die der Händlerkähne, beladen mit Gemüsesorten, Früchten oder auch als Garküchen ausgerüstet. Wer wenig Zeit hat, mag sich die Märkte ansehen, doch sie sind zweifelsohne eine billige Kopie des authentischen Treibens auf den Märkten von Damnoen Saduak – leider rund 100 Kilometer entfernt (s. Kap. 4).

Bangkoks Image leidet unter dem Prostitutionstourismus; die Patpong Road und Soi Cowboy sind so bekannt wie die Hamburger Reeperbahn. Rotlichtbezirke findet man zwar in jeder Großstadt, aber sie werden anderswo nicht ausschließlich von Ausländern frequentiert.

Begeistert spornen Besucher ihre Boxfavoriten an

Thais bevorzugen dagegen eine andere Art des Amüsements. Sie sind zum Beispiel fanatische Anhänger einer Boxvariante, die mit Händen und Füßen ausgetragen wird: Thai-Boxen. Nach der anstrengenden Stadtbesichtigung während des Tages sind diese Veranstaltungen hervorragend zur Entspannung geeignet, wenngleich der Sport auf Mitteleuropäer recht brutal wirkt. Das Thai-Boxen macht auch bekannt mit der Leidenschaft der Zuschauer, die ihre Favoriten begeistert anspornen und auf ihren Sieg zuweilen astronomisch hohe Wetteinsätze tätigen. Der kampfbetonte Sport ist so populär, daß die Profikämpfe an jedem Abend außer sonntags live aus dem Lumpini- und Army TV Box-Stadion übertragen werden.

Vergessen sollte man auch nicht die kulinarischen Genüsse. Restaurants gibt es in Bangkok wie Sand am Meer, von Luxus-Lokalen bis zu den unzähligen stationären und mobilen Garküchen.

Zum Straßenbild zählen wie in vielen anderen Städten der Region natürlich auch die Straßenhändler mit Tragkörben oder festen Ständen, die ihre Waren allerorten an den Straßenrändern aufbauen.

Anfahrt: Charter-Touristen werden am Don Muang-Flughafen von klimatisierten Bussen ihrer Reisegesellschaften abgeholt. Individualreisende haben mehrere Transportmöglichkeiten in die Stadt. In der Empfangshalle gibt es zunächst Service-Stände für den relativ teueren »Limousine Service« (klimatisierte Luxusautos). Man kann zudem ein normales Taxi oder den Linienbus zum Democracy Monument nehmen oder ein offenes Tuk-Tuk besteigen. Diese Entscheidung wäre zwar mutig, könnte aber in einem Schock enden und ist – auch wegen der langen, bis zu 90minütigen Fahrzeit weniger zu empfehlen.

Verkehrsmittel in Bangkok: Die öffentlichen Busse sind spottbillig (1. und 2. Klasse), aber das System ist verwirrend. Allein am Sanam Luang-Platz stoppen 28 Linien. Die beste Orientierungshilfe bietet der »Latest Tours Guide to Bangkok & Thailand«, der in Hotels ausliegt. Taxen sind mit Taxametern ausgestattet, aber sie werden nicht benutzt. Man muß den Fahrpreis vorher aushandeln. Das gilt auch für Tuk-Tuks, die flinken Motorrad-Rikschas.

Auf dem Menam Chao Phraya verkehren die Expreßboote (Rua Duan) auf festen Routen. Die »Longtail Taxis« (Rua Hong Yao) sind schneller und teurer. Die Fähren über den Fluß nach Thonburi heißen Rua Kham Fak.

Unterkunft: Die exakte Anzahl der Hotels in Bangkok ist nicht zu ermitteln. Sie reichen von der billigsten Absteige in Chinatown bis zu einer der besten und berühmtesten Edelresidenzen der Welt, dem Oriental Hotel (300 bis 900 Mark pro Nacht). Allgemein läßt sich sagen, daß der Standard sehr hoch ist; Beispiele für gute Unterkünfte sind das Bangkok Peninsula, Duisit Thani, Hyatt Central, Hilton International, Indira Regent, Mandarin, Royal Orchid Sheraton und Narai.

Die Hotels der Mittel- und Touristenklasse liegen weit verstreut. Viele von ihnen befinden sich in der Silom Road, in der Suriwong Road und entlang der Sukhumwit Road.

Billigunterkünfte findet man in der Nähe des Hauptbahnhofs und in Chinatown. Rucksackreisende wohnen in der Regel in einfachen Gästehäusern an der Khao San Road im Stadtteil Banglamphoo sowie südöstlich des Lumpini-Parks.

REISE-INFO
BANGKOK I

Ausgehen: Wenn man durch Bangkok streift, hat man den Eindruck, daß niemand zu Hause ißt. Man hockt am Bordstein und kaut, sitzt auf den wackeligen Stühlen der Garküchen und »Familienrestaurants«, hinter Glas im Shopping Center, in Gourmet Tempeln oder in gehobener Atmosphäre im Speisesaal eines Hotels. Fast Food wird ebenso konsumiert wie die Eier von Käfern, Raupen, Schwalbennester, Austern oder – vor allem für deutsche Touristen angeboten – Sauerkraut. Für jeden Geldbeutel und jede Geschmacksrichtung gibt es Aberdutzende von Auswahlmöglichkeiten. Menschen fast jeder Nation dieser Welt finden in Bangkok ihre gewohnte Kost.

Besonders attraktiv für Touristen sind Theater-Restaurants, die neben typischer Thai-Kost während der oft bis zu zweistündigen Mahlzeit auch Thai-Kultur, vor allem Tänze, darbieten: »Thai Dinner with Thai Classical Dancing« oder »Candle Light-Dinner with Entertainment«. Ein paar gute Adressen sind: Baan Thai (7 Sukhumvit Rd. Soi 32), Maneeva Lotus Room (518/4 Ploenchit Rd.), Suwana Hong (364/29 Sri Ayutthaya Rd.), das Oriental Hotel mit seiner »Siam Show« (nur donnerstags und sonntags ab 11 Uhr) und das Pinam (46 Sukhumvit Rd. Soi 49).

Führende Thai-Restaurants sind das Bankaeo Ruenkwan (212 Sukhumvit Rd. Soi 12), das Chan Phen (1030/1 Rama IV Rd.) oder das Oriental Rim Nam (mit der Fähre vom Oriental Hotel über den Menam). Das Rim Nam ist eine Art »Kochakademie« für Thai-Küchenspezialitäten; sehr empfehlenswert.

Schleppzug auf dem Menam

Klongfahrten: Hong Yaos (»Langschwänze«) zu den Klongs und Schwimmenden Märkten von Thonburi kann man ab sieben Uhr am Anleger beim Oriental Hotel (Station 15) und an der Station 13 (Tha Sipha) Nähe River City/Royal Orchid mieten. Der interessantere Tip: Direkt von der Brücke Sukhumvit Road zwischen Soi 71 und 73 fahren Boote durch die Klongs der östlichen ländlichen Außenbezirke (Anfahrt mit klimatisierten Bussen, Linie 8, 11 und 13). Wer die südlichen Bezirke Bangkoks auf Wasserstraßen erleben möchte, startet unterhalb der Krung Thep-Brücke am Ende der Charoen Krung Road (New Road). Allgemein gilt eine stündliche Charterbasis; in jedem Falle handeln.

Schlangenfarm: Im Pasteur-Institut (Ecke Rama IV. Road/Henri Dunant Road) werden täglich außer an Wochenenden um 11 Uhr Giftschlangen zur Herstellung von Anti-Seren gegen Schlangenbisse »gemolken« (Besichtigung der Schlangenfarm von 8.30 bis 16 Uhr, Foto-Erlaubnis gegen Gebühr).

Thai-Boxen: Einen Live-Kampf dieses Nationalsports kann man täglich außer sonntags erleben. Man sollte sich das aufregende und typische Spektakel nicht entgehen lassen, denn die Shows für Touristen sind nur ein billiger Abklatsch. Bangkok verfügt über drei Stadien: das Lumpini-Stadion (Rama IV. Road Nähe Botschaft der Bundesrepublik Deutschland, Kämpfe dienstags, freitags und samstags) und das Ratchadamnoen-Stadion (Ratchadamnoen Nok Road direkt neben dem T.A.T. Hauptbüro, Kämpfe montags, mittwochs und donnerstags) sind am einfachsten zu erreichen; das Army TV Box-Stadion auf der Phahon Yothin Road (alle Kämpfe live im Fernsehen) liegt nicht so zentral. Die Veranstaltungen beginnen um 18 Uhr.

Königliche Barken: Die zu feierlichen Prozessionen auf dem Menam Chao Phraya eingesetzten Boote lagern in Hallen auf der Thonburi-Seite an der Mündung des Klong Bangkok Noi nahe der Phra Pin Klao-Brücke. Anfahrt per Expreßboot zum Bangkok Noi Bahnhof, zu Fuß über die Klongbrücke und einen Steg hinunter zum Ufer (Besichtigung von 8.30 bis 16 Uhr).

Dusit Zoo (zwischen Ratchawithi und Ayutthaya Road): Man sollte keine zu großen Erwartungen haben, auch die

heiligen »weißen« Elefanten (Albinos) sind eher hellgrau. Die Anlage ist ein beliebter Freizeittreff für Thai-Familien, die sich dort köstlich amüsieren; gutes und preiswertes Essen (täglich von 7 bis 18 Uhr geöffnet).

Lumpini Park (Eingang am König-Mongkut-Denkmal, Ecke Rama IV. und Ratchadamri Road, wird bei Sonnenuntergang geschlossen): Die »grüne Lunge« Bangkoks ist mit ihren Seen, Rasenflächen und Spazierwegen die größte öffentliche Freizeitanlage.

An Wochenenden treffen sich in dem Park Menschen zu Picknicks, und während der Drachensaison (Monsunzeit) finden Wettkämpfe statt – ein typisches Freizeitvergnügen und sogar organisierter Nationalsport. Viele reizvolle Motive für Fotografen.

Märkte: Ihre Zahl ist kaum zu überblikken; bei den größeren handelt es sich um ganze Stadtbezirke, insbesondere in Chinatown. Der Nakhon Kasem (Markt der Diebe) zählt zu den bekanntesten im chinesischen Viertel. In dem Distrikt zwischen Yaowaraj und Charoen Krung Road gibt es besonders viele Antiquitätenhändler. Die Sampeng Lane ist das alte Herz des Chinesenviertels mit einem Wirrwarr enger Sois, in denen praktisch alles feilgeboten wird. Der Talaad Kao und der Talaad Mai sind etwas kleiner, aber nicht weniger interessant.

Wer Textilien kaufen möchte, geht zum Pahurat (Indian Market) zwischen Tripet und Chakraphet Road: Sarongs, Saris und Batiken in Hülle und Fülle gibt es dort und natürlich T-Shirts sowie Stoffe am Ballen.

Sammler treibt es zum Amulet Market am Wat Ratchanada, versteckt hinter einem Kino auf der Mahachai Road, und Blumenfreunde gehen zum Talaad Thewarat beidseitig des Klongs an der Luk Luang Road (Bootstation Nr. 1) mit einem überwältigenden Angebot an Orchideen.

Der Pak Klong Talaad zwischen den Bootstationen 11 und 12 gilt als der größte überdachte Umschlagplatz für Gemüse, Obst und andere landwirtschaftliche Produkte in ganz Thailand. Schon um 4 Uhr morgens herrscht eine hektische Betriebsamkeit.

Der populärste Markt für alle Arten von Waren, ein riesiges, in übersichtliche Sektionen aufgeteiltes Freigelände am nördlichen Bus-Terminal, ist der Chatuchak Sonntagsmarkt. Hier kann man alles kaufen, vom Zierfisch über den Kampfhahn bis zum Spielzeug, und in den vielen Garküchen dazu noch preiswert essen.

Einkaufen: Fünf Ladenkomplexe profitieren von den Touristen-Hotels in ihrer Nähe. Das Angebot der Zentren wie Mah Boonkrong an der Phya Thai Road, Robinson Department Store (Rama IV./Silom Road) oder Siam Center (Rama I.) entspricht ganz der Nachfrage: Seide, Textilien, Antiquitäten, Schmuck (Silber, Gold und insbesondere Halbedelsteine), Uhren, Kameras, Mode-Schnickschnack und Handarbeiten aus der Provinz.

Edelsteine gibt es in Läden entlang der Silom Road. Im April 1990 wurde die erste Fußgängerzone Thailands eröffnet: drei Kilometer Einkaufsstraße von der Sukhumvit über die Wireless bis zur Ploenchit Road; nur der gelben Markierung folgen.

Information: T.A.T., Tourism Authority of Thailand (Hauptbüro), Ratchadamnoen Nok Road. Tel. 282-11 43-47.

BANGKOK II

Tempel, Tragik und traditionelle Tänze

Thailands Kunstwerke und Prachtbauten sind weltbekannt; viele von ihnen stehen in Bangkok: der Königspalast (großes Bild) und der Königstempel Wat Phra Keo mit seinen reizvollen Statuen (kleines Bild), dazu 400 weitere Tempel. Sie bieten einen Einblick in die tiefe Religiösität vieler Thais, die auch den Alltag bestimmt.

Wohnraum im Jim-Thompson-Haus

Bugfigur einer königlichen Barke

Eine der zahlreichen Figuren am Königspalast

Unter Rama I. wurde um 1784 der größte Teil des Königspalastes gebaut, der heute zu den bedeutendsten Sehenswürdigkeiten Thailands zählt. Obwohl große Teile der Palastanlagen von Touristen nicht betreten werden dürfen, gewinnt man doch einen Eindruck von dem Prunk, in dem die frühen Herrscher Thailands lebten.
Einen hervorragenden Einblick in die Geschichte des Landes vermittelt das Nationalmuseum.

Der Königspalast am Menam ist ein Besuchermagnet

Kriegselefant im Nationalmuseum

Das Rad des Gesetzes aus dem 2. Jahrhundert

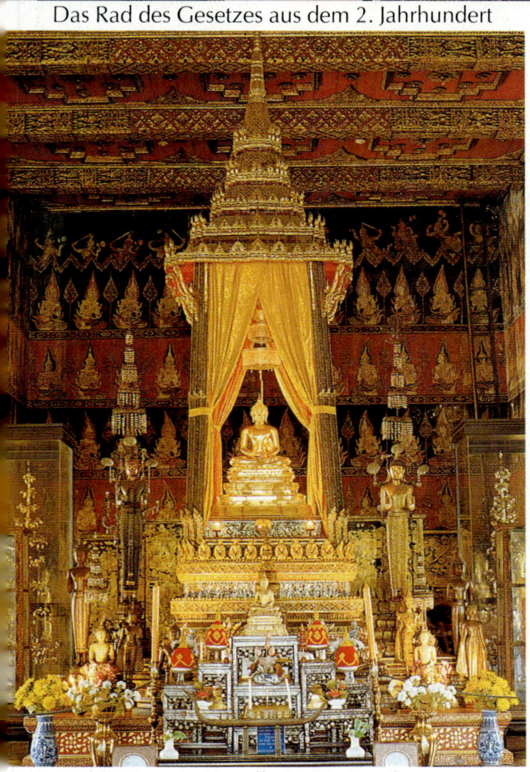

Buddhaisawan-Kapelle im Nationalmuseum

Er steht mitten in Thonburi, auf der größten und verkehrsreichsten Kreuzung von Bangkoks Schwesterstadt. Um ihn herum wimmelt der Verkehr von Autos, Bussen, Motorrädern und Tuk-Tuks. Für General Praya Tak Sin, auf einem Sockel hoch zu Roß sitzend und das Schwert gen Burma gerichtet, dem Erzfeind des siamesischen Reiches, mag dies der angemessene Ehrenplatz sein. Denn Taksin, wie er heute geschrieben wird, gewann viele Schlachten – bis auf die letzte.

Dort, wo heute Bangkoks Wahrzeichen, der Wat Arun mit seinen das Sonnenlicht reflektierenden Glas- und Porzellanscherben im Gemäuer steht, sammelte er um 1770 die nach der Niederlage durch die Burmesen weitverstreuten siamesischen Truppen und zog mit ihnen in die zerstörte Hauptstadt Ayutthaya. Nachdem die dort stationierten burmesischen Truppen geschlagen worden waren, unterwarf der Offizier einfacher Herkunft mit seiner Armee auch Kambodscha.

Von einem seiner Feldzüge brachte Taksin, der sich inzwischen selbst zum König ernannt hatte, den Smaragd-Buddha mit, dem rasch ein Tempel gebaut wurde. Im Laufe der Zeit stieg dem Herrscher der Größenwahn immer mehr zu Kopf und steigerte sich zur Hybris, als er sich zum zukünftigen Buddha erklärte. Ein Aufstand führte 1781 schließlich zum Rücktritt des Königs, der Thailand nach Jahren der Schmach wieder zum Aufstieg verholfen hatte.

Wahrscheinlich wurde Taksin nach seiner Absetzung hingerichtet, möglicherweise – die Geschichtschreiber sind sich in diesem Punkt nicht einig – aber auch in die Verbannung geschickt.

Sein Nachfolger wurde General Chakri, der erste Rama. Eine der ersten Amtshandlungen des neuen Königs und Begründers der Chakri-Dynastie war die Überführung des Smaragd-Buddhas über den Fluß in die neue Hauptstadt Bangkok – zunächst in ein provisorisches Quartier, bis 1784 der Wat Phra Keo mit der Königlichen Kapelle vollendet war. Dem Tempel mußte die kleine Siedlung Bang Kok weichen, deren chinesische Bewohner nach Sampeng evakuiert wurden, heute das Herz von Chinatown. Der Tempelbezirk – in dem auch der Wat Phra Keo steht – mit dem Königspalast (Grand oder Royal Palace) wurde zum Macht- und Kulturzentrum eines wiederaufstehenden siamesischen Reiches.

Furchterregende Fabelfiguren bewachen den Königs-Tempel

Das »Heiligtum der Nation« steht auf geweihtem Boden. Rama I. wies 1782 die höchsten buddhistischen Würdenträger an, dieses Zeremoniell zu vollziehen. Neben dem Palast sind grundsätzlich alle Tempelbezirke heilige Stätten, die man in angemessener Bekleidung zu betreten hat. Shorts, T-Shirts (auch bei Männern), bloße Schultern und weiter Ausschnitt werden als respektlos angesehen. Die Ordnungshüter am Eingang zum inneren Tempelbezirk verwehren jedem den Zutritt, der in dieser Hinsicht gegen das Moralempfinden der Thais verstößt. Am Wat Phra Keo, zu dem täglich Tausende von Besuchern strömen, reagiert man besonders empfindlich.

Hinter den Mauern dieses Tempels bewachen meterhohe Fabelfiguren mit fletschenden Zähnen die Tore. Der populäre Name des Wat lautet »Tempel des Smaragd-Buddha«, richtig und offiziell heißt er jedoch Wat Phra Sri Sassadaram, »Tempel mit dem schönen Juwel des Klosters des heiligen Lehrers«. In einem Schrein befindet sich Thailands symbolträchtigste Pretiose: Der hellgrün schimmernde Smaragd-Buddha besteht aus einem jadeähnlichen Halbedelstein und thront auf einem goldenen Altar in elf Meter Höhe. Das

schummrige Licht unterstreicht die geheimnisvolle Bedeutung des nur 60 Zentimeter hohen religiösen und dynastischen Symbols.
Ein weiterer symbolischer Schutz des Heiligtums sind die Garuda-Figuren an den Friesen. Halb Mensch, halb Vogel, weisen sie böse Geister ab. Und unten an den Stufen abermals Wächter: furchteinflößende Singhas aus Bronze, mythologische Gestalten aus dem Epos Ramakien. Sie sind 900 Jahre alt und wurden als Kriegsbeute von Rama I. aus Kambodscha mitgebracht.
Der Königspalast dient heute nicht mehr als Residenz der Chakri-Könige, wird aber für höfische Festlichkeiten und zu Protokollzwecken benutzt.
Den Chakri Maha Prasad (Palast) ließ König Chulalongkorn zum hundertjährigen Bestehen der Chakri-Dynastie erbauen. Er wurde 1882 vollendet und ist das jüngste Gebäude des königlichen Bezirks. In den Räumen unter dem Dach wird die Asche der verstorbenen Mitglieder der Chakri-Dynastie aufbewahrt. Der Duisit Maha Prasat, ein weiterer Palast, wurde 1789 anstelle eines niedergebrannten Hauses von Rama I. erbaut. Die vierflügelige Anlage war für Krönungsfeierlichkeiten vorgesehen; zwei prachtvoll verzierte Thronsitze erinnern noch daran.

Getanzte Literatur: Jede Geste ist einstudiert

Der Königspalast besteht aus 16 Gebäudekomplexen, eine faszinierende Mischung aus thailändischer Baukunst mit europäischen Stilelementen. Er ist in allen Chakri-Generationen Mittelpunkt kultureller Ereignisse und künstlerischen Schaffens gewesen, für das einige Könige begabte Vorbilder waren. Rama I. schuf zum Beispiel eine der drei »offiziellen« Thai-Versionen des Ramakien mit 70 000 Versen. Die Aufführung dieses Dramas an zwei aufeinanderfolgenden Tagen dauert 20 Stunden. Das gesamte Ramakien mit 311 Akteuren würde über 720 Stunden beanspruchen.
Das Epos ist ein Beispiel dafür, wie Tanz und Literatur in Thailand miteinander verschmolzen sind. Das klassisch-höfische Thai-Theater ist eine tänzerisch-mimische Übersetzung der traditionellen Literatur unter musikalischer Begleitung. Die »getanzte Literatur« wird

Figuren wie der Kinnon (Vogelmensch) zieren den Wat Phra Keo

Um dem hellgrün schimmernden Smaragd-Buddha einen würdigen Aufbewahrungsort zu schaffen, wurde ab 1782 nach den Vorbildern der königlichen Tempel von Ayutthaya und Sukhothai der Wat Phra Keo gebaut. Die Tempelanlage ist heute eines der Heiligtümer der Nation und beherbergt einen ungeheuren Reichtum an Schmuck: Stuckarbeiten, Garudafiguren und filigrane Einlegearbeiten mit Perlmutt.

Farbige Mosaike am Tempel des Smaragd-Buddhas

Dach des Prasart Phra Debidorn, Wat Phra Keo

Yaks, »Wächter« aus glasierten Ziegeln

Wandgemälde mit Darstellung eines Tempels im Wat Phra Keo

Mönche tragen safrangelbe Gewänder

König Bhumipol im Wat Phra Keo

Khon genannt. Für eine Aufführung wird jede Nuance in einem jahrelangen Studium exakt einstudiert, von der Fußspitze bis zu den überlangen, aufgesetzten Fingernägeln. Die Gesten fragen, antworten, lieben, hassen, flüchten, kämpfen und sind so das zentrale Element der Erzählung.

In den Tempeln sollte man deshalb sein Augenmerk auf die Fresken lenken und die Gesten der abgebildeten Menschen in Ruhe studieren. Es handelt sich bei ihnen fast immer um Darstellungen aus dem unerschöpflichen Themenkreis des Ramakien.

Bei den touristischen Tanzvorführungen während einer Folklore-Show oder beim Essen in einem exklusiven Restaurant wird man zu leicht abgelenkt, aber eine vorzügliche Gelegenheit zum Studium des Khon bietet sich beim Besuch des Nationalmuseums, wo die Schüler der staatlichen Tanzakademie ihre Kunst im Garten interessierten Touristen vorführen.

An Chedis und Prangs nagt der Zahn der Zeit

Das Nationalmuseum am Sanam Luang besteht aus 46 Abteilungen, die in mehreren Gebäudekomplexen untergebracht sind. Beeindruckend sind die königlichen Begräbniswagen in einer Halle neben dem modernen Nordgebäude. Die monströsen Holzkonstruktionen wiegen bis zu 20 Tonnen, 160 Männer mußten sie an Seilen ziehen.

Das moderne Südgebäude ist der Dvaravati-Periode (6. bis 11. Jahrhundert) vor der Einwanderung der Thais aus Süd-China gewidmet. Aus dieser Zeit stammt das steinerne »Rad des Gesetzes«, eines der ältesten Zeugnisse jener bedeutenden Kulturepoche.

Im Wat Phra Keo leben längst keine Mönche mehr, anders als im Wat Po gleich gegenüber der Straße. Der Tempel ist Thailands ältestes Kloster und älteste Universität, gebaut um das Jahr 1800. Das Terrain mit seinen 95 Ziertürmen ist knapp acht Hektar groß und für etwa 300 Mönche eine Oase inmitten des Verkehrstrubels. Die Außenmauern besitzen zwar 16 Tore, aber für Touristen ist nur eines auf der schmalen Thanon Chetuphon geöffnet. Die baumbestandene Idylle mit den Wohnquartieren der Mönche wird optisch leider durch die Tatsache gestört, daß an den

Chedis und Pagodendächer im Wat Po

Tempeltänzerinnen am Wat Arun

Buddhastatuen im Wat Po

Vom Wat Arun bietet sich ein schöner Blick über den Menam

Fünfeinhalb Tonnen Gold: Buddhafigur im Wat Trimitr

Rund 400 Tempel stehen in Bangkok und Thonburi; die meisten können besichtigt werden. Beispielsweise der Wat Arun, der wegen des in den glasierten Keramikplättchen funkelnden Abendlichts auch Tempel der Dämmerung genannt wird. Von seiner obersten Terrasse bietet sich ein schöner Blick über den Menam auf den Wat Po und die Anlage des Wat Phra Keo.
Ende Oktober/Anfang November ist der Wat Arun stets Ziel der reizvollen königlichen Barkenprozession, während der König Bhumipol den Mönchen Geschenke überreicht.
Den ruhenden Buddha stellt eine 49 Meter lange und 12 Meter hohe Figur in der Anlage des Wat Po dar. Die Fußsohlen sind mit feinen Perlmuttstücken verziert.

Mönche leben von Spenden der Bevölkerung

Mönche im Wat Po

Betende am Lak Muang

Chedis und Prangs der Zahn der Zeit nagt. Zerbröckelte, abgefallene Mauerreste werden auf Haufen gekehrt.
Aber das restaurierte Innenleben des Tempels entschädigt zur Genüge. Ein 49 Meter langer liegender Buddha aus verputzten Ziegelsteinen, von gläubigen Besuchern mit hauchdünnen Goldplättchen überzogen, erhebt sich dort 12 Meter hoch. Reizvoll sind die Fußsohlen mit feinen Perlmutteinlagen.
Bangkok und Thonburi haben insgesamt rund 400 Tempel aufzuweisen, die chinesischen mitgezählt. Natürlich ist es nicht möglich, sie alle zu besichtigen, aber zwei weitere sollte man nicht unbeachtet lassen. Ungewöhnlich ist der Wat Benchamabopit (Tempel des fünften Königs), gemeinhin Marmortempel genannt. Um 1900 erstellt, unterscheidet er sich von allen anderen Tempeln durch atypische europäische Stilelemente wie Verkleidung und Pflasterung aus Carrara-Marmor. Die Galerie der Buddhas stellt eine hervorragende Auswahl aller thailändischer Stilrichtungen dar.

Ein drei Meter hoher Buddha aus fünfeinhalb Tonnen Gold

Der Wat Trimitr (Tempel der drei Freunde) heißt eigentlich »Tempel der drei Chinesen«. Er wäre bedeutungslos, wenn in ihm nicht eine drei Meter hohe Buddha-Figur stände, die aus purem Gold ist – fünfeinhalb Tonnen schwer. Der Schatz ist 700 Jahre alt und stammt aus Sukhothai. Den wahren Wert entdeckte man durch Zufall, als seine Stuckverkleidung bei Bauarbeiten am Tempel zu Schaden kam.
Vom Golden Mount, Bangkok einzigem Chedi auf einem Hügel, sind es nur wenige Minuten Fußweg zur Großen Schaukel, einem wahrhaft monströsen Unikum aus Teakholz, unter dem der Verkehr hindurchbraust. Während des rituellen Schaukelns, einer brahmanischen Zeremonie, mußten die Teams so hoch schwingen, daß sich die Seile parallel zur Erde befanden.
Keinesfalls versäumen sollte man auch den Besuch des Jim-Thompson-Hauses. Es ist ein musealer Wohnkomplex aus originalen antiken Thai-Häusern, die der amerikanische Begründer der Seidenindustrie aus weiten Teilen des Landes heranschaffen und zusammenbauen ließ.

REISE-INFO
BANGKOK II

Siam Society (131 Soi 21, Sukhumvit Road): Diese Adresse ist für all jene wichtig, die sich auf eine Rundreise durch Thailand vorbereiten und eingehend mit der Kultur des Landes beschäftigen möchten. Die Siam Society ist eine 1904 gegründete Forschungsgruppe für anthropologische, historische, linguistische und botanische Studien. Die umfangreiche Bibliothek enthält auch Spezialliteratur über Sitten und Gebräuche und steht jedem offen. Das »Journal of the Siam Society« ist bestrebt, die thailändische Kultur zu fördern und zu erhalten.
Auf dem Gelände des Instituts steht ein ethnologisches Museum, das 120 Jahre alte Kamthieng-Haus. Es wurde in Chiang Mai abgerissen, in Bangkok wieder zusammengefügt und enthält eine vorzügliche Sammlung nord-thailändischer Volkskunst (geöffnet dienstags bis sonnabends von 9 bis 12 Uhr und von 13 bis 17 Uhr).
Nationalmuseum (Na Phrathat Road, Westseite am Sanam Luang): Die älteren Gebäude des Komplexes waren von 1782 bis 1887 ein Palast für den jeweiligen Kronprinzen. König Rama IV. gestaltete ihn zum ersten Museum Thailands um und integrierte die private Kunstsammlung seines Vaters, König Mongkut. Ein Besuch des größten Museums Südostasiens zu Beginn eines Aufenthalts in Thailand ist hervorragend dazu geeignet, sich Grundkenntnisse über die verschiedenen Stilepochen anzueignen; vor Ort sind die Bezeichnungen der Stile und deren Merkmale dann keine abstrakten Begriffe mehr. Die 46 Abteilungen bieten einen phantastischen Überblick unter anderem über Frühgeschichte und zeigen Spiele, Porzellan und Perlmutt, Münzen, Fahnen, Instrumente, Einrichtungsgegenstände, Textilien, Fresken, Kunsthandwerk, Waffen, einen Thronsaal und eine Schatzkammer sowie Objekte und Buddha-Statuen von der Dvaravati-Periode (6. bis 11. Jahrhundert) bis zum Ratanakosin-Stil (spätes 18. Jahrhundert bis heute).
Öffnungszeiten: täglich außer montags und freitags von 9 bis 12 Uhr und von 13 bis 16 Uhr. Sonntags kein Eintritt. Kostenlose Führungen dienstags, mittwochs und donnerstags um 9.30 Uhr.
Jim-Thompson-Haus (Soi Kasem San 2, eine Seitengasse der Rama I Road): Der ehemalige Wohnsitz des Pioniers der thailändischen Seidenindustrie ist heute ein Museum für thailändische Wohnkultur. Thompson ließ die Originalhäuser aus Teakholz (z. T. 200 Jahre alt) an Ort und Stelle zerlegen und in Bangkok wieder zusammenfügen. Der kleine, authentische und idyllisch gelegene Komplex an einem Klong beherbergt eine der wertvollsten Möbelsammlungen; im Hauptgebäude befinden sich eine ansehnliche Sammlung asiatischer Kunstwerke sowie persönliche Gegenstände von Jim Thompson.
Öffnungszeiten: montags bis freitags von 9 bis 16 Uhr, Eintrittsgeld.
Suan-Pakkard-Palast (Sri Ayutthaya Road Nähe Phaya Thai Road): Die Residenz der Prinzessin Phanthip Boriphat, eine bekannte Kunstexpertin und Gartenarchitektin, besteht aus einem Komplex von fünf traditionellen Thai-Häusern. Die architektonischen Meisterwerke beherbergen eine umfangreiche Sammlung asiatischer Antiquitäten: Musikinstrumente, Porzellan, Buddha-Statuen, Muscheln, Mineralien und Artefakte aus Ban Chiang (5. Jahrtausend v. Chr.). Die Gartenanlage (von der Prinzessin gestaltet) ziert ein »Lack-Pavillon«, ein Original aus Ayutthaya.
Öffnungszeiten: täglich außer sonntags von 9 bis 16 Uhr, Eintritt.
Große Schaukel (Kreuzung Bamrung Muang und Ti Thong Road): Ein knapp 27 Meter hohes Teakholz-Relikt eines ursprünglich hinduistisch-brahmanischen Ritus. Bei dem Mannschafts-Schaukelwettkampf anläßlich des Tri Yambahva-Festes gab es oft tödliche Unfälle; Rama VII. ließ das gefährliche Schauspiel 1932 verbieten.

Reiche Ornamente schmücken den Wat Arun

Wat Phra Keo und **Grand Palace** (Königspalast, Eingang Na Phra Lan Road am Sanam Luang): Der Besuch ist ein absolutes Muß und für die meisten Touristen der Höhepunkt eines Bangkok-Besuches. Eine Besichtigung dauert mehrere Stunden. Der Tempel- und der Palastbezirk sind voneinander durch eine Mauer getrennt. An Wochenenden und besonders an buddhistischen Feiertagen herrscht wegen der vielen Pilger und Mönche Hochbetrieb.
Öffnungszeiten täglich von 9 bis 16 Uhr. Der Grand Palace ist an Wochenenden geschlossen. Eintrittsgeld.
Von den rund **400 Tempeln** beider Stadtteile sind ein weiteres Dutzend wirklich sehenswert. Die wichtigsten von ihnen sind der **Wat Po** (neben dem Wat Phra Keo, Eingang Chetuphon Road, 8 bis 17 Uhr, mit seinem gigantischen »liegenden Buddha« dessen Fußsohlen mit Perlmutt-Einlegearbeiten bedeckt sind; der **Wat Arun** (»Tempel der Dämmerung«) in Thonburi (per Expreßboot), mit seinem 86 Meter hohen zentralen Prang; der **Wat Indra** (Wisut Kasat Road) mit hinduistischem Eingangstor und einem 33 Meter hohen Buddha; der **Wat Benchamabopit** (»Marmortempel«, Ecke Rama V. und Sri Ayutthaya Road), dessen Wände im Bot und die Pflasterung des Hofes aus Carrara-Marmor bestehen und in dessen Innenhofgalerie 53 etwa lebensgroße Buddha-Statuen stehen; der **Wat Trimitr** (Rama IV. Road neben dem Hua Lampong-Hauptbahnhof) mit einer drei Meter hohen Buddha-Figur aus fünfeinhalb Tonnen purem Gold; der **Wat Bovornives** (Nähe Denkmal der Demokratie an der Phra Sumen Road) beherbergt den berühmten Jinasri-Buddha (1257 anläßlich der Befreiung vom Joch der Khmer-Herrschaft gegossen); der **Wat Sakhet** zu Füßen des Golden Mount (Maha Chai Road über eine kleine Gasse) mit Reliefdarstellungen von Vishnu und Türen mit gediegener Lackarbeit. Von dem 78 Meter über dem Tempel thronenden **Chedi Golden Mount** (300 Stufen) genießt man einen beeindrukkenden Rundblick über die Stadt.
Hinweis: Tempel haben in der Regel keine festen Öffnungszeiten, insbesondere dann nicht, wenn es sich, wie beim Wat Po, um einen Wohnbezirk für Mönche handelt. Bots und Viharne werden aber zumeist bei Sonnenuntergang geschlossen.

Phuket in Thailand ist nur eines von 50 Condor Urlaubszielen.

BANGKOKS UMLAND

Touristenziele rund ums Wasser

In Damnoen Saduak wird Gemüse und Obst direkt vom Boot verkauft. Bereits am frühen Morgen paddeln Marktfrauen zum Schwimmenden Markt. Wer sich in Bangkoks Umgebung umsehen will, hat eine große Auswahl: eine Krokodilfarm, die Brücke am Kwai, nachgebaute (in Ancient City) und echte Tempel wie in Nakhon Pathom (kleines Bild).

Dschungel im Tham Than Lod-Nationalpark

Äffchen mit Glocken, beliebt bei Touristen

Nur eine Viertelstunde dauert der Fußweg von der Bushaltestelle zum Erawan-Nationalpark, dessen bekannte Wasserfälle zum Baden einladen. Nicht weit entfernt spannt sich am nördlichen Rand der Stadt Kanchanaburi die berühmte Kwai-Brücke über den gleichnamigen Fluß. Im Zweiten Weltkrieg erbaut, war sie Teil einer Eisenbahnlinie, über die Japan den Nachschub für seine in Burma stationierte Armee sichern wollte. Erst kurz vor dem Ende des Krieges wurde die Brücke am River Kwai durch US-amerikanische Bomben zerstört, später jedoch wiederaufgebaut.
An die beim Bau der Eisenbahnlinie eingesetzten alliierten Kriegsgefangenen und asiatischen Zwangsarbeiter erinnert das in einer rekonstruierten Gefangenenhütte eingerichtete Jeath-Kriegsmuseum in Kanchanaburi.

Felslandschaften lassen sich im Tham Than Lod-Nationalpark erkunden

Natur pur: Wasserfall im Erawan-Nationalpark bei Kanchanaburi

Durch den Film weltbekannt: die Brücke am River Kwai

Ehrerbietung am heiligen Bodhi-Baum

Rund um Bangkok – wer nur wenig Zeit für die Region um die Hauptstadt erübrigen kann, muß die Ziele mit Bedacht auswählen. Das Spektrum ist groß; man hat die Wahl zwischen Halbtags- oder Tagesausflügen zu mehr oder weniger spektakulären Rummelplätzen der Tourismusindustrie mit pseudo-authentischen Darbietungen, die Fremden das »wahre« Thailand näherbringen sollen, und bedeutenden Kulturdenkmälern, kleinen Abenteuern und Naturschönheiten – ein Kontrastprogramm.
Der Rose Garden zählt zu der ersten Kategorie; in der Anlage 30 Kilometer westlich von Bangkok wird Besuchern ein Instant-Aufguß thailändischer Kultur verschiedener Epochen in operettenhafter Zeitraffer-Manier dargeboten. – Mahlzeiten inklusive. Täglich reisen rund 1000 Gäste an; alles ist perfekt organisiert. Authentisch sind eigentlich nur die 20 000 Rosenbüsche des wohlgestalteten Freizeitparks sowie ein halbes Dutzend Elefanten, auf deren Rükken man für einen Obolus einige Runden trotten kann. Eine »Thai Village Show« bringt Fremden die Kultur und das Leben des ländlichen Raumes näher. Das kleinere Timland bietet Ähnliches, ist aber mit seinem »traditionellen Thaidorf« informativer. Auch die Krokodilfarm ist eine kommerzielle Mischung aus Amüsierpark für Kinder, einem die Nerven kitzelnden »Kampf« eines Dompteurs mit einem Krokodil und einem weitläufigen Gehege mit rund 30 000 Krokodilen, aus deren Haut Taschen und andere Souvenirs für Touristen angefertigt und an Ort und Stelle verkauft werden.

Ancient City: Thailand-Rundreise an einem Tag

Eine »Rundreise« durch Thailand läßt sich wenige Kilometer südlich Bangkoks auch an einem halben Tag bewerkstelligen: in Ancient City, einem 80 Hektar großer Freilichtmuseum. Auf diesem riesigen Terrain, dessen Umrisse denen Thailands entsprechen, stehen originalgetreue Rekonstruktionen von Gebäuden aller Baustile und Kulturkreise aus 14 Jahrhunderten. Zu den etwa 150 Bauwerken zählen Tempel, Chedis, Prangs, Wohnhäuser an einem »Klong« mit einem »Schwimmenden Markt« und sogar das Dorf eines Bergstammes.

Höhepunkt von Ancient City ist im nördlichen Bereich die handgeschnitzte Darstellung von etwa 70 Episoden aus dem Leben Buddhas. Im Nordosten wurde ein 54 Meter hoher Hügel aufgeschüttet, auf dem der Wat Khao Phra Wihan thront – ein Tempel, dessen Original für Könige und Pilger 1000 Jahre lang ein heiliges Ziel war. Die Giebeldächer sind präzise Rekonstruktionen im Khmer-Stil. Von der Erhöhung bietet sich ein hervorragender Rundblick über Muang Boran, wie die Ancient City in thailändischer Sprache genannt wird. Sie ist das Lebenswerk eines reichen thai-chinesischen Kaufmannes.

Klongs, künstlich angelegte Kanäle, waren einst Thailands wichtigste Verkehrswege, auf denen man reiste und Güter transportierte. Wo immer Wasser war, lebten Menschen an seinen Ufern in Häusern auf Stelzen; ein Bild, das in einigen Regionen noch zu finden ist.

Das größte zusammenhängende Klonggebiet mit rund 400 Kilometer Wasserwegen liegt knapp 100 Kilometer südwestlich von Bangkok in der Nähe von Ratchaburi. In Damnoen Saduak befindet sich der »Schwimmende Markt«, eine farbenprächtige ländliche Idylle mit einer Armada von Bootskaufleuten, die bereits in den frühen Morgenstunden ihre Waren heranpaddeln: vor allem exotische Gemüse und Früchte sowie fertige Gerichte aus bescheidenen Garküchen.

Vor Tagesanbruch paddeln die Händlerinnen zum Markt

Schon vor Tagesanbruch machen sich die Händlerinnen aus weitem Umkreis auf den Weg nach Damnoen Saduak. Den Mittelpunkt des bunten, gemächlichen Treibens kann man von zwei Brücken beobachten, die sich über den Hauptklong spannen.

Der Name Nakhon Pathom erregt bei Thais Ehrfurcht. Vor 1500 Jahren lag die heute rund 50 000 Einwohner zählende Stadt noch an der Bucht von Bangkok. Da das Delta des Menam Mae Klong und des Menam Tha Chin aber immer mehr versandete, ist sie heute 40 Kilometer Luftlinie von der Küste entfernt. Nakhon Pathom gilt als Ausgangspunkt der buddhistischen Lehre, die sich ab etwa 250 v. Chr. von Indien kommend von hier über Südostasien verbreitete. Wenn man sich der Stadt auf der Natio-

Ancient City: Häuser auf Stelzen

Kolossale Schnitzarbeit

Haus mit Pagodendach

Wer keine Rundreise zu den originalen Sehenswürdigkeiten Thailands unternehmen möchte, muß auf die alten Tempel und Paläste dennoch nicht verzichten: In Ancient City etwas südlich von Bangkok sind Kopien der alten Gebäude originalgetreu, jedoch in verkleinertem Maßstab, aufgebaut. Die Umrisse des sehenswerten Freilichtmuseums entsprechen der Form Thailands, und jedes Monument befindet sich in der herrlichen Parklandschaft mit Seen und Wasserfällen.

Krieg mit Elefanten: die Schlacht von Yuthahathi

Hübsche Schnitzereien sind diese Figuren

Lotosknospen-Pavillon in Ancient City

nalstraße 4 nähert, sticht schon aus großer Entfernung der weiße Phra Pathom Chedi ins Auge; er überragt die Silhouette wie eine gewaltige Glocke. Das Heiligtum ist mit 127 Meter Höhe das höchste buddhistische Bauwerk der Welt. Zur Blütezeit der Stadt während der Mon-Kultur soll sich an dieser Stelle bereits eine Stupa befunden haben. Nakhon Pathom wurde im Jahr 1057 von den Burmesen zerstört und erst 100 Jahre später unter der Khmer-Herrschaft wieder aufgebaut. Die Khmer bedeckten den Begräbnishügel mit einem 34 Meter hohen Prang, der wegen seines desolaten Zustandes ab 1853 zunächst unter dem siamesischen König Mongkut und anschließend unter Rama V. überbaut wurde. Der steinerne Gigant ruht auf einem kreisrunden Sockel, mißt 57 Meter im Durchmesser und ist über 41 Meter hoch. Im südlichen Tempelbereich ist eine maßstabsgetreue Nachbildung des Khmer-Chedis zu sehen, die der fromme Pilger-König Mongkut anfertigen ließ. Er lebte 27 Jahre als Mönch, pilgerte oft zu diesem heiligen Ort und ließ sich als König dort den Sanam Chand-Palast erbauen.

Die Brücke am Kwai machte auch Kanchanaburi bekannt

Weiter nach Westen zweigt die Nationalstraße 323 hinter Nahkon Pathom in nordwestliche Richtung ab. Hinter Ban Pong werden die endlos flachen Reisebenen seltener; je hügeliger es wird, desto mehr gewinnt die Landschaft an Charme. Die Provinz Kanchanaburi verteilt ihre Reize um so großzügiger, je weiter man sich der Grenze zu Burma nähert. Wo sich die Flüsse Kwai Yai und Kwai Noi vereinen, schlummert die ruhige Provinzhauptstadt Kanchanaburi, durch nahe Erzgruben reich geworden und von den Einheimischen kurz Kan oder Kan buri genannt. Der Ort, eingebettet zwischen Hügeln und Zuckerrohrfeldern, wäre kaum einen Besuch wert, wenn sich dort nicht jene berühmte Brücke befände, die durch den Film »Die Brücke am Kwai« bekannt wurde.

Die Geschichte des Ortes liest sich wie die Chronik aus einem jahrhundertealten Kriegstagebuch. Die Nähe des Drei-Pagoden-Passes nach Burma bedeutete schon vor Beginn unserer Zeitrechnung eine Gefahr für die hier lebenden Völ-

Thailändische Kultur für Touristen: Thai-Boxen . . .

. . . und verschiedene Tanzdarbietungen . . .

. . . werden im Rose Garden gezeigt

Schon morgens Gedränge in Damnoen Saduak

Noch ist der Schwimmende Markt von Damnoen Saduak von Touristen weniger überlaufen als sein Gegenstück in Thonburi, denn die rund 100 Kilometer lange Anreise von Bangkok ist doch etwas beschwerlicher.
Bereits am frühen Morgen tauchen die schmalen Boote am Ufer des Damnoen Saduak-Klong auf; frische Waren werden von Frauen vielfach direkt von Bord verkauft, und sogar ganze Garküchen sind auf den kleinen Kähnen eingerichtet.
Der Rose Garden etwas südlich von Bangkok ist dagegen für Touristen geschaffen worden.

Ein Hauch Spannung: auf der Krokodilfarm

Auch Garküchen sind auf Booten eingerichtet

Händlerin auf dem Schwimmenden Markt

ker, denn immer wieder überfielen Burmesen die Region.
Während des Zweiten Weltkrieges war die Gegend abermals Schauplatz einer Kriegstragödie. Im Jahr 1942 hatten die Japaner Thailand okkupiert und wollten eine 415 Kilometer lange Bahnlinie entlang dem Menam Kwai Noi über den Paß nach Burma bauen. Mit brutalsten Mitteln setzten sie asiatische Zwangsarbeiter und alliierte Kriegsgefangene ein, von denen weit über 100 000 der grausamen Behandlung und der Malaria erlagen.

Dreimal täglich rattert ein Zug über den Kwai Noi

Auf den Massenfriedhöfen von Kanchanaburi ruhen genau 6982 alliierte Kriegsgefangene, die Zahl der umgekommenen asiatischen Zwangsarbeiter wurde von den Japanern nicht festgehalten. Nach dem Krieg leisteten die Japaner Reparation; anstelle der 1945 von britischen und US-Bombern zerstörten Holzbrücke über den Kwai Noi bauten sie einen neuen Übergang, über den dreimal täglich ein Zug zum 77 Kilometer entfernten Örtchen Nam Tok rattert. An die Geschichte der Brücke erinnert auch das Museum, ein rekonstruiertes Kriegsgefangenenlager aus Bambus.
Das kleine Dorf Ban Kao an der Bahnlinie gelangte nach dem Kriege zumindest unter Archäologen zu Weltruhm. Ein kriegsgefangener Holländer – selbst Archäologe – hatte in ihm während der Fronarbeit Artefakte entdeckt. Er hielt die Funde, bei denen es sich vor allem um Tonscherben und Knochen handelte, vorerst geheim – bis 1961 weitere Ausgrabungen erwiesen, daß diese Region bereits vor rund 10 000 Jahren besiedelt war.

Duschen unterm Wasserfall – Natur in Hülle und Fülle

Trotz der Grenznähe, der natürlichen Barriere der Berge und des dichten Dschungels ist die Welt für Reisende in Kanchanaburi noch nicht zu Ende. Als Standquartier für Fahrten zu den sieben größeren Wasserfällen der Umgebung und den vier Nationalparks bietet sich die Stadt jedoch nur bedingt an. Lediglich der Tham Than Lod- und der Erawan-Nationalpark sind von ihr aus bequem mit dem Bus über Bo Phloi und Tha Manao zu erreichen. In allen anderen Fällen ist es günstiger, flußaufwärts bis Nam Tok zu fahren, um von dort aus Tagesausflüge oder mehrtägige Trekking-Touren zu unternehmen.
Die Auswahl an Unterkünften reicht von gepflegten, aber nicht luxuriösen Bungalow-Ferienanlagen mit Pool und Restaurant zu sehr einfachen Herbergen auf Bambus-Booten. Diese »Floatels« mit denen auch Fahrten unternommen werden, bergen ungeahnte Reize: Man ist der Natur nahe, statt zu duschen springt man in den Fluß oder läßt das klare Naß von Wasserfällen über sich ergießen.
Floßtrips auf dem Kwai Noi sind ein abwechslungsreiches Vergnügen. Irgendwo am Fluß kann man für eine gute Woche sein Quartier aufschlagen, ohne jemals Langeweile zu verspüren. Denn die Natur bietet Abwechslung in Hülle und Fülle – die heißen Hin Dat Hot-Quellen, in denen man sogar mitgebrachte Eier kochen kann, versteckte Höhlen und drei besonders schöne Wasserfälle: der siebenstufige Erawan-Fall sowie der Sai Yok- und der Huay Khamin-Fall.
Der Westen Thailands ist wegen der geringen Besiedlung besonders reizvoll. Die wenigen Dörfer sind von über 1000 Meter hohen Bergen umgeben, und das Gebrüll eines Tigers ist keine Seltenheit. Der dichte Urwald bietet auch den Schmugglern Schutz, die Nacht für Nacht Waren über verschlungene Pfade von und nach Burma bringen.

REISE-INFO
BANGKOKS UMLAND

Rose Garden

Der ehemalige private Landsitz in tropischer Parklandschaft mit Golfplatz (18 Loch) am Nakhon Chaisri Fluß ist auch für Thais ein beliebtes Ziel. Die Anlage mit einem »Thai Village« und einem großen Amphitheater bietet täglich ab 15 Uhr Shows.
Anfahrt: 32 Kilometer westlich von Bangkok an der N 4 auf halber Strecke in Richtung Nakhon Pathom. Per Bus vom Southern Terminal alle 15 Minuten ab 6.30 Uhr. Per Bahn vom Hauptbahnhof Hua Lampong und vom Noi-Bahnhof (Bummelzüge mehrmals täglich.
Unterkunft: Hotel im Thai-Stil.

Timland

Eine ähnliche Anlage wie Rose Garden, nur kleiner. Das »traditionelle Thaidorf« wirkt authentischer.
Anfahrt: 20 Kilometer nördlich von Bangkok. Keine öffentlichen Verkehrsmittel. Mit dem Auto auf der N 1, nach zehn Kilometern links auf die N 302.

Krokodilfarm

Gelände in Samut Prakarn mit Wildkatzen, Schlangen und Krokodilen, die täglich zwischen 16.30 und 17.30 Uhr gefüttert werden. Krokodil-Shows beginnen täglich um 11 und um 14 Uhr.
Anfahrt: Samut Prakarn ist praktisch ein Vorort von Bangkok und mit Bussen gut zu erreichen. Der A.C.-Bus Nr. 8 fährt zum Beispiel von der Haltestelle westlich des Wat Phra Keo ab.

Ancient City

Viele der schönsten und wichtigsten Bauwerke Thailands sind im Maßstab 1:3 aufgebaut, insgesamt 65 Komplexe mit rund 150 Repliken. Das größte Freilichtmuseum Südostasiens kann man mit dem Auto befahren.
Anfahrt: Mit dem Auto 33 Kilometer auf der N 3 südlich über Samut Prakarn, per Bus ab Southern Bus Terminal und in Samut Prakarn umsteigen (lokale Busse oder Taxi).

Damnoen Saduak

Die »Schwimmenden Märkte« in der Provinz Rajburi zählen zu den außergewöhnlichen Thailand-Erlebnissen.
Anfahrt: Der Marktort liegt zwischen Nakhon Pathom und Samu Songkhram etwa 100 Kilometer südwestlich von Bangkok. Die Anfahrt mit lokalen Bussen vom Southern Bus Terminal in Bangkok dauert etwa zwei Stunden. Es ist aber auch möglich, in Nakhon Pathom zu übernachten, am frühen Morgen mit dem Bus in Richtung Samu Songhram zu fahren und sich in Damnoen Saduak absetzen zu lassen.

Nakhon Pathom

Die etwa 50 000 Einwohner zählende Stadt ist nicht besonders attraktiv. Sehenswert ist jedoch der Chedi.
Unterkunft: Nur einfache Hotels: Mittaowan, Mitsamphan, Mitphaisan, Siam Hotel.
Sehenswürdigkeiten: Den Chedi sollte man nicht nur aus der Ferne betrachten, denn der ihn umgebende Säulengang mit seinen vier Viharnen (Stationen aus dem Leben Buddhas) und die freiliegenden Exponate im Innenhof (Funde aus der näheren Umgebung) sind sehenswert. Weitere Fundstücke befinden sich im Museum auf der Südseite des Chedis.
Veranstaltung: An drei Tagen im November findet rund um den Chedi ein großer Jahrmarkt für Pilger statt (Phra Pathom Chedi Fair).
Anfahrt: Mit dem Auto 56 Kilometer westlich über die N 4. Mit Bus vom Southern Bus Terminal etwa alle 15 Minuten von 6.30 bis 20 Uhr. Per Bahn ab Hua Lampong-Hauptbahnhof oder ab Noi Bahnhof. Fahrzeit für alle Verkehrsmittel rund eine Stunde.

Krokodile werden vorgeführt und vermarktet

Kanchanaburi

Ein reizvolles Provinzstädtchen mit rund 3500 Einwohnern. Seine touristische Bedeutung beruht auf der Brücke am Kwai und der Ausgangslage für Exkursionen zu den Nationalparks, Wasserfällen und für Bootsfahrten.
Anfahrt: Mit dem Auto 130 Kilometer westlich von Bangkok über die N 1 und N 323. Per Bus vom Southern Bus Terminal ab 5 bis etwa 20 Uhr alle 20 Minuten. Per Bahn ab Hua Lampong-Hauptbahnhof und Noi Bahnhof. Sonderzüge verkehren samstags, sonntags und an Feiertagen ab Hauptbahnhof (Abfahrt 6.15, Rückkehr 19.30 Uhr).
Unterkunft: Bestes Haus ist The Rama River Khwae. Darüber hinaus gibt es eine Vielzahl von Hotels der mittleren und einfachen Preisklasse, u. a. River Khwae Hotel, Sri Muang Kan, Prasopsuk Bungalow, Boon Yong Bungalow.
Sehenswürdigkeiten: Neben der berühmten Brücke das Jeath-Kriegsmuseum (rekonstruiertes Gefangenenlager), ein interessanter chinesischer Friedhof (Familienangehörige bringen Opfer dar) sowie der Wat Tham Mongkorn Thong (Höhlentempel des Goldenen Drachen), auf dessen Gelände eine steile Treppenflucht mit Drachengestalten durch Karsthöhlen führt.
Ausgehen: Eine Reihe vorzüglicher Speiselokale mit chinesischer, thailändischer und Isaan-Küche (nordost-thailändisch) befinden sich zwischen der Saeng Chuto und U Thong Road.
Ausflüge: Ideale Ausgangspositionen für Exkursionen zu den Nationalparks und Wasserfällen (besonders reizvoll die Erawan-Wasserfälle im gleichnamigen Nationalpark) bieten die Unterkünfte am Kwai Noi bei Nam Tok (77 Kilometer nördlich von Kanchanaburi), z. B. River Kwai Farm, Floatel Raft House, River Kwai Family Camp und River Kwai Village Hotel. Nach Nam Tok Bus- und Zugverbindung.
Information: T.A.T., Saengshuto Road (Nähe Busstation), Tel. 034-51 12 00.

Organisierte Ausflüge

Ausflüge rund um Bangkok kann man in allen größeren Hotels buchen. Mehrtägige Reisen zum River Kwai vermittelt in Bangkok u. a. Diethelm Travel, Kian Gwan Building II, 140/1 Wireless Road, Telefon 255/91 50/60/70.

Pattaya – Synonym für lautstarke Vergnügungen und Sextourismus. In der Tat ist die Stadt am Golf von Thailand ein bevorzugtes Reiseziel männlicher Touristen. Wer sich fernhält von einschlägigen Straßen, findet in der Umgebung jedoch eine reizvolle Küsten- und Insellandschaft und in kleinen Fischerorten das natürliche Thailand.

OSTKÜSTE

Weit mehr als Thailands »Sündenbabel«

Pattaya ist überwiegend Reiseziel männlicher Reisender . . .

»Unverfängliche« Massage am Strand

. . . und neben Bangkok zweiter Ort für Prostitutionstourismus

Sehenswert sind Transvestiten-Shows

Seit einigen Jahren ist das thailändische Tourismus-Ministerium bemüht, Pattaya einen besseren Ruf zu verschaffen. Nach wie vor wird der Name des verwestlichten Ferienortes an der Ostküste aber vor allem mit dem Sextourismus verbunden; in Reiseprospekten werden viele Hotels als besonders für Junggesellen geeignet angepriesen, und in der Innenstadt reihen sich Bars an Massagesalons. Dennoch ist Pattaya durchaus auch für den Familienurlaub geeignet und bietet eine große Auswahl von Freizeitaktivitäten, schöne Strände in der Umgebung und eine breite Auswahl von Wassersport.

Sport in Pattaya: Golf . . .

. . . und Parasailing am Strand

Pattaya wird zuweilen die »Königin der asiatischen Ferienorte« genannt. Dem könnte man zustimmen, wenn man hinzufügt, daß dieses in Reiseprospekten gern als »Dorado der Junggesellen« angepriesene Urlaubsziel zwei Gesichter hat: Erstens ist es ein Synonym für Sextourismus mit allen erdenklichen Erscheinungsformen, und zweitens kann die 35 000 Einwohner zählende Stadt auch ein ideales Reiseziel für Familien mit Kindern sein. Wer einen Urlaub in Pattaya bucht, sollte deshalb genau wissen, wo das Hotel seiner Wahl liegt. Faustregel für Ruhesuchende und Familien: Alle Unterkünfte in Pattaya-Stadt und im weiten Halbkreis an der Pattaya-Bucht erfüllen in erster Linie die Erwartungen von Urlaubern auf der Suche nach lautstarkem Nachtleben und von Sextouristen.

Touristen ersetzten Soldaten: Sexreisen statt R & R

Pattaya, rund 145 Kilometer südlich von Bangkok am Golf von Thailand gelegen, wurde vor 20 Jahren als verschlafener Fischerort mit Hütten im Schatten von Kokospalmen für die Rest & Recreation-Reisen US-amerikanischer Vietnam-Soldaten »entdeckt«. Mit den aus dem Kriegsgebiet eingeflogenen Männern entwickelten sich die Prostitution und der Amüsierbetrieb; in der kleinen Stadt schossen Nachtclubs und Bars wie Pilze aus dem Boden.
Nach dem Ende des Vietnam-Krieges begannen Urlauber, die durch die GI's hinterlassene Lücke zu füllen. Schon in den sechziger Jahren begonnen, wurde die touristische Infrastruktur in den siebziger Jahren immer weiter ausgebaut.
Pattaya wird seitdem vor allem von männlichen Touristen angesteuert, die fast drei Viertel aller Gäste stellen. 5000 bis 10 000 Prostituierte arbeiten in dem Küstenort; wenn zu den Urlaubern US-Marines auf Besuch stoßen, können es weitere 40 000 werden, die zur Verstärkung aus Bangkok anreisen. Zu der einschlägigen Infrastruktur zählen auch sogenannte VD-Clinics, in denen Geschlechtskrankheiten mit hohen Dosen von Penicillin vor Ort behandelt werden.
Doch man täte Pattaya Unrecht, wenn man die Stadt nur als Reiseziel von Sextouristen beschriebe. Die neue Strategie des thailändischen Tourismus-Ministeriums zielt verstärkt darauf ab, die Region von ihrem schlechten Ruf zu befreien. Mit gewissem Erfolg: In exklusiven und familienfreundlichen Hotels kassiert der Nachtportier nicht mehr für die zeitweilige Doppelbelegung eines Zimmers, und am Jomtien-Strand südlich hinter den Cliffs schläft auch niemand seinen Rausch aus.
Thailands Super-Devisenbringer und Klischee-Badeort ist ein vielschichtiges Fernziel, und wer mit Pattaya richtig umzugehen weiß, wird nicht enttäuscht sein. Die Auswahl an Freizeitaktivitäten am Strand sowie in und auf dem Wasser läßt wenige Wünsche unerfüllt. Der Ferienort erfreut sich zudem eines ausgezeichneten gastronomischen Rufes. Die Fischrestaurants sind zwar nicht die billigsten, aber das Angebot an Fischen und weiteren Meeresfrüchten ist hervorragend und dazu verlockend dekoriert als Auslage zu betrachten. Die Restaurants und Bars der Spitzenklasse unterscheiden sich wohltuend von den Imbißbuden und Biertränken sowie von den offenen Animier- und Kontakttheken nahezu direkt am Bordstein der Beach Road.
Das Nachtleben von Pattaya hält eine Reihe interessanter Angebote parat: Die Thai-Boxkämpfe in den Bierhallen sind zwar nur ein billiger Abklatsch der Profikämpfe in Bangkok, aber die »Nightshows« der Transvestitengruppen sind gekonnte Unterhaltung. Pattaya ist zur Zeit das Transvestitenzentrum Asiens, allerdings mit dem Beigeschmack erschreckend zunehmender Kriminalität.

Gerüche aller Art in Na Klua: Blumen, Fisch und Garküchen

Dennoch ist Pattaya ein recht sicheres Pflaster. Belästigungen sind ausgesprochen selten, und selbst alleinreisende Frauen werden nie »angemacht«, sondern im Gegenteil von einheimischen Männern und auch von Prostituierten durchaus zuvorkommend behandelt.
Wer seine Ferien ausschließlich in Pattaya und an seinen Stränden verbringt, ißt die Torte allerdings ohne Sahne, denn ein Stück ursprünglicheres Thailand liegt nicht weit entfernt: Schon wenige Kilometer nördlich endet die Welt der Touristen in Na Klua, einem typischen Marktflecken mit Kleinstadt- und

Im Nong Nooch Village werden in Treibhäusern Orchideen gezüchtet

Parkanlage im Nong Nooch Village

Gaudi für Touristen: Elefanten beim Fußball

Ko Samet, neben Ko Samui im Süden vor einigen Jahren noch »Geheimtip« von Rucksackreisenden, ist inzwischen längst für den Tourismus erschlossen. Dennoch übt die Insel einen großen Reiz auf Freunde einsamer Strände und vor allem auf Taucher aus.
Doch selbst in der unmittelbaren Umgebung von Pattaya gibt es eine Reihe interessanter Ausflugsziele, und es dauert nicht lange, bis man den Massentourismus in kleinen Fischerorten hinter sich gelassen hat.

Urlaubstraum: Strand auf Ko Samet

Krebse sind eine örtliche Delikatesse

Frischer Fisch wird täglich angelandet

Hafenatmosphäre. Die Gerüche entsprechen dem Warenangebot. Der Duft frischer Blumen vermischt sich mit dem aus qualmenden Garküchen, und über allem schwebt der Gestank vom Hafen und der Geruch frischen Fanges. Von den Gitterrosten, auf denen die Einheimischen in Wassernähe die Tintenfische trocknen, weht zusätzlich ein weiterer, ungewohnter Duft über das Dorf. Wenige hundert Meter vom Markt ragt die Pier ins Meer, ein Holzsteg, der von den hohen Aufbauten der bunten Fischerboote überragt wird. Männer leisten Schwerarbeit beim Löschen des Fanges, und flinke Frauenhände sortieren die Fische anschließend nach Größe in Körbe. Vermischt mit zerhacktem Eis, wird die Ware sofort abtransportiert, auf die Märkte, zu den Restaurants und Hotels und bis Bangkok. Das ist »Thailand live«, auch zu erleben etwas weiter südlich in dem kleinen Ort Bang Saray, am Kap in Samaesan und in weiteren typischen Dörfern in Richtung Chantaburi.

Elefanten: Geschickt beim Transport und Fußball

Diese Ziele erreicht man am besten auf eigene Faust, aber es gibt auch bequeme Touren per Bus direkt von Hotels in Pattaya. Das Ausflugsangebot ist eine Mischung aus Unterhaltung, Folklore und Kultur, häufig lehrreich und kurzweilig präsentiert. Im Pattaya Elephant Kraal werden nachmittags Arbeitselefanten vorgeführt, die ihre Geschicklichkeit unter anderem beim Transport von Baumstämmen und beim Fußball unter Beweis stellen. Das anschließende Bad bringt den Tieren offensichtlich ebensoviel Spaß wie den Zuschauern. Das Nong Nooch Village besteht aus einer zauberhaften Parkanlage, die ein Zentrum für Kunsthandwerk beherbergt und in der »Cultural Shows« stattfinden: folkloristische Tänze und traditionelle Zeremonien, locker und farbenfroh touristisch aufbereitet.

Türkisblaues Wasser und fast unzugängliche Strände

Bei den meisten Inseln in der Nähe Pattayas kann man ohne Übertreibung von einem touristischen Niemandsland sprechen. Abgesehen von wenigen Eilanden wie Ko Larn, das wegen seiner Nähe zur Stadt (acht Kilometer) auch von Tagesausflüglern besucht wird, herrschen noch überall paradiesische Zustände. Türkisfarbenes Wasser, einsame, oft recht unzugängliche Strände, Korallenriffs und eine bezaubernde, artenreiche Unterwasserwelt sind Garanten für erholsame und erlebnisreiche Tage.

Kenner der Tauchreviere fahren nach Ko Samet, vor einem Jahrzehnt noch ein echter Geheimtip für Rucksackreisende, inzwischen jedoch auch bereits für den Tourismus erschlossen. Während es in der Woche kein Problem ist, eine meist einfache Unterkunft zu finden, kommen an den Wochenenden Thais aus Bangkok zu Hunderten auf die Insel. Dann wird es manchmal eng, und die Preise steigen deutlich.

Anfahrt: Eine Reise per Eisenbahn über Chachoengsad und Siracha ist nicht zu empfehlen (vorzeitige Platzreservierung und relativ lange Fahrtdauer). Unkompliziert und bequem ist die Reise von Bangkok (etwa zweieinhalb Stunden) mit den klimatisierten Bussen verschiedener Unternehmen, die auf der rund 145 Kilometer langen Strecke sogar ein Erfrischungsgetränk servieren.
Am billigsten sind die Busse der regierungseigenen Borisat Khon Song-Gesellschaft, die zwischen 6.30 und 21 Uhr alle 30 Minuten vom Ekamai Bus Terminal (Sukhumvit Road) und zwischen sechs und 18 Uhr vom Northern Bus Terminal (Pahon Yothin Road) starten.
Die Busse der Privatunternehmen haben in der Regel ihren eigenen Terminal. Reservierung und Minibus-Zubringer werden von jeder Hotelrezeption arrangiert. Je nach Komfort der Busse zahlt man einen (geringfügig) unterschiedlichen Preis.
Transport in Pattaya: Das übliche Fortbewegungsmittel sind Minibus-Pickups (Song Taew), die auf festen Routen fahren und auf Verlangen halten. Der Fahrpreis richtet sich nach der Länge der Fahrstrecke. Taxen sind erheblich teurer. Empfehlenswert ist das stunden-, tage- oder wochenweise Mieten eines Leichtmotorrads oder eines – wenn auch erheblich teureren – Autos. Verleiher auf der Beach Road.
Unterkunft: Pattaya hat über 200 Hotels aller Kategorien aufzuweisen, und der Bau-Boom hält wegen der steigenden Touristenzahlen an. Sehr hoch ist die Zahl der Deluxe Klasse, aber daneben stehen eine Vielzahl von Touristenhotels der niederen und mittleren Preislage sowie preiswerte Bungalows und Campingplätze zur Verfügung.
Zu den führenden Häusern zählen das Asia Pattaya, Duisit Resort, Grand Palace, Nipa Lodge, Orchid Lodge, The Regent Marina, Royal Cliff Beach (mit eigenem Strand am Hang der Cliffs) und das Island View Hotel.
Wer keinen Wert auf eine Unterkunft in unmittelbarer Nähe des Amüsierbetriebes legt und mit Familie reist, sollte ein Hotel am Jomtien-Strand buchen. Um das Image Thailands als Reiseland zu verbessern, ist das Touristenministerium besonders in Pattaya darum bemüht, kinderfreundliche Hotels anzubieten.

REISE-INFO
OSTKÜSTE

Restaurants: Die enorme Auswahl entspricht der Vielschichtigkeit des internationalen Publikums. Die Palette reicht von der Garküche am Straßenrand über die Fast-Food-Bude, die Sauerkraut-und-Eisbein-Kneipe bis zum Gourmet-Restaurant; die Bandbreite der Küche reicht von thai über chinesisch, französisch, italienisch, japanisch, mexikanisch, skandinavisch, indisch bis zu ungarisch.
Was asiatische Gaumenfreuden betrifft, so zählt die Stadt zu den kulinarischen Hochburgen Südostasiens, insbesondere bei der Zubereitung von Fisch und Meeresfrüchten. Nahezu überwältigend ist das reichhaltige Angebot aus dem Golf von Thailand: Hummer, Garnelen, Krabben, Muscheln, Tintenfisch, Seeschnecken, Abalone sowie die große Auswahl von Fisch: Minisprotten, Makrelen, Barsche oder Haie – grundsätzlich fangfrisch. Animierend sind die Auslagen, auf Eis gebettete Arrangements.
Das Preisniveau liegt in Pattaya über dem gleichwertiger Restaurants in Bangkok. Viele der führenden Lokale findet man in Hotels, die anderen im Village. Zu empfehlen sind unter anderem: Hideway Seafood, Nang Nual Restaurant, Maris Stelle Supper Club, Bali Hai Restaurant, Cliff-Top Seafood Restaurant oder das Dragon.
Nachtleben: Trubel an jeder Ecke, allerdings keine Pornoshows und geschmacklosen Darbietungen. Für die Mädchen aus den »Girlie-Bars« zahlt der Freier dem Wirt eine »Ablöse«. Pattaya ist auch das Transvestitenzentrum Asiens. Die Katoys treten mit ihren Shows in Kabaretts auf, die auch von Thais gern besucht werden; sie bringen manchmal sogar ihre Kinder mit: Alcazar (täglich zwei Vorstellungen), Tiffany's Simon und das Pattaya Spectacle im Royal Cliff Beach Hotel. Diskotheken gibt es in vielen Hotels.

Paradise Beach auf Ko Samet

Sport: Wassersport ist in vielen Variationen möglich: Windsurfen, Segeln, Parasailing, Wasserscooter, Wasserski, Hochseeangeln und Tauchen. Reiten und Golf werden ebenfalls angeboten; es gibt fünf Golfplätze (vier mit 18 Loch).
Strände: Der »Hausstrand« entlang der Stadt ist nicht zu empfehlen: Er ist schmal, liegt direkt neben der Straße, und das Wasser ist stark verschmutzt. Ideal ist Jomtien-Beach im Süden hinter den Cliffs. Wer einsame Buchten bei kristallklarem Wasser bevorzugt, läßt sich auf die acht Kilometer entfernte Insel Ko Larn übersetzen (40 Minuten). Dort kann man auch übernachten.
Ausflüge: In Stadtnähe sind zwei Ziele populär: Im Elephant Kraal beginnt täglich um 15 Uhr eine Show, bei der Intelligenz, Gehorsam, Geschicklichkeit und Kraft von etwa einem Dutzend Arbeitselefanten demonstriert werden. Das Nong Nooch Village (15 Kilometer entfernt) ist eine Art Kulturzentrum mit Orchideenzucht, thailändischem Kunsthandwerk und einer »Cultural Show« mit Folklore und traditionellen Zeremonien. Lohnende Ausflüge bieten sich nach Süden in Richtung Rayong an: die urigen Fischerdörfer Bang Saray (18 Kilometer) und Samaesan Village (43 Kilometer). Zu ihnen fahren Busse.
Ein lohnendes Ziel für Taucher erreicht man nach einer dreißigminütigen Bootsfahrt ab Ban Phe, das etwa 100 Kilomter von Pattaya entfernt liegt: Ko Samet. Der Sand ist so fein, daß er für die Glasherstellung Verwendung findet, und Kenner behaupten, daß die Unterwasserwelt noch intakt sei. Die Insel hat die Form einer nach Süden gerichteten Pfeilspitze, die an manchen Stellen nur wenige hundert Meter breit ist. Als die drei schönsten Strände gelten Haad Sai Kaow, Tawang und Ao Paro.
Information: T.A.T.-Büro, Chaihat Road 382, Süd-Pattaya (Tel. 41 87-50 und 41 91 13). Sehr informativ sind die kostenlosen Broschüren Pattaya Guidebook und Explore Pattaya, die an Hotelrezeptionen erhältlich sind.

Bayunga präsentiert:

AUSTRALIAN WINE TIME

„Die Gunst der Stunde mit dem Schönen verbinden."

DONNERSTAG · 18.00-20.30 UHR · DIE BESONDERE DEGUSTATION

Australische Weine
Bayunga
Hagen GmbH
Hauptstraße 39 · D-4811 Oerlinghausen
Tel.: 05202/1800 · Fax: 3303

ZENTRALREGION

Versunkene Städte: Ayutthaya und Sukhothai

In die Geschichte Thailands führt eine Reise gen Norden. Nur wenig nördlich von Bangkok liegt Ayutthaya, bis 1767 über mehr als 400 Jahre die unermeßlich reiche Hauptstadt des alten Siam. Mächtige Buddhas rufen diese Zeit in Erinnerung. Noch eindrucksvoller sind jedoch die Ruinen von Sukhothai, der ersten Hauptstadt ab Mitte des 13. Jahrhunderts.

Buddha mit Schirm am Wat Suwan Darararm

Von Khmern zerstört: Buddhaköpfe am Wat Rachaburana

Chedis lassen die Pracht Ayutthayas erahnen

Schiffe aus aller Welt segelten zu Glanzzeiten Ayutthayas den Menam Chao Phraya hinauf und löschten ihre Ladung vor den Toren der siamesischen Hauptstadt. Holländer, Portugiesen, Spanier, Franzosen, Engländer und Perser trieben Handel mit dem Reich, dem Burmesen mit einem Überfall im Jahr 1767 das Ende bereiteten. Über 375 Tempel sollen einst in Ayutthaya gestanden haben, dazu drei Paläste und etliche Festungen.

Reste des Viharns am Wat Phra Sri Sanphet

Bodhi-Baum mit Zeichen der Ehrerbietung

Im Jahre 1512, rund 270 Jahre vor Gründung Bangkoks, segelten die ersten Europäer den Menam Chao Phraya flußaufwärts. Es waren Portugiesen, die in Südostasien Handelsniederlassungen errichtet hatten und ihre Machtposition vor den nach Süden vordringenden Thais verteidigen wollten. Niemals zuvor waren Weiße in das siamesische Reich eingedrungen, dessen Bevölkerung ihnen feindselig gegenüberstand. Denn die machthungrigen Europäer hatten bereits Malakka besetzt, das Einfluß-Territorium der Könige des 1350 gegründeten Ayutthaya war.
Nach langen Verhandlungen einigten sich die Kontrahenten jedoch darauf, daß sich eine Gruppe von Portugiesen in der Hauptstadt des Reiches ansiedeln durfte. Dafür lieferten die Europäer Feuerwaffen als Schutz Ayutthayas vor den feindlichen Burmesen. Die Waffen schützten das Land nur kurz. Ab 1538 griffen die Nachbarn aus Burma erneut an, und 31 Jahre später fiel Ayutthaya. 417 Jahre siamesische Herrschaft fanden ein Ende – vorläufig.

28 Meter lang: Buddha am Wat Lokaja Sutha

Buddhafigur im Viharn Phra Mongkol Bophitr

Denn schon 15 Jahre später proklamierte König Naresuan erneut die Unabhängigkeit der Siamesen, tötete 1592 den burmesischen Kronprinzen in einem Zweikampf und konsolidierte sein Königreich. Um 1650 erlebte das wiedererstandene Ayutthaya eine Glanzperiode. Es konnte sich durchaus mit europäischen Metropolen des späten Mittelalters messen. Bemerkenswert war die Offenheit der Siamesen: Chinesen, Japaner, Holländer, Spanier, Franzosen, Perser, Engländer und Portugiesen wurden als Handelspartner akzeptiert und durften sogar Missionare mitbringen. König Narai (1656 bis 1688) knüpfte Kontakte zum französischen König Ludwig XIV., und ausländische Delegationen ließ er an der Mündung des Menam Chao Phraya durch königliche Barken empfangen, um ihnen die rund 80 Kilometer stromaufwärts bis zur Metropole das Gefühl eines herzlichen Willkommens zu vermitteln.

Schleppkähne schippern durch graubraune Fluten

Gut 300 Jahre später erwarten die »Oriental Queen« die »Ayutthaya Princess« und die »Mekhala« an gleicher Stelle Touristen aus aller Welt um sie – umgeben von Luxus und vom Feinsten bewirtet – wie königliche Gäste über Bang Pa-In durch die graubraunen Fluten des Stromes gen Norden zu schippern. Tiefbeladene Schleppkähne mit Gütern aus den nördlichen Provinzen kommen ihnen im Konvoi gemächlich entgegen. An den Ufern stehen Holzhäuser auf Stelzen, und Fischnetze ragen an ausladendem Gestänge aus dem Wasser. Dahinter verliert sich die Landschaft in endlosen Reisfeldern.
Dies ist die angenehmste Reise in die Vergangenheit nach Ayutthaya – in die längst versunkene Hauptstadt, die eine unglaubliche Faszination auf jeden Besucher ausübt. Mit dem Auto dauert die 85 Kilometer lange Strecke von Bangkok kaum mehr als eine Stunde, doch für den Übergang von der lärmenden Metropole in die besinnlich stimmende Geisterstadt zweier glorreicher Epochen ist diese Zeit fast zu kurz.
Beschaulichkeit und Idylle begegnen Reisenden auf der Fahrt – vor allem die Postkarten-Idylle Bang Pa-In, ab 1632 Sommerresidenz der Thai-Könige und sogar der burmesischen Invasoren. Nach der endgültigen Zerstörung Ayutthayas im Jahre 1767 geriet das traditionelle Refugium in Vergessenheit. Erst eine technische Errungenschaft der Neuzeit, ein Dampfschiff, verhalf dem von wildwuchernder Vegetation bedeckten Komplex zur Wiederauferstehung. Rama IV., dem das zu seiner Zeit moderne Verkehrsmittel Mitte des 19. Jahrhunderts zur Verfügung stand, empfand eine Reise auf dem Menam Chao Praya als so entspannend, daß er sich entschloß, Bang Pa-In wieder zu einem höfischen Sommersitz zu machen.

Figur am Wat Rachaburana

Dachgiebel des Wat Na Phra Mara

Chedis am Wat Sri Sanphet

Eines der interessantesten Bauwerke Ayutthayas ist der Wat Rachaburana aus dem frühen 15. Jahrhundert. Der große Chedi mit seiner rundlichen Spitze war eine architektonische Neuerung, die sich vom Vorbild der indischen Stupa löste und Elemente der Khmer-Heiligtümer übernahm.
Die einstige Pracht Ayutthayas lassen die drei Chedis des Wat Phra Sri Sanphet erahnen, des wichtigsten Tempels im königlichen Palastbezirk aus dem 14. Jahrhundert. In ihm lebten keine Mönche, sondern er war höfischen Zeremonien vorbehalten.

Architektonisch außergewöhnlich: Chedi des Wat Rachaburana

Ruinen des Wat Phra Si Sanphet

Pavillon des Bang Pa-In Palastes

Sein Nachfolger König Chulalongkorn (Rama V.) vollendete die Neugestaltung. Beeinflußt durch westliche Kultur – er ließ seine Söhne in Europa studieren – entstand ein seltsames Konglomerat aus tradtioneller Thai-Architektur, Neo-Gotik, viktorianischen Stilelementen sowie ein exotischer »Chinesischer Palast«, ein Geschenk der chinesischen Kaufmannsgilde in Bangkok.

Die weitläufige, mit Kanälen durchzogene Parkanlage mit kleinen Seen und Teichen ist nicht in allen Teilen der Öffentlichkeit zugänglich. Die traditionelle Residenz und der Thronsaal sind für Besucher tabu, weil dort gelegentlich offizielle Empfänge stattfinden. Beliebtestes Fotomotiv ist der Aisawan Thiphaya-Pavillon inmitten eines kleinen Sees, eine Kopie des Pavillons im Grand Palace von Bangkok. Er ist ein großartiges Beispiel später thailändischer Baukunst.

Königin ertrank – weil niemand helfen durfte

Die Geschichte Bang Pa-Ins ist getrübt durch einen tragischen Unglücksfall. Die Frau Ramas V. unternahm im Sommer 1881 mit dreien ihrer Kinder einen Bootsausflug auf dem Chao Phraya. Das Boot kenterte, aber niemand durfte einen Rettungsversuch unternehmen, weil gewöhnlichen Sterblichen das Berühren von Mitgliedern der könglichen Familie bei Todesstrafe verboten war. Thailand hatte die Schwelle der Neuzeit zwar bereits überschritten, aber die Relikte aus den Epochen der Gottähnlichkeit ihrer Könige waren noch nicht begraben. Tradition und westliche Denknormen führen in Thailand auch heute noch zu gelegentlichen Konflikten.

Nur 20 Kilometer sind es von Bang Pa-In bis Ayutthaya: An der Mündung des Pa Sak biegt der Menam Chao Phraya nach Westen, vollzieht eine Schleife, um an einem von Osten kommenden Stichkanal wieder nach Westen abzuknicken. Der Stichkanal ist mit dem Fluß Lopburi verbunden, der sich wiederum in den Pa Sak ergießt. Das Land dazwischen bildet eine Insel, die früher von einem 50 Kilometer langen Netz breiter Kanäle und schmaler Klongs durchzogen war. »Venedig des Ostens« wurde Ayutthaya, die siamesische Hauptstadt, damals von europäischen Kaufleuten genannt.

Prunkvolles höfisches Leben im »Venedig des Ostens«

Ein mächtiger Befestigungswall schützte die innere Stadt, in der ein 40 Kilometer langes Straßennetz angelegt war. In ihr residierten über mehr als 400 Jahre 33 gottähnliche Herrscher mit totalem Machtanspruch. Fünf verschiedene Königsdynastien lenkten von hier die Geschicke eines sagenumwobenen und an Traditionen reichen Imperiums mit einem unvorstellbar prunkvollen höfischen Leben, einer kunstbeflissenen Elite, die Literatur, Tanz und Kunsthandwerk förderte. Reich waren auch die Händler, die mit China und Europa Handel trieben: mit Elfenbein, Edelhölzern, Seide, Porzellan und sogar dem zu der Zeit legalen Opium.

Eine gutausgerüstete Streitmacht mit Heeren von Kriegselefanten und ein perfekter Verwaltungsapparat halfen den Herrschenden, Macht und Wohlstand zu sichern. Wer sein Leben erfolgreich im Kampf gegen die Burmesen einsetzte, erhielt als Lohn Ländereien. Auf die Einkünfte aus Landbesitz und Handel wurden Steuern erhoben, die den Bau von prachtvollen Tempeln, Befestigungsanlagen und die Entfaltung

einer glanzvollen höfischen Kultur ermöglichten.
Doch 1766 marschierten die Burmesen wieder auf Ayutthaya, belagerten die Stadt 15 Monate lang und machten sie am 3. April 1767 nahezu dem Erdboden gleich. Dem Vandalismus fielen 375 Tempel, drei Königspaläste, über 20 Festungen, 94 Stadttore und unzählige Kulturschätze zum Opfer. Hunderttausende wurden niedergemetzelt oder versklavt; nur rund 10 000 überlebten, darunter General Taksin, der im Süden die Reste seines Heeres sammelte, um den Zerfall des Landes in separatistische Einzelstaaten zu verhindern.

Der Fall Ayutthayas erweckt noch heute Beklommenheit

Doch das Reich von Ayutthaya war erloschen, und mit ihm der Hort seiner Kultur und Geschichte in den Archiven: religiöse Schriften, Verträge, Gesetze und die Literatur. Das erbeutete Gold wanderte in Schmelztiegel, unersetzliche Kunstschätze nach Burma. Die Tragödie von Ayutthaya war eine der größten in der Geschichte Thailands, und die Erinnerung daran erweckt bei der Bevölkerung noch heute Beklommenheit.
Wieder lebendig wird die Bedeutung Ayutthayas in einem riesigen historischen Gelände. Mit dem 55 000 Einwohner zählenden neuen Ayutthaya ist es durch eine Brücke über den Pa Sak und eine Allee verbunden – eine Strekke, die man am besten mit einem Samlor oder Minibus zurücklegt.
Der Hauptstadt des alten Siam gerecht zu werden erfordert einige Zeit, denn viele Tempel und Ruinen auf dem 15 Quadratkilometer großen Areal sind ein eingehendes Studium wert. Monumental wie die Chedis, Stupas und Restmauern der Viharne und Bots sind auch einige Buddhas. Im wiederaufgebauten Viharn Phra Mongkol Bophitr thront mit 19 Meter Höhe der größte Bronzegruß Thailands; er stammt aus dem 15. Jahrhundert. Eine weitere Statue, der Liegende Buddha aus Ziegelstein am Wat Lokaja Sutha, ist 28 Meter lang. Sein Kopf ruht in einer Lotosblüte.
Einige Tempelanlagen wie der Wat Phanam Choeng, Wat Kasatrathira, Wat Chai Wattanaram und der Wat Phuttaiswan lassen sich am besten vom Wasser aus betrachten. Boote werden am Anle-

Gewaltige Dimensionen: Buddha im Wat Si Chum in Sukhothai

Der Platz im Wat Si Chum reicht kaum aus für den in ihm hockenden 14 Meter hohen Buddha. Allein die mächtige Hand ist ein Meisterwerk der Bildhauerkunst der Sukhothai-Periode (13. und 14. Jahrhundert). Viele Besucher halten die einstige Hauptstadt des Sukhothai-Reiches für weit imposanter als Ayutthaya; in jedem Fall würde es Tage in Anspruch nehmen, wollte man sämtliche Baudenkmäler besichtigen. Sie liegen überwiegend auf einem 1,4 mal 1,8 Kilometer großen Gelände 12 Kilometer von der rund 22 000 Einwohner zählenden neuen Stadt Sukhothai entfernt. Nicht zu übersehen ist das riesige Ruinengelände des Wat Mahathat, nach dessen Vorbild später der Wat Phra Keo in Bangkok gebaut wurde.

Wat Chana Songkhram: Chedi im ceylonesischen Stil

Spiegelbild im Wasser: Anlage des Wat Mahathat

Diese Figur war einst Teil des Wat Mahathat

Hand des Buddha im Wat Si Chum

Buddhafigur am Wat Traphang Ngoen

ger gegenüber dem Chandra Kasem Palast vermietet.

Rotgestrichene Pfähle aus Teakholz umgeben den Paniad, den Elefantenkral nördlich vom Stichkanal. In das umzäunte Gelände wurden bis 1903 wilde Elefanten getrieben und anschließend gezähmt und dressiert. Die Tiere waren für die Kriegsführung von immenser Bedeutung; aus den »lebenden Panzern« wurden ganze Heere zusammengestellt.

Elefanten wurden im Kral für Kriege dressiert

Das neue Ayutthaya besitzt mit Ausnahme des Chandra Kasem-Palastes nahe des Bootsanlegers keine nennenswerten Sehenswürdigkeiten. Der Palast wurde vom 17. König für Prinz Naresuan gebaut, diente den Herrschern als Übernachtungsdomizil und wurde später in ein kleines Nationalmuseum mit Skulpturen und Lackarbeiten der Ayutthaya-Periode umfunktioniert. Die vierstöckige ehemalige Sternwarte des wissenschaftlich interessierten Königs Mongkut (Rama IV.) gewährt eine interessante Aussicht auf das bunte Treiben in den Straßen der Provinzstadt.

Ein Teil der Schätze, die man in den fünfziger Jahren bei Restaurierungsarbeiten fand, bildet den Kern der Sammlung des Chao San Phraya-Museums. Empfehlenswert ist ein Besuch in jedem Fall, da die Exponate, besonders die Buddha-Figuren, als gute Einführung in die Stilgeschichte dienen können.

Durch das Zentrum der fruchtbaren Menam-Ebene, in der sich der Maenam Ping und der Maenam Yom zur »Mutter des Wassers« vereinen, führt die Nationalstraße 32 nach Nakhon Sawan. Die knapp 90 000 Einwohner zählende Stadt rund 300 Kilometer nördlich von Bangkok ist ein bedeutender Umschlagplatz für Waren aus dem Norden, besonders für Teakholz, das hier floßweise ankommt.

In Sukhothai genossen die Menschen seltene Freiheiten

Das zwei Fahrtstunden weiter nördlich gelegene Phitsanulok, 1955 fast vollständig durch eine verheerende Feuersbrunst zerstört, ist eines der großen Pilgerzentren des Landes. Die Verehrung gilt dem um 1300 gegossenen goldenen

Gläubige im Wat Phra Ratana Mahathat

Chedi des Wat Phra Ratana Mahathat im Khmer-Stil

Mönche zählen zum Straßenbild in Phitsanulok

Phitsanulok ist in jedem Jahr das Ziel Tausender Pilger, die dem um 1300 gegossenen Buddha im Wat Phra Sri Ratana Mahathat die Ehre erweisen. Eine Kopie von ihm befindet sich in Bangkoks Marmortempel. Der Wat Phra Sri Ratana Mahathat blieb von dem verheerenden Feuer verschont, das weite Teile von Phitsanulok 1955 praktisch dem Erdboden gleichmachte. Die Provinzhauptstadt ist rasch wiederaufgebaut worden, doch die alten Holzhäuser wurden durch Betonbauten ersetzt; Phitsanulok besitzt deshalb nur wenig Atmosphäre. Reizvoll ist allerdings der lebendige nächtliche Markt entlang dem Fluß Nan.

Betendes Mädchen in reichbestickter Tracht

Räucherkerzen werden zu Ehren Buddhas angezündet

Fahrradrikscha, ein gebräuchliches Verkehrsmittel

Prozession einer Mönchsweihe in Phitsanulok

Buddha Phra Buddha Chinaraj, der im zentralen Bot des Wat Mahathat aufbewahrt wird und als die schönste Buddha-Figur Thailands gilt. Da es von hier nur 67 Kilometer nach Sukhothai sind, bietet sich der sonst triste Ort zum Übernachten an – besonders wenn man die Ruinenstadt und ihre nördlich gelegene Schwesterstadt Si Satchanalai bereits in aller Frühe erreichen will.

»Die Dämmerung des Glücks«, so lautet die wörtliche Übersetzung von Sukhothai, der Hauptstadt des im 13. und 14. Jahrhunderts bedeutenden Reiches. In die Zeit seiner Gründung im Jahr 1238 fiel die Schwächung des Khmer-Reiches und die Verschmelzung der Kulturen der Thai, Mon und Khmer – die Geburtsstunde des heutigen Thailand. Überragende Herrscherpersönlichkeit des Sukhothai-Reiches war Rama Kampheng (1275 bis 1317), der gern als Vater der Nation tituliert wird.

Exakte Daten über das Ende des Sukhothai-Reiches und dessen Einverleibung durch Ayutthaya gibt es nicht, doch eines der ältesten Dokumente thailändischer Geschichte gibt Auskunft über die Freiheit, die die Bevölkerung in dem Land genoß: die berühmte Inschrift Rama Khamphengs aus dem Jahr 1292, die heute im Nationalmuseum in Bangkok zu sehen ist: »Dieses Sukhothai ist gut. Im Wasser sind Fische. Auf den Feldern ist Reis. Der König verlangt vom Volk keine Steuern. Wer mit Elefanten handeln will, der handelt mit Elefanten ... wer mit Gold und Silber handeln will, der handelt mit Gold und Silber ... Die Gesichter der Menschen leuchten hell ...«

Kahle Hänge zeigen: Gebiet der Bergvölker rückt näher

Sukhothai war ein Traumstaat, der jedoch bereits Mitte des 14. Jahrhunderts der Überlegenheit Ayutthayas weichen mußte. Was blieb, zeigt sich heute auf einem fast zwei Kilometer langen und eineinhalb Kilometer breiten Ruinenfeld mit einem als erhöhte Terrasse erkennbaren Königspalast und 33 Tempelkomplexen. Zwölf Kilometer entfernt liegt die neue, rund 22 000 Einwohner zählende Stadt Sukhothai.

Die letzte Etappe nach Chiang Mai führt über 270 Kilometer durch ländliche, bewaldete Bergregionen, in deren Tälern Reis gedeiht. An den Hängen tun die ersten kahlen Flächen kund, daß hier der Lebensraum verschiedener Bergvölker beginnt. Um den Landbau bei fortschreitender Erosion zu ermöglichen, kümmern sie sich selten um gesetzliche Vorschriften, die ihnen Brandrodung verbieten.

Vor den Toren Chiang Mais geht die rund 700 Kilometer lange Reise von Bangkok durch die Zentralprovinzen in den Norden zu Ende. Chiang Mai, die zweitgrößte Stadt des Landes, war bis zum Beginn des 13. Jahrhunderts Hauptstadt des Mon-Staates Haripunchai. Heute ist sie ein wirtschaftliches Zentrum und Ausgangspunkt für Touren in das Goldene Dreieck.

Anreise in den Norden

Alle Züge in nördlicher Richtung fahren in Bangkok ab Hua Lampong-Hauptbahnhof, alle Busse ab Northern Bus Terminal. Autofahrer erreichen die Nationalstraße 1 über das Victory Monument auf der Pahon Yothin Road, die in die N 1 mündet.

Bang Pa-In

Die ehemalige Sommerresidenz der Chakri-Könige ist ein beliebtes Ausflugziel von Bangkok (Halbtagstour) oder ein willkommender Stopp auf dem Wege nach Ayutthaya.
Anfahrt: 60 Kilometer per Auto und Bus (ab 6 Uhr alle 30 Minuten), Fahrzeit etwa eine Stunde. Die Züge verkehren bereits ab 4.30 Uhr etwa 20 mal täglich. Für die Kurzstrecke, eineinviertel Stunde, reicht ein spottbilliges 3. Klasse-Tikket.
Per Boot gibt es verschiedene Möglichkeiten: Sonntagsausflüge per Expreßboot ab Maharaj Pier auf der Maharaj Road Höhe Sanam Luang, Abfahrt 8.30 Uhr, Rückkehr 17.30 Uhr. (Chao Phraya Express Boat Co. Ltd., Tel. 2225330, 41–10418). Ein ähnliches Programm bucht man über The Mit Chao Phraya Express Boat Co. Ltd., Tel. 2212297 oder 2256179. Bei beiden Touren ist ein Besuch des Thai Folk & Art Handicrafts Center bei Bang Pa-In inbegriffen. Es gibt auch die Möglichkeit, ein Hong Yao (»Langschwanz-Boot«) an den Piers des Oriental und Shangri-La Hotels sowie am Maharai Pier zu chartern.

Ayutthaya

Das riesige Ruinenfeld zweier glorreicher geschichtlicher Perioden zählt zu den touristischen Höhepunkten eines Thailand-Besuches.
Anfahrt: Per Auto 85 Kilometer auf der N 1 (Fahrtzeit etwa 90 Minuten). Busse und Bahn wie bei Bang Pa-In. Per Boot: Mit dem Luxusschiff »Oriental Queen« täglich um 8 Uhr ab Oriental Hotel. Ankunft in Ayutthaya 12.30 Uhr. Die Rückfahrt erfolgt mit dem Bus über Bang Pa-In (Besichtigung), Rückkehr gegen 17 Uhr. Mittagessen an Bord. Reservierung in Hotels oder unter Tel. 2360400–9.
Zweitägige Touren mit dem Oldtimer »Mekhala« (Übernachtung an Bord); montags, donnerstags und sonnabends Bangkok/Ayutthaya, dienstags, freitags und sonntags Ayutthaya/Bangkok. Jeweils eine Strecke per Bus mit Besichtigung von Bang Pa-In. Reservierung an Hotelrezeptionen.
Unterkunft: Nur Hotels der unteren Kategorie: U-Thong, Thai Thai, Ruen Pae, Cathey, Vieng Fah.
Sehenswürdigkeiten: Das Museum im Chadra Kasem-Palast und das Chao San Phraya-Museum; sie sind montags und dienstags geschlossen, Öffnungszeiten an anderen Tagen von 9 bis 16 Uhr.
Bei einem kurzen Besuch Ayutthayas muß man sich auf die Besichtigung der inneren Stadt beschränken. Die wichtigsten Anlagen: Chedi des Wat Rachaburana (1424 vom 7. König Ayutthayas als Einäscherungsstätte seiner zwei Brüder errichtet); Wat Phra Mahathat (1384 von König Ramesuan erbaut; Fundament eines riesigen Prangs, in dem die Asche der siamesischen Könige beigesetzt wurde); Viharn Phra Mongkol Bophitr (1767 total zerstört, 1956 im Originalstil wieder aufgebaut, größter Bronze-Buddha Thailands); Wat Na Phramen; Wat Phra Sri Sanphet (wichtigster Tempel im königlichen Palastbezirk aus dem 14. Jahrhundert, drei schöne Chedis); Wat Suwan Daram (königlicher Tempel der Chakri-Dynastie, späte Ayutthaya-Periode mit schönen Schnitzereien und Fresken).
Ausgehen: Keine gehobene Küche, aber viele einfache Restaurants, meist auf der Rojana Road; Essenstände auf dem Hua Raw- und Chao Prom-Markt; zwei schwimmende Restaurants auf dem Pa Sak.

Buddha vor dem Wat Phra Mahathat

Phitsanulok

Stadt ohne Atmosphäre, aber auf Touristen eingestellt.
Anfahrt: Täglich Bus-, Bahn- und Flugverbindung von Bangkok.
Unterkunft: Pailin (bestes Hotel), Amarin Nakhon, Nanchao, Thepnakorn, Hor Fah, Rajapruk, Unhachak.
Sehenswürdigkeiten: Der Pilgertempel Phra Sri Ratana Mahathat.

Sukhothai

Die erste Hauptstadt Thailands hatte ihre Blütezeit von Mitte des 13. Jahrhunderts bis Ende des 14. Jahrhunderts.
Anfahrt: Wer nach Sukhothai will, muß über Phitsanulok anreisen. Die Busse fahren vom Soon (Buszentrale) in regelmäßigen Abständen.
Unterkunft: Phong Prasert (bestes Hotel), Chinwat, Sukhothai, Roong Fah.
Sehenswürdigkeiten: Das Ramkhampheng-Nationalmuseum (innerer Tempelbezirk) zählt zu den besten in Thailand. Sein Besuch ist ein Muß, schon wegen des berühmten »Schreitenden Buddhas« aus dem Jahre 1362 (Öffnungszeiten außer montags und dienstags von 9 bis 12 und 13 bis 16 Uhr).
Von den insgesamt über 30 Tempeln und weiteren sakralen Gebäuden sind die folgenden besonders sehenswert: Königspalast und Wat Mahathat (13. Jahrhundert, größter Tempel, von einem 206 mal 200 Meter großen Grabenrechteck umgeben, 185 Chedis, sechs Viharne); Wat Si Chum (beeindruckender Mondhop mit einem elf Meter hohen sitzenden Buddha); Wat Chana Songkhram (Chedi im ceylonesischen Stil); Wat Traphang Ngoen, Wat Phra Pai Luang (drei Khmer-Prangs, 13. Jahrhundert).

Lamphun

Der kleine Provinzort (14000 Einwohner), nur wenige Kilometer von Chiang Mai entfernt, zählt zu den ältesten Städtegründungen des Landes. Er gehörte einst zum Reich der Mon.
Anfahrt: Bus nach Chiang Mai.
Sehenswürdigkeiten: Der Wat Phra That Haripunchai. Die zwei Chedis des Wat Ku Kut (13. Jahrhundert).
Unterkunft: Geringes Angebot. Besser auf Chiang Mai ausweichen.

Wat Rachaburana in Ayutthaya

Denkmal des Ramkhamhaeng in Sukhothai

Chedi des Wat Chamdewi in Lamphun

Der Wat Na Phramen in Ayutthaya mit säulenbestandenem Portal

Chedi des Wat Phra That Haripunchai in Lamphun

Lamphun, nur wenige Kilometer südlich von Chiang Mai gelegen, war ab dem Ende des ersten Jahrtausends bis zum 13. Jahrhundert die Hauptstadt des Königreiches Haripunchai. Die größte Sehenswürdigkeit der Kleinstadt ist der weitläufige Komplex des Wat Phra That Haripunchai, ein vollkommenes Zeugnis der Mon-Architektur. In seinem Mittelpunkt erhebt sich ein goldener Chedi aus dem 9. Jahrhundert.

Reich verzierter Wat in Sukhothai

Bis in den Norden Thailands reichen die Ausläufer des Himalaya-Gebirges. In dieser abgelegenen Region leben die Stämme der Maeos, Yaos und Akhas. Noch heute werden in der Berglandschaft Elefanten für Holzfällerarbeiten ausgebildet. Wo Laos, Burma und Thailand zusammenstoßen, liegt das berühmte »Goldene Dreieck«.

NORDEN

Im Gebirge: Bergvölker und das »Goldene Dreieck«

Wat Chiang Man in Chiang Mai

Metallarbeit am Wat Phra That, Doi Sutep

Reliefs schmücken den Wat Jed Yod

Hübsches Mosaik: Schirme aus dem Norden Thailands

Bunte Schirme sind beliebte Souvenirs im Norden Thailands. Sie werden in Handarbeit überwiegend im »Dorf der Schirmemacher« Bo Sang hergestellt. Frauen schneiden dort biegsame Bambusstäbe für die Speichen. Auf sie wird das aus der Rinde des Maulbeerbaumes gewonnene Papier – neben Seide und Baumwolle das traditionelle Material für die Bespannung – aufgezogen und anschließend meist mit Blütenmustern bemalt. Die Schirme bieten auch Fotografen ein farbenprächtiges Motiv.
Neben Bo Sang ist der Doi Suthep ein beliebtes Ausflugsziel von Thailands zweitgrößter Stadt Chiang Mai. An klaren Tagen bietet sich von ihm ein schöner Blick über die umliegende Bergwelt. Ein 32 Meter hoher vergoldeter Chedi bildet den Mittelpunkt des Wat Phratat Doi Suthep, einer hübschen Tempelanlage aus dem 16. Jahrhundert.

Die Schirme aus Bo Sang werden per Hand bemalt . . .

Bis zum Bau der ersten Straße nach Chiang Mai gegen Ende der zwanziger Jahre war der Norden Thailands »terra incognita«. Den einzigen Zugang durch die Gebirgslandschaft bot der Menam Ping, der nur wenige Kilometer von der burmesischen Grenze entfernt im undurchdringlichen Dschungel entspringt, um rund 450 Kilometer südlich bei Nakhon Sawan in den Menam Chao Phraya zu münden. Langwierig war eine Bootsfahrt nach Chiang Mai, aber noch mehr Mühsal bedeutete die Reise zu Lande auf dem Rücken von Elefanten: Per »Dschungel-Expreß« dauerte sie von Bangkok aus mehrere Wochen.

Handel mit Opium: Der Schwarzmarkt blüht

Für die Zentralregierung in der Hauptstadt blieben die fernen Provinzen wegen ihrer Unzugänglichkeit weitgehend unregierbar, und in mancher Hinsicht sind sie es noch heute. Dem direkten Einfluß des Gesetzes sind außerhalb der Städte und größeren Ortschaften Grenzen gesetzt. Einerseits erschwert die geografische Lage in Grenznähe zu Burma und Laos die Kontrolle, denn die vielfach nur über Dschungelpfade erreichbare Region ist schlecht in den Griff zu bekommen. Andererseits sind die hier lebenden Bergvölker in keiner Weise daran interessiert, sich den Reglements der Regierung zu unterwerfen. Der Staat konnte immer nur hoffen, daß sie sich in Krisensituationen loyal verhielten.

Große Auswahl in der Markthalle in Chiang Mai

. . . und mit Papier bespannt

Für die Stämme der Maeo, Karen, Akha, Mien, Lahu und Lisu ist der Mohnanbau eine traditionelle Domäne, doch der Handel mit Opium – soweit nicht gesetzlich für pharmazeutische Zwecke kontrolliert – stößt auf offiziellen Widerstand. Durch das harte Eingreifen der Regierung wurde die Produktion des Rauschgiftes zwar drastisch gesenkt, aber nach wie vor blüht der Schwarzmarkt, und Bandenkriege mit Toten sind an der Tagesordnung.

Da im hohen Norden auch der Waffenhandel immer ein lukratives Geschäft war, entwickelte sich ein Bandentum, das auch vor Touristen keinen Halt machte. In den vergangenen Jahren kam es gelegentlich zu Überfällen auf Reisende, die mit Booten zwischen Tha Ton und Chiang Rai auf dem Nam Kok unterwegs waren. Seitdem wird jedem Bootskonvoi ein bewaffneter Grenzbeamter zugeteilt, der mit schußbereitem Gewehr im ersten Boot sitzt.

Doch inzwischen hat sich die Situation etwas entspannt; die Begleiter dienen vornehmlich zur Beruhigung der Touristen, die sich auf Trekking-Touren inzwischen sogar illegal bis nach Burma hineinwagen. Von derartigen abenteuerlichen Angeboten einiger Organisatoren ist aber dringend abzuraten, obwohl ein solcher Dschungeltrip auf dem Rücken eines Elefanten seine Reize haben mag. Exkursionen dieser Art kann man auch innerhalb Thailands genießen.

Reisenden in Richtung Norden fallen schon 200 Kilometer vor Chiang Mai riesige graue Kahlstellen an den Berghängen auf. Sie wurden durch Brandrodung verursacht, die inzwischen schwerwiegende ökologische Probleme wie Bodenerosion und ein Absinken des Wasserspiegels zur Folge hat. Die 1959 verabschiedeten Maßnahmen zum Schutz der Natur werden zwar vom Tribal Research Centre mit Sitz in Chiang Mai überwacht, doch wird die Zerstörung des Urwaldes fortgesetzt.

Besuch von Bergvölkern: ein zweischneidiges Schwert

Alternativ versucht die thailändische Regierung eine Art »Integration«, wobei der Tourismus eine wesentliche Rolle spielt. Der Besuch von Bergdörfern ist inzwischen Bestandteil der meisten

Körbe für alle Zwecke im Museum von Maesa

Nach der Ernte werden Tabakblätter getrocknet und sortiert

Bad für Elefanten im Fluß bei Chiang Dao

Elefanten, seit jeher ideal für schwere Arbeiten

Orchideen bedürfen der intensiven Pflege

In den hohen Norden Thailands in Richtung Tha Ton geht einer der beliebtesten Ausflüge von Chiang Mai. Vorbei am kleinen Mae Sa-Wasserfall in der Nähe von Mae Rim führt er durch eine wilde Berglandschaft zunächst zu dem etwas abseits gelegenen Elefanten-Trainingslager, wo die Dickhäuter für die Holzfällerarbeit ausgebildet werden. Von Chiang Dao etwas nördlich führt eine unbefestigte Straße zu den gleichnamigen Höhlen mit einer Reihe von Buddhas, darunter fünf sitzende Figuren neben einem Altar und ein vier Meter langer, aus dem Kalkstein geschlagener Buddha.

Tabakernte im Goldenen Dreieck

Ochsenkarren sind häufige Transportmittel

Besuche in Nordthailand, jedoch ein zweischneidiges Schwert. Das Programm bietet den vielfach nomadisierenden Menschen zwar eine Einkommensquelle, zieht sie andererseits aber in den Sog des »schnellen Baht«, der für ihre Stammesidentität eher schädlich ist.

Die ersten Spuren des Tourismus in Nordthailand liegen etwa 30 Jahre zurück, als einzelne Reisende den Reiz dieser bis dahin weitgehend unberührten Region entdeckten. Was lockte, war das »andere Thailand«, von dem die »Traveller« und Hippies sprachen – eine Welt, in der das Abenteuer lockte und die Begegnung mit fremden Menschen mit körperlichen Strapazen verbunden war. Das »Goldene Dreieck« war ein magisches Zauberwort, und von der Faszination dieser urwüchsigen Region sprach man wie über geheime Kochrezepte. Was lockte, war auch der Kontrast zum hektischen Bangkok, die Gelassenheit und Freundlichkeit der Leute und nicht zuletzt ein weitaus angenehmeres Klima mit erfrischender nächtlicher Kühle.

In der Tat herrschen rund um den 16. Breitengrad durchaus erträgliche Temperaturen um 21 Grad zwischen Oktober und Ende Februar und 29 Grad im Frühsommer. Im Dezember und Januar ist abends sogar ein leichter Pulli angebracht, besonders in Chiang Mai: Die Stadt liegt in einem Tal in gut 300 Meter Höhe, durch das nach Sonnenuntergang die Fallwinde von den umliegenden über 1000 Meter hohen Bergen streichen.

Chiang Mai ist mit etwas über 200 000 Einwohnern die zweitgrößte Stadt Thailands – eine Großstadt mit provinziellem Charme. Eines der Hauptverkehrsmittel sind Samlors – dreirädrige Fahrräder mit breiter Sitzbank für Passagiere –, und in das Straßenbild mischen sich die bunten Trachten von Angehörigen der umliegenden Bergstämme.

Bei aller Provinzialität bleibt Chiang Mai aber auch die Metropole des Nordens, in der etwas abseits der Hauptstraßen in den Hinterhöfen Hausschweine durchaus keine Seltenheit sind. Auf den Straßen herrscht quirliges Leben, besonders rund um den Nachtbasar auf der Chang Klan Road. Wenn sich nach Einbruch der Dunkelheit dort Touristen unter die Einheimischen mischen und zum Klang von thailändischer Disco-Musik mit Maeo-Frauen um Handarbeiten feilschen, prallen ganz veschiedene Welten zusammen. Neben Ständen mit exotischen Früchten werden Schmuck, Antiquitäten und Lackarbeiten angeboten, die teilweise von Schmugglern über die nahe burmesische Grenze geschafft wurden.

Fünf Jahre dauerte es, dann war Chiang Mai vollendet

Die Region um Chiang Mai war einst Mittelpunkt des Anachak Lanna Thai-Reiches, einer Vereinigung mehrerer kleiner Stämme, deren erster König Lao Meng war. Sein Sohn Mengrai folgte ihm 1259 in einem Ort namens Yonok Nakhonauf den Thron, wählte aber schon drei Jahre später Chiang Rai ganz oben im Norden als Hauptstadt. Die Bedrohung durch Burmesen und feindliche Thai-Stämme machte 1291 eine Verlegung der Hauptstadt nach Süden notwendig. Nur fünf Jahre dauerte es, bis Chiang Mai vollendet war: eine enorme quadratische Festung, deren mächtige Wallanlagen mit Wassergraben und Stadttoren noch weitgehend erhalten oder restauriert sind.

Ihre Blütezeit erlebte die Stadt in der ersten Hälfte des 15. Jahrhunderts. In dieser Epoche erstarkten jedoch auch die benachbarten Burmesen, die das 1296 gegründete Chiang Mai 1556 unterwarfen und anschließend nach Ayutthaya weiterzogen. Auch dieses Reich, mit

Die blaue Tracht ist Kleidung der Yaos

Das Goldene Dreieck: Thailand, Burma und Laos stoßen dort zusammen

Unter freiem Himmel: Arbeit mit alter Singer

Goldenes Dreieck wird die Region genannt, in der Thailand, Burma und Laos zusammentreffen. Der Norden Thailands ist bekannt für den Anbau von Mohn, den Grundstoff für die Herstellung von Opiaten.
In dieser Region leben Bergstämme wie Maeo, Akha und Yao. Seit der Tourismus Einzug gehalten hat, werden auch organisierte Touren mit jährlich rund 100 000 Reisenden in ihre Dörfer angeboten – häufig auf Kosten der kulturellen Eigenständigkeit der dort lebenden Menschen. Kritiker benutzen bereits das Wort vom »menschlichen Zoo«.
Enttäuscht werden auch manche der Gäste aus dem Ausland, die auf großmundige Werbung von Reiseunternehmen in Chiang Mai hereinfallen und statt der angepriesenen »primitiven« Stämme Dörfer mit Fernsehen und autofahrenden Bewohnern vorfinden.

Frauen und Kind vom Stamm der Weißen Karen

Akhai-Kinder in bunten Trachten in Mai Sai

dem Chiang Mai ständig in Fehde gelebt hatte, hielt den angreifenden Truppen aus dem westlichen Nachbarland nicht lange stand.
Über 200 Jahre lang blieb Chiang Mai unterworfen, bis der legendäre General Taksin 1774 von Thonburi auszog und die im hohen Norden gelegene Stadt ein Jahr später eroberte.

Kenner schwärmen von der Küche des Nordens

Doch die Freude währte nicht lange, denn ein Jahr später kehrten die Burmesen zurück. Ausgeplündert und zerstört blieb Chiang Mai 20 Jahre lang unbewohnt, bis König Chulalongkorn es 1796 in das konsolidierte siamesische Reich integrierte.
In puncto historische Sehenswürdigkeiten steht die Stadt Sukhothai und Ayutthaya kaum nach. Von den 15 Tempeln der Innenstadt sollte man den Wat Phra Singh mit seiner schön geschnitzten Holzfassade und den Wandmalereien besuchen, in dem der berühmte Smaragd-Buddha 84 Jahre lang aufbewahrt wurde, ferner den Wat Jed Yod, den

Dorfplatz einer Maeo-Siedlung bei Maesa

Blühender Mohn, Grundstoff für Opiate

Chiang Man und den Wat Chedi Luang. Das schönste Kleinod unter den rund 50 Tempeln ist jedoch der Wat Phra That. Er thront 15 Kilometer vor den Toren der Stadt in 1056 Meter Höhe in der Nähe der königlichen Sommerresidenz auf dem Doi Suthep.
Kenner der thailändischen Küche schwärmen hingegen von der großen Auswahl hervorragender Restaurants in der »Perle des Nordens«, wie Chiang Mai gern genannt wird. Dem europäischen Geschmack kommt die Tatsache entgegen, daß man in dieser Region weniger scharf würzt. Liebhaber lukullischer Extravaganzen dürfen ihre geschmackliche und optische Toleranzgrenze testen: Eier vom Maenga-Käfer, gegrillte Spatzen, allerlei gesottenes Gewürm oder diverse undefinierbare Innereien werden als Spezialitäten angeboten. Und wer einmal bei den Bergstämmen zu Gast sein sollte, der kann auch mit einem Stück Hundefleisch rechnen.
In der einstigen Abgeschiedenheit des Nordens haben sich traditionelles Handwerk und Kunsthandwerk wie in keiner anderen Region erhalten, und um die Visite einer Silberschmiede, einer Töpferei, Weberei, einer Keramikwerkstatt oder einer Fabrikationsstätte für Lackarbeiten oder Papierschirme kommt man nicht herum. Die begehrtesten Objekte sind handgetriebene, äußerst fein ziselierte Silberwaren, vom Schmuck bis zu Gefäßen aller Art. Das bei großer Hitze gebrannte und anschließend grün, braun oder ocker glasierte Celadon-Geschirr wird in alter Sukhothai-Manier hergestellt. Baumwoll- und Seidenstoffe sind von bester Qualität, und die feinpinseligen Malereien auf Lackschalen und -dosen zeugen von einem immensen Einfallsreichtum.

Bunte Schirme werden ganz in Handarbeit gefertigt

In Bo Sang, dem Dorf der Hersteller von Papierschirmen, kommen die Fotografen auf ihre Kosten: Die in der prallen Sonne trocknenden buntbemalten Schirme bieten eine Fülle von Motiven, besonders eng beisammenliegend als Mosaike. Das Papier wird aus der Rinde von Maulbeerbäumen hergestellt, und die Bambusstäbe für die Speichen schneiden Frauen einzeln per Hand.
Chiang Mai ist ein idealer Standort für Kurzausflüge, Tagestouren und mehrtägige Fahrten; die Palette reicht von Wanderungen auf engen Dschungelpfaden bis zu reizvollen Ausflügen mit Booten. Die dünnbesiedelte Region bietet eine faszinierende Mischung aus Naturschönheiten, ungewöhnlichen Attraktionen und kultureller Eigenständigkeit aufgrund eines Vielvölkergemisches von Angehörigen tibeto-burmesi-

Treppe zum Tempel Mae Sai

Boote am Mae Kok

Die Region um den Doi Tung

Einfache Mittel reichen für das Brettspiel

Goldener Buddha auf dem Doi Tung

Recht wenige Touristen finden den Weg in die nördlichste Provinz Thailands. Hier liegt Chiang Rai, eine über 700 Jahre alte, ruhige Kleinstadt. Sehenswürdigkeiten gibt es kaum; einen Besuch wert sind jedoch die Tempel Wat Phra Singh und Wat Phra Keo. In ihm soll einst der berühmte Smaragd-Buddha gestanden haben, der sich heute im Königstempel von Bangkok befindet.
Ein Ausflug führt von Chiang Rai in die gut 60 Kilometer entfernt liegende Königsstadt aus dem 10. bis 12. Jahrhundert, Chiang Saen. Die Kleinstadt liegt direkt am Mekong gegenüber Thailands Nachbarstaat Laos. Nur wenige Kilometer Luftlinie sind es von dort zum nördlichsten Ort des Landes, Mae Sai.

Der Wasserfall von Mae Klang ist eine Touristenattraktion

Chedi auf Thailands höchstem Berg Doi Inthanon

scher Stämme, Einwanderern aus Südchina und Laos sowie ethnischen Gruppen, deren Urheimat einmal die Mongolei war. Auch die Thais des Nordens mit ihren ebenmäßigen runden Gesichtern und einer dunkleren Hautfarbe unterscheiden sich von der Bevölkerung im Süden des Landes, die besonders in Bangkok mit einer gewissen Überheblichkeit auf sie herabblickt.

Die Sehenswürdigkeiten des ländlichen Nordens liegen weit verstreut: die Siedlungen der Bergstämme und Dörfer mit Handwerksbetrieben, Wasserfälle, heiße Quellen, Höhlen, Naturparks, Elefanten-Trainingslager, Berge mit schöner Aussicht und Kulturdenkmäler. Wer die Wahl hat, hat die Qual, es sei denn, man verbringt wenigstens eine Woche im »wilden« Thailand.

Von der »heimlichen Hauptstadt« Thailands, Chiang Mai, bieten sich vier Routen an, die gleichermaßen alle Erwartungen an abwechslungsreiche Exkursionen erfüllen: Die Fahrt nach Südwesten führt über zwei Handwerksdörfer und entlang dem 29 Meter hohen Mae Klang-Wasserfall mit einer darüberliegenden zweiten Kaskadenstufe (Pakan Na-Fall) zum höchsten Berg Thailands inmitten eines Naturschutzparks, dem Doi Inthanon (2565 Meter). Über Lamphun (siehe vorheriges Kapitel) und Lampang mit einigen sehenswerten Tempeln gelangt man auf der N 1 in nördlicher Richtung zum Elefanten-Trainingslager der Forestry Industry Organisation (FIO) von Pang La, kurz danach zu den berühmten Tham Pha Thai-Höhlen, deren glitschige Pfade 400 Meter tief durch eine bizarre Welt von Kalksteinformationen in den Berg hineinführen. Die »Unterwelt« mit einem gigantischen Stalagmiten und einem vergoldeten Buddha wird von Heerscharen kleiner Fledermäuse regiert. Die Fortsetzung der Route über Chiang Rai endet in Mae Sai im letzten Zipfel des »Goldenen Dreiecks« an der burmesischen Grenze.

Wasserfälle, Flußfahrten und Elefantencamps

Auf dem schnellsten Weg erreicht man Chiang Rai jedoch über die Straße 1019 mit einem weiteren Elefantencamp bei Doi Saket und über den Ort Mae Sa mit den nahegelegenen Mae Sa-Wasserfällen und einem weiteren Trainingscamp für Elefanten. Fährt man von Chiang Mai aber direkt nach Norden, vorbei an Chiang Dao (Höhlen und Elefantencamp) und Fang (heiße Sulfatquellen), endet die Teerstraße nach knapp 200 Kilometern in Tha Ton am Nam Kok. Das Nest ist der Ausgangspunkt für eine sechsstündige Bootsfahrt bis Chiang Rai mit Stopps bei einem Lahu-Dorf und einer Wallfahrtshöhle.

Chiang Rai, die zweitgrößte Stadt des Nordens und Hauptstadt der nördlichsten Provinz des Landes, liegt am Kok-Fluß. Nur wenige Reisende verirren sich in diese Region. Die rund 40 000 Einwohner zählende verschlafene Kleinstadt bietet beschauliche Ruhe, doch wenig Sehenswürdigkeiten. Gut 60 Kilometer nördlich endet bei der Ortschaft Mae Sai allerdings das Territorium des Königreiches Thailand. Fast 900 Kilometer sind es von dort bis nach Bangkok. Wer auf den Doi Tung klettert, kann einen weiten Blick schweifen lassen über das berüchtigte »Goldene Dreieck«. Im Zentrum des Anbaus von Mohn und der Produktion von Opium treffen Thailand, Burma und Laos aufeinander.

Chiang Mai

Die Metropole des Nordens verdankt ihre Beliebtheit ihrem Charme, einem angenehmen Klima, zahlreichen kulturhistorischen Stätten, liebenswürdigen Menschen unterschiedlicher ethnischer Gruppen, dem Kunsthandwerk, Naturschönheiten und nicht zuletzt einer Vielfalt von Ausflugsmöglichkeiten, die auch die Abenteuerlust befriedigen.

Anfahrt: Mit dem **Auto** von Bangkok etwa 700 Kilometer über Ayutthaya (N 1), Nakhon Sawan (N 32), Phitsanulok und Sukhothai (N 117), Lampang (N 101 und N 11) und Lamphun (N 11).

Bus: Ab Northern Bus Terminal in Bangkok täglich mindestens achtmal ab 5.30 bis 22 Uhr; dazu etwa ein Dutzend Privatunternehmen, die oft direkt von den größeren Hotels aus starten. Fahrtdauer etwa neun Stunden.

Bahn: Ab Hua Lampong-Hauptbahnhof am bequemsten mit dem Nachtexpreß um 18 Uhr, Ankunft 7.50 Uhr morgens. Zwei »Rapid«-Züge fahren um 15.45 und 16.45 Uhr (Fahrtzeit fast 15 Stunden).

Flugzeug: Täglich 12 Flüge, Flugzeit eine Stunde.

Unterkunft: Über 200 Hotels, davon 50 der oberen und mittleren Preisklasse, dazu Y.M.C.A. und zahlreiche »Guest Houses«. Zu empfehlen: Chiang Inn, Chiang Mai Hills, Chiang Mai Palace, Orchid, Muang Mai, Rincome, Suriwongse (obere Preisklasse); Diamond, New Asia, Porn Ping, Prince, Railway Hotel, Sumit, Wieng Kaew (mittlere Preisklasse).

Sehenswürdigkeiten: Das Nationalmuseum (Highway 11, Nähe Wat Jed Yod) beherbergt eine umfangreiche Buddha-Sammlung sowie Trachten und Gebrauchsgegenstände der Bergvölker. Öffnungszeiten Mittwoch bis Sonntag von 9 bis 12 und von 13 bis 16 Uhr; an Wochenenden Eintritt.

Zu den wichtigsten Tempeln im inneren Stadtbezirk zählen der Wat Phra Singh aus dem Jahre 1345 (Ecke Singarat und Radjadamoen Road) mit dem Phra Singh Buddha; Wat Chiang Man (Rajaphakinar Road), 1296 von König Mengrai gebaut, mit einem Chedi im typischen Lanna Thai-Stil und zwei Viharnen mit schönen Holzschnitzereien; Wat Chedi Luang (Phra Pokklao Road), 1401 erbaut.

Außerhalb der Stadtmauern sollte man den Wat Jed Yot (Nähe Rincom Hotel am Highway 11) besuchen, dessen pyramidenförmiger Chedi an der Basis mit Nischen sitzender Figuren geziert ist. Den Wat Phra That auf dem Doi Suthep, ein unbedingtes Muß, erreicht man nur per Minibus oder Taxi.

Ausgehen: Abgesehen davon, daß es neben internationalen Restaurants selbst ein »Alt Heidelberg«, »Haus München« und eine »Bierstube« gibt, sollte man auf den Genuß typischer Landesgerichte nicht verzichten. Empfehlenswert sind u. a. das Kaithon (Kotchasarn Road 67, nord-thailändische Gerichte), Muang Inn (Arak Road 63, Spezialität: Enten), Nam Thip (Kotchasarn Road 59, nette Gartenatmosphäre, regionale Spezialitäten) und Jasmin im Duisit Inn Hotel (Changklan Road, hervorragende chinesische Küche).

Die bekannten »Khantoke Dinner« gehören zu jeder Pauschalreise. Sie finden in veschiedenen Hotels und im »Old Chiang Mai Cultural Center« während der Vorführungen klassischer Tänze statt.

Souvenirs: Kunstgewerbe verschiedener Bergstämme gibt es im »Thai Tribal Crafts« (Bamrung Rat Road). Silberwaren: Lanna Thai und Nanaphan Silver (Sankampaeng Road). Celadon: Siam Celadon (Sankampaeng Road) und Mengrai Kilns (Rasa Uthit Road); Lackwaren: Laitong Laquerware (Chiang Mai-Sankamaeng Road); Seide: Shinawatra Trading (Huay Keaw Road 14) und in San Kampahaeng (13 Kilometer südöstlich); Antiquitäten: Ratana Antique (Nantaram Road 19) und Borisootthi Art Gallery (Bumrungrat Road).

Yao-Mann mit Pfeife aus Bambusrohr

Ausflüge: Für Tagesausflüge rund um Chiang Mai ist es ratsam, sich einer Tour anzuschließen, denn auf eigene Faust verliert man wegen notwendiger Fußmärsche abseits der Busrouten Zeit.

Zum Doi Inthanon und dem Mae Klang-Wasserfall fährt man mit dem Bus auf der N 108 über das Töpferdorf Muangkung (abseits) und das Korbmacherdorf Hang Dong (abseits) bis Chom Thong (57 Kilometer), von dort weiter mit dem Minibus.

Nach Lampang (77 Kilometer südöstlich auf der N 11) verkehren laufend Busse. Sehenswerte Tempel des Ortes sind der Wat Chedi Sao, Wat Phra Keo Tao, Wat Pha Fang und Wat Sri Muang. In dem Ort gibt es fünf kleine Hotels.

Das Elefanten-Trainingslager der FIO erreicht man nach weiteren 56 Kilometern auf der N 1 bei Pang La (abseits). Etwas abgelegen auch die Tham Pha Thai-Höhlen 20 Kilometer vor Ngao. Die Chiang Dao-Höhlen und das Elefantencamp befinden sich auf halber Strecke nach Fang (N 107).

Information: T.A.T.: 135 Praisani Road, Tel. 2 35 34. Dort auch Auflistung für Veranstalter von Trekking-Touren.

Chiang Rai

Recht profillose Kleinstadt im Norden.

Anfahrt: Von Chiang Mai auf dem Highway 1019 (74 Kilometer). Busse fahren ab Chiang Mai alle 30 Minuten zwischen 6 und 17.30 Uhr. Zweimal täglich eine Flugverbindung ab Chiang Mai.

Unterkunft: Meist Hotels der Mittelklasse und darunter. Empfehlenswert sind Duisit, Rama, Krung Thong, Reong Nakkorn, Suknirand, Wiang Inn.

Sehenswürdigkeiten: Von den sieben Tempeln ist der Wat Phra Keo am bekanntesten; in seinem Chedi fand man bei Restaurierungsarbeiten nach einem Blitzschlag 1434 den berühmten Smaragd-Buddha, der seit 1784 in Bangkok aufbewahrt wird.

Ausflüge: Mit dem Bus in den hübschen Ort Chiang Saen am thailändisch-laotischen Grenzfluß Mekong 60 Kilometer nördlich. Von dort fahren in unregelmäßigen Abständen Busse nach Sop Ruak direkt am »Goldenen Dreieck« und nach Mae Sai. Zu Akha-Dörfern. Flußfahrt nach Tha Ton an der burmesischen Grenze. Trekking-Touren werden vielfach von den Gästehäusern organisiert.

Glocken mit Verzierungen, zu sehen auf dem Doi Tung

Wer will, kann es nachlesen: Höher geht es nicht in Thailand

Yaos produzieren diese typischen Marionetten

Beliebt bei Touristen: Ritt auf Elefanten

Akha-Mädchen, geschmückt für Besucher

Mit 2565 Metern ist der Doi Inthanon westlich von Chiang Mai der höchste Berg Thailands. Erschlossen wird der ihn umgebende Nationalpark von einer Straße, die sich reizvoll durch die wechselnden Vegetationszonen schlängelt und nach 48 Kilometern am Gipfel endet. In dem Nationalpark mit seinen schönen Wasserfällen leben verschiedene Bergstämme, unter anderem die Yaos, die Touristen in Handarbeit gefertigte, hübsche Marionetten verkaufen.

Ein besonders bei Einheimischen beliebtes Ausflugsziel ist der 2000 Meter hohe Doi Tung westlich von Chiang Rai. Kleinbusse bringen Besucher auf seinen Gipfel.

Für Ausländer nicht passierbar ist der Grenzübergang nach Burma

In bunten Trachten auf dem Doi Sutep

Die Luftwurzeln eines mächtigen Banyan-Baums spenden unweit von Phimai Schatten. Nur selten fällt Regen im Nordosten, im Armenhaus Thailands; wenn er kommt, vernichten häufig Wolkenbrüche die Ernte. Wenige Touristen finden den Weg in diese Gegend, zum Tempel Pram Sam Yod in Lopburi (kleines Bild unten) oder in den Khao Yai-Nationalpark.

NORDOSTEN

Vom Klima gebeutelt: das Armenhaus Thailands

Pause für Tempeltänzerinnen in Lopburi

Schwankende Brücke im Khao Yai Nationalpark

Ungeheuer schützen den Tempel in Phimai

Wat Phra Sri Ratana Mahathat in Lopburi

Das Armenhaus Thailands wird der Nordosten des Landes häufig genannt. In der von Landwirtschaft geprägten Region bildet die Dürre eine ständige Bedrohung, viele Menschen leben in Armut und leiden Hunger. So verwundert es nicht, daß ein großer Teil der Tagelöhner und Prostituierten in Bangkok aus dem Isaan stammen, wie Thais den Nordosten nennen.
Vom Tourismus ist die Region bisher weitgehend ausgespart worden, eine entsprechende Infrastruktur besteht kaum. Viele Reisende werden sich deshalb organisierten Touren anschließen, die sie zu Sehenswürdigkeiten wie dem Wat Theppitak bringen, über dem am Hang ein 48 Meter hoher Buddha thront.

Thront über der weiten Landschaft: Buddha des Wat Theppitak

Das »Armenhaus Thailands« wird die Nordost-Region zuweilen genannt. Zu ihr gehören 17 Provinzen, die etwa ein Drittel der Gesamtfläche des Landes bedecken und bis an die Grenze zu Laos und Kampuchea reichen. Erst 1948 wurde mit dem Bau der ersten Teerstraße begonnen. Der zehn Jahre später vollendete »Friendship Highway« (Nationalstraße 2) diente den Amerikanern während des Vietnam-Krieges zu militärischen Zwecken, erwies sich für die Entwicklung einer Infrastruktur aber als Segen.

Die im Isaan – wie Thai den Nordosten ihres Landes nennen – lebenden Menschen gehören überwiegend zur Bevölkerungsgruppe der Khon und Ahsaan, die in diesen Regionen seit ewigen Zeiten einen erbitterten Existenzkampf führen. Bleibt der Monsunregen aus, gedeihen Reis, Baumwolle und Jute nicht; kommt zu wenig, so versickert das Naß schnell im Sandboden. Öffnet der Himmel aber einmal die Schleusen, dann brechen häufig die Dämme, und die Fluten vernichten die Ernte.

Reisernte im Nordosten des Landes

In Dörfern des Isaan werden Tücher gewebt

Von den Launen der Natur sind rund 15 Millionen Menschen direkt oder indirekt betroffen. Kein Wunder, daß Bangkoks Tagelöhner, Tuk-Tuk-Fahrer und Prostituierte überwiegend aus dem Isaan stammen.

In der abgelegenen Region und besonders im Hochland von Korat blieben eigenständige Dialekte, bäuerlich-ländliche Traditionen und Gebräuche weitgehend erhalten. Zeremonien und Feiern drehen sich überwiegend um Ernte und Regen.

Touristisch ist der Nordosten Thailands bisher wenig erschlossen, obwohl die Region einiges bietet. So findet in Surin jedes Jahr im November Thailands größtes Spektakel statt, das berühmte Elefanten Round-up, bei dem etwa 200 Dickhäuter Mittelpunkt farbenprächtiger Darbietungen sind und in Wettbewerben ihre Geschicklichkeit unter Beweis stellen. Einmal abgesehen von der prähistorischen Fundstelle Ban Chiang im hohen Norden, wo Schmuck, Waffen und Töpferwaren aus der Bronzezeit gefunden wurden, konzentrieren sich die wichtigsten Sehenswürdigkeiten im südlichen Bereich des Isaan – ein Kontrastprogramm mit Natur, Ruinen aus der Zeit der Khmer, buddhistischen Pilgerstätten und Kuriosem.

Einer der Höhepunkte ist zweifellos Phimai, ein 560 Meter breites und 1000 Meter langes Tempelareal aus der Zeit der Khmer-Herrschaft, die um 1180 ihr Machtzentrum Angkor Wat nach Westen ausdehnten. Die imposanten Ruinen, insbesondere der zentrale Prang, zählen zu den wichtigsten architektonischen Beispielen aus diesem Kulturkreis des Mahayana-Buddhismus.

Banyan-Baum: Wurzeln tragen riesiges Blätterdach

Nur ein Fußweg ist es zu dem von der Natur geschaffenen Monument des riesigen Bayan-Baums, der über 300 Jahre alt sein soll. Seine Luftwurzeln bilden gewaltige Stämme, die ein 450 Quadratmeter großes Blätterdach tragen.

Auf halbem Weg zwischen Nakhon Ratchasima und Bangkok liegt der fast 2200 Quadratkilometer große Khao Yai-Nationalpark, ein urwüchsiges, bergiges Rückzugsgebiet für geschützte Tierarten, darunter Elefanten, Tiger und sogar Bären. Auf der Weiterfahrt gen Westen lohnt der Abstecher zu einem mönströsen Kuriosum. Ein Schild auf der N 2 weist zum Wat Theppitak, über dem ein 48 Meter hoher Buddha mit sieben Meter langen Ohren thront.

Die Provinzstadt Lopburi war ab dem 6. Jahrhundert Mittelpunkt des Dvaravati-Reiches der Mon, das im 13. Jahrhundert von den Khmer zerschlagen wurde. Zu Beginn der Ayutthaya-Periode Mitte des 14. Jahrhunderts wurde die vom Erzfeind Burma mehrmals zerstörte Stadt unterworfen und in das aufblühende Reich Siam eingegliedert.

Organisierte Fahrten

Es ist ratsam, sich organisierten Touren anzuschließen, denn der Nordosten Thailands ist touristisch wenig erschlossen. Zudem ist das Reisen auf eigene Faust zeitraubend, weil sich lohnende Ziele fast immer abseits der Nationalstraßen befinden und per Bus oder Bahn nur mühsam oder gar nicht zu erreichen sind. Eine Ausnahme bilden die größeren Orte, die jedoch kaum Sehenswürdigkeiten aufzuweisen haben. Bei individueller Rundreise sind von ihnen aus in einigen Fällen Taxen zum Weitertransport angebracht (Preis vorher aushandeln).

Ban Chiang

Das kleine Dorf östlich von Udon Thani gilt als die Wiege menschlicher Zivilisation in Thailand und ist Ziel prähistorisch interessierter Touristen. Seit über zwei Jahrzehnten beschäftigen sich Archäologen mit systematischen Ausgrabungen.

Anfahrt: Per Flugzeug, Bahn oder Bus bis Udon Thani. Die Bahnfahrt (Nong Khai Express) dauert gut zehn Stunden, die 560 Kilometer lange Busfahrt vom Northern Bus Terminal elf bis 12 Stunden. Weiterfahrt per Sammeltaxi (Song Taew) vom Talaad Isaan (Nordost-Markt) oder per Bus (46 Kilometer, eineinhalb Stunden) auf der N 22 nach Osten über Nong Han.

Unterkunft, Ausgehen: In Udon Thani: Dort gibt es zahlreiche Hotels der mittleren Preisklasse (z. B. Tokyo, Srisawat, Saiwong). Typische Isaan-Gerichte ißt man an den Kai-Yang-Buden.

Surin

Die Stadt wäre uninteressant, gäbe es nicht an jedem dritten Wochenende im November das Elefanten-Round-up.

Anfahrt: Per Bahn von Bangkok mit dem Schnellzug Nr. 31 (etwa zehn Stunden) oder per Bus vom Northern Bus Terminal (bis zu 12 Stunden). Für die 452 Kilometer von Bangkok über Korat (N 2), Prasa (N 24) bis Surin (N 214) benötigt man mit dem Auto neun bis zehn Stunden.

Bahnfahrten zum Festival sollten zwei Wochen im voraus gebucht werden.

Unterkunft: Mäßiges Angebot. Zu empfehlen sind das Krung Si, New Hotel und Amarin. Während des Festivals steigen die Preise sprunghaft in die Höhe.

Ausflüge: 68 Kilometer von Surin in Richtung Korat (N 24) liegen südlich von Prakhon Chai die Khmer-Tempelanlagen Prasad Phanom Rung und Prasad Muang Tham aus dem 11. und 12. Jahrhundert.

REISE-INFO NORDOSTEN

Nakhon Ratchasima

Die Stadt ist ein wichtiger Verkehrsknotenpunkt. Touristisch ist sie kaum von Interesse, jedoch ideal als Ausgangspunkt für Exkursionen.

Anfahrt: Per Flugzeug, Bahn (täglich zwei Verbindungen) oder per Bus vom Northern Bus Terminal (ab 5 Uhr morgens alle 20 Minuten). Mit dem Auto von Bangkok über Saraburi auf der N 2, 255 Kilometer.

Unterkunft: Die besseren Hotels (Sri Pattana und Chom Surang) besitzen Klimaanlagen. Zur mittleren Preisklasse zählen das Siri, Damrongrak, Thai Pokhapan, Cathay und Korat.

Ausflüge: 15 Kilometer südlich liegt das Töpferdorf Dan Kwian, ein Stopp auf allen Rundreisen. Hübsch die grün und braun glasierte Ware, die nur leider als Souvenir meistens zu unhandlich ist. Den Töpfern kann man bei der Arbeit zuschauen. Vorsicht vor den kecken Affen an langen Leinen!

Hauptattraktion ist das Khmer-Heiligtum Phimai aus dem 12. Jahrhundert. Der Komplex wurde von dem mächtigsten aller Khmer-Könige, Jayavarman VII., in der heutigen Form vollendet. Auf einem quadratischen Grundriß steht ein zentraler Prang aus weißem Sandstein; die Nebengebäude sind aus rotem Sandstein und Laterit. Der Prang stellt den heiligen Berg Meru dar, Sitz der Mahayana-Götter.

Von Nakhon Ratchasima (Korat) fahren Busse alle 30 Minuten (Haupt-Busbahnhof, Suranari Road). Mit dem Auto auf der N 2 nordöstlich in Richtung Khon Kaen bis Chalat Khae (42 Kilometer), rechts ab über Phimai-Stadt (12 Kilometer). Übernachtungsmöglichkeit im Phimai Hotel.

Mud-Mee-Seide, ein Produkt des Nordostens

Khao Yai-Nationalpark

Der Park gilt als Attraktion besonderer Art: wilde Natur, Wasserfälle, verschlungene Trekking-Pfade, Orchideen, Lotus, ornithologische Vielfalt, seltene Schmetterlinge sind dort zu finden – ein Paradies für Naturfotografen. Einen Hauch von Abenteuer besitzen Nachtfahrten per Jeep auf der Suche nach Elefanten.

Anfahrt: Ab Bangkok über Saraburi (110 Kilometer), weiter auf der N 2, nach 52 Kilometer Hinweisschild rechts ab. Keine Linienbusse.

Unterkunft: In Bungalows, einem Motel und einem Tourist House vom Zwei-Bett-Zimmer bis zum Schlafsaal (40 Personen).

Lopburi

Die zweigeteilte Stadt (Neustadt 1940 gegründet) ist eine archäologische Sehenswürdigkeit ersten Ranges.

Anfahrt: Häufige Bahn- und Busverbindungen ab Bangkok (vom Northern Bus Terminal alle 30 Minuten, drei Stunden Fahrzeit). Neuerdings verkehren auch umgebaute Dschunken ab Bangkok (Reservierung über Veranstalter). Mit dem Auto 154 Kilometer auf der N 1 nach Norden. Busse ab Ayutthaya.

Unterkunft: Gute Auswahl, z. B. Asia Lopburi, Muang Thong, Indra, Julathip, Thai Sawat. Auf der Na Kala Road großes Angebot an billigen Hotels.

Sehenswürdigkeiten: Palast des Königs Naraia, Wat Phra Sri Ratana Mahathat (12. Jahrhundert), Prang Sam Yod (hinduistisch und zum buddhistischen Tempel umgewandelt), Wat Sao Thong (Buddha auf dem Altar hält ein Kruzifix), Wat Nakhorn Kosa (ursprünglich ein hinduistischer Schrein) – ein Querschnitt aus drei Kulturepochen.

Zentraler Prang des Tempelkomplexes von Phimai

Denkmal des Königs Narai in Lopburi

Von einer Naga beschützter Buddha in Phimai

Reliefs am zentralen Tempel von Phimai

Phimai ist ein Höhepunkt einer Reise durch den Nordosten. Das einen Kilometer lange und 560 Meter breite Tempelareal wurde im frühen 12. Jahrhundert von den Khmer angelegt, die ihr Machtzentrum zu dieser Zeit nach Westen ausdehnten. Das Zentralheiligtum des Tempels ist ein Meisterwerk des Angkor Wat-Stils.

Betende in einem Tempel von Lopburi

LANGER SÜDEN

Durch wogende Reisfelder in Richtung Malaysia

Fast senkrecht erheben sich Palmen aus der flachen Landschaft der malayischen Halbinsel; Büffel baden neben Reisfeldern. Szenen, die bei der Fahrt in den Süden Thailands immer wieder zu beobachten sind. Wie ein überlanger Hals erstreckt sich diese fruchtbare Region – bis Hua Hin, wo einst die High Society des Landes Entspannung suchte.

Tanz im Wat Mahathat in Petchaburi

Reliefs am Wat Phra Song in Petchaburi

In Petchaburi: die Prangs des Wat Mahathat

Wat Kamphaeng Laeng aus der Khmer-Zeit

Die Reise von Bangkok in den Süden Thailands führt nach rund 100 Kilometern durch Petchaburi, zur Zeit des Khmer-Reiches Endpunkt einer Karawanenroute nach Indien. Die Reste einiger Tempel erinnern an diese Zeit.
Bekannt wurde die Stadt allerdings durch Rama IV., der Petchaburi zu seiner Sommerresidenz erkor und in den nahegelegenen Bergen einen Palast bauen ließ.

Wandmalerei im Wat Ko Keo Suttharamn

Unter Palmen: der Wat Yai Suwanaram

Buddhafiguren in den Khao Luang-Höhlen

Der lange »Rüssel« im Süden Thailands Teil der malayischen Halbinsel, ist eine eigene Welt; insbesondere zu den Ebenen der Nordost-Regionen stellt sie einen außergewöhnlichen Kontrast dar. Die Bevölkerung der 14 südlichen Provinzen muß keinen erbitterten Existenzkampf führen. Über viele Landesteile ergießt sich der notwendige Regen sogar zweimal jährlich und verwandelt die fruchtbare Halbinsel in ein blühendes Paradies, in dem das ganze Jahr über geerntet wird. Was die elementaren Bedürfnisse betrifft, leben die Menschen ein sorgenfreies Leben – ihnen wachsen die Früchte buchstäblich in den Mund.

Schon das Landschaftsbild verrät den natürlichen Reichtum: Ein sattgrüner Teppich von dichtem Baumwuchs bedeckt die Hügel. Die abgeschiedenen höheren Bergregionen sind Zufluchtsgebiete für selten gewordene Großwild- und Vogelarten. Im dichten Dschungel versteckten sich bis vor gar nicht langer Zeit die Kommandos malayischer Separatisten, und noch heute führen durch sie die Schmugglerpfade nach Burma.

Auf der Fahrt von Norden nach Süden wechselt die Szenerie zu Füßen der Berge schnell. Abgesehen von den küstennahen Ebenen werden die Reisfelder kleiner und seltener; statt dessen wächst die Zahl der Kokos- und Kautschukplantagen. Palmen und Gummibäume dominieren die landschaftliche Kulisse. Das Kopra dient zur Ölgewinnung, und Kautschuk ist Thailands fünftwichtigstes Exportgut. Die Besichtigung einer Kautschukplantage steht natürlich auf jedem Rundreiseprogramm. In ihnen kann man den interessanten Arbeitsprozeß vom Zapfen bis zur Gewinnung des Rohproduktes »Gummi« verfolgen.

Daneben werden im Süden auch Eisenerze und Zinn gefördert – freilich in relativ bescheidenen Mengen, denn der Regierung fehlt es an Investitionsmitteln, um neue abbaufähige Lager zu erschließen. Dafür blüht der Fischfang vor den rund 2000 Kilometern Ost- und Westküste. Der größte Teil der thailändischen Fischereiflotte von rund 20 000 motorbetriebenen Booten hat hier ihre Heimathäfen.

Von Bangkok über Phetchaburi, Hua Hin, Surat Thani, Nakhon Si Thamarat und Hat Yai bis Sungai Ko-lok an der malayischen Grenze sind es fast genau 1600 Straßenkilometer. Selten legt ein Tourist diese Strecke mit dem Auto zurück, denn die Zugfahrt ist bequemer und interessanter; in Richtung Singapur fährt man mit der Bahn rund 14 Stunden bis zur Grenze nach Malaysia.

Buddhistische Tempel weichen Kuppeln von Moscheen

Von Bangkok kommend heißt die erste Station Phetchaburi, bekannt durch seine 21 Tempel und die berühmten Grotten. Vor Einbruch der Dunkelheit erreicht man Hua Hin; bei der Ankunft in Surat Thani am nächsten Morgen werden die Einflüsse der malayischen Kultur bereits im Straßenbild spürbar.

Je weiter die Reise in Richtung Malaysia geht, desto deutlicher werden die Einflüsse des Islam. In dieser Region überwiegen die Moslems, die im tiefen Süden sogar rund 80 Prozent der Bevölkerung ausmachen. Die Pagodendächer der buddhistischen Tempel weichen den Kuppeln der Moscheen.

Die Menschen dieses Kulturkreises unterscheiden sich deutlich von den Thais im Norden. Sie sprechen eine andere Sprache, haben eine dunklere Hautfarbe und wirken noch gelassener. Ihr Lebensraum gehörte nie zu den traditionellen Herrschaftsgebieten der Thai-Reiche und wurde erst im vergangenen Jahrhundert verwaltungsmäßig integriert. Die Kluft zwischen Religion, Sprache und kulturellem Erbe führte ständig zu politischen Unruhen, die noch unterschwellig spürbar sind.

Anreise von Bangkok

Bahn: Alle Expreßzüge in den Süden fahren vom Huan Lampong-Hauptbahnhof (Rama IV. Road). Bei langen Strecken bis Surat Thani und über die gut 600 Kilometer von der Hauptstadt entfernte Stadt hinaus sind Nachtfahrten mit Schlafwagen (zwei Klassen) zu empfehlen. Nach Petchaburi und Hua Hin verkehren auch lokale Züge vom Bahnhof in Thonburi.
Bus: Busse in den Süden fahren vom Southern Bus Terminal in Thonburi (Charan Sanitwongse Road) ab. Die lokalen »Bongo«-Busse sind billiger, langsamer (viele Stopps) und nicht klimatisiert. Nach Petchaburi und Hua Hin verkehren sie von 6.40 Uhr bis 18 Uhr etwa alle 30 Minuten. Busse mit Klimaanlage fahren in der Regel im Stundenrhythmus teilweise non-stop zwischen sechs und 20 Uhr. Die Fahrt nach Hua Hin dauert dreieinhalb Stunden.
Flugzeug: Nach Hua Hin besteht von Bangkok eine tägliche Flugverbindung.

Petchaburi

Den Namen »Stadt der Diamanten« erhielt Petchaburi wegen angeblicher Edelsteinfunde. Während der Ayutthaya-Periode war der Ort ein kulturelles Zentrum und erblühte unter König Rama IV. (Mongkuk) zu neuem Ruhm. Nach seinem Tode 1868 versank die 165 Kilometer südlich von Bangkok liegende Provinzhauptstadt wieder in relative Anonymität.
Unterkunft: Einfache Hotels, z. B. Khao Wang Hotel (bestes Haus am Platz) New Hotel, Sriphet Hotel, Petchkasem Hotel.
Sehenswürdigkeiten: Vom Berg Khao Wang (92 Meter) mit der ehemaligen Sommerresidenz Phra Nakhon Khiri (kleines Museum mit Gegenständen aus dem Besitz Ramas IV.) hat man eine gute Aussicht über die Stadt. Die Khao Luang-Tropfsteinhöhlen mit über 100 Buddha-Statuen sind ein berühmtes buddhistisches Heiligtum.
Lohnenswerte Tempel sind der Wat Yai Suwannararm, der Wat Ko Keo Suttharamn (berühmte Wandmalereien), der Wat Phra Song (Chedis und Prangs der unterschiedlichsten Stilrichtungen), der Wat Mahathat, dessen Prang im Ayutthaya-Stil das Zentrum der Stadt dominiert, sowie der Wat Kamphaeng Laeng mit seinen Prangs aus der Khmerzeit.

Hua Hin

Traditioneller Badeort am Golf von Thailand. Hübsch sind der Fischereihafen und die Märkte. Es gibt eine Reihe vorzüglicher Fischrestaurants.
Unterkunft: Zu empfehlen sind das Royal Garden Resort, Royal Garden Village, Hotel Sofitel Central (das ehemalige Railway Hotel), Sai Lom Hotel.
Strände: Etwa drei Kilometer Hotelstrand und weitere sechs Kilometer Strand bis zum Fischerdorf Takeap.
Sport: Wassersport, Hochseeangeln, Tennis, Golf.
Ausflüge: Über Pranburi nach Süden zum Khao Sam Roi Yot-Nationalpark (zahlreiche Höhlen, Affen, Hirsche); Bootsfahrten zur zehn Kilometer entfernten Insel Sing Toh; Dao-, Lablae- und Kailon-Höhlen (23 Kilometer westlich), in deren Labyrinthe man stundenlang wandern kann. Zum Pala-U-Wasserfall im Kang Karajaren-Nationalpark sind es rund zwei Stunden mit dem Bus.

Surat Thani

Die Stadt besitzt keine nennenswerten Sehenswürdigkeiten. Sie ist aber Drehscheibe für die Verkehrswege nach Westen und weiter in den Süden sowie bedeutender Umschlagplatz für Kokosnüsse und Kautschuk; wichtig als Übernachtungsstopp für Touristen.
Unterkunft: Etwa ein Dutzend einfache Hotels, u. a. Siam Thara, Surat, Seri, Wang Tai, Muang Thong, Tapi.

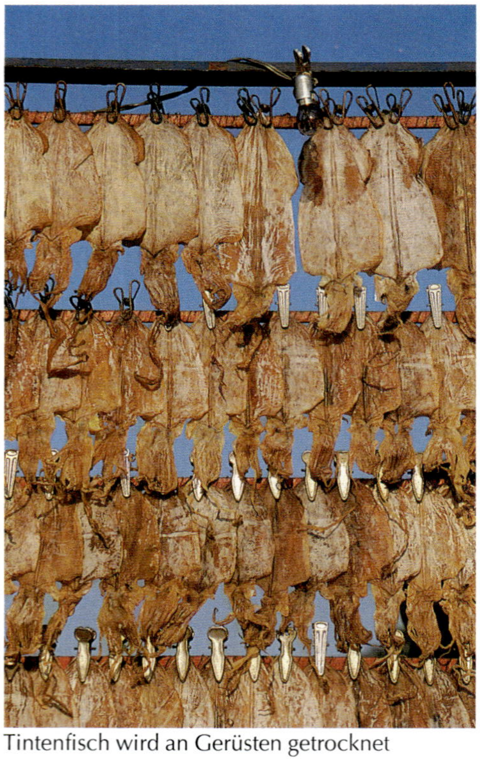

Tintenfisch wird an Gerüsten getrocknet

Nakhon Si Thammarat

Das bedeutendste Kulturzentrum der malayischen Halbinsel.
Unterkunft: Über 20 Hotels. Zu empfehlen sind Thak Sin, Neramit, Laem Thong, Siam Hotel, Thai Fah, Si Thai, Yaowarat.
Sehenswürdigkeiten: Der Wat Mahathat soll rund 1000 Jahre alt sein und wurde Mitte des 13. Jahrhunderts neu errichtet. Die bedeutende Anlage wird von einem 77 Meter hohen vergoldeten Chedi überragt. Das Nationalmuseum (Ratchdamoen Road, geöffnet dienstags bis sonntags von neun bis 12 und von 13 bis 16 Uhr) beherbergt zahlreiche Exponate aus dem hinduistischen Kulturkreis. Berühmt sind zwei Figuren des indischen Pallawa-Stils aus dem 7. Jahrhundert.
Souvenirs: Schattenspiel-Figuren aus Büffelleder, Gefäße aus getriebenem Silber, Emailleschmuck mit Silber sowie Flechtarbeiten aus Lipao-Gras.
Veranstaltungen: Das Chaak Phra Pak Tai-Fest findet Mitte Oktober statt: Lakhorn-Tänze und Schattenspiele, Mittelpunkt der Feierlichkeiten ist der Wat Mahathat.

Hat Yai

Das größte kommerzielle Zentrum des Südens (130 000 Einwohner). Es lebt vom Grenzverkehr mit Malaysia.
Unterkunft: In dem traditionellen Badeort stehen über 50 Hotels zur Auswahl, z. B. Emperor, Lee Gardens, Indra, Kosit, The Regent (höhere Preisklasse); Hat Yai Inter, Mitrama, Montien, Scala (mittlere Preisklasse); Tawan Ok, Tong Num, Tour, Savoy, Mandarin, Ho Pah (untere Preisklasse).
Sehenswürdigkeiten: Der Wat Hat Yat Nai mit einem 35 Meter langen und 15 Meter hohen Buddha.
Ausgehen: Mittelpunkt ist das Niphat-U-Thit-Viertel: fünf Theater, über ein Dutzend Nachtclubs sowie unzählige Restaurants, viele mit typischer Moslem-Küche. Bekannt sind das Mae Tip, Canton, Bu-Nga oder Teg-Ngee. Wer moslemische Gerichte probieren will, sollte ins Mariya oder Mismela gehen. Eine Spezialität der Stadt ist Haifischflossen-Suppe.
Veranstaltungen: Büffelkämpfe (zwei Büffel gegeneinander) und Thai-Boxen (an Wochenenden).

Weite Strände, doch wenig Tourismus: Küstenlandschaft bei Hua Hin

Chedis des Wat Phra Song in Petchaburi

Rinder auf Weiden sind ein häufiges Bild im Süden

Wer mit dem Zug in Richtung Malaysia fährt, passiert ein in weiten Teilen flaches Land mit unzähligen Reisfeldern. Anders als der Nordosten ist der Süden ein Garten Eden Thailands. Regelmäßige Niederschläge lassen bei manchen Erzeugnissen zwei jährliche Ernten zu. Ein reizvoller kleiner Ort ist Hua Hin, in den dreißiger Jahren ein Treffpunkt der oberen Schicht Thailands.

Wandmalereien im Wat Yai Suwanaram in Petchaburi

Zwei reizvolle Ferienregionen bietet der Süden Thailands: an der Ostküste der malayischen Halbinsel Ko Samui, einst Geheimtip von Rucksackreisenden, und an der Westküste Phuket, heute von Charterjets aus Europa direkt angeflogen. Weiße Strände, klares Wasser und eine eindrucksvolle Landschaft erfüllen den Urlaubstraum vieler Menschen.

KO SAMUI, PHUKET

Inselferien in einer Postkartenidylle

Reisfelder bedecken weite Flächen auf Ko Samui

Urlaubstraum: palmengesäumter Strand auf Ko Samui

Türkisfarbenes Wasser und weißer Sand: der Chaweng Beach

Der »Big Buddha« überragt die Nordostspitze der Inse

Noch Anfang der achtziger Jahre galt Ko Samui als ein Geheimtip unter Rucksackreisenden. Eine Fahrt entlang der malayischen Halbinsel führte fast immer über die reizvolle Insel.
Der fast zwangsläufigen Entwicklung folgend haben inzwischen auch Touristikunternehmen die mit dem Flugzeug direkt erreichbare Insel entdeckt, doch gibt es auf Ko Samui auch heute noch ungestörte Ecken, besonders im weniger belebten Norden.

Fischfang, mit offenen Booten ein hartes Geschäft

Noch ist die »alte« Zeit nicht vorbei in Surat Thani: Wo noch vor einem Jahrzehnt fast ausschließlich sogenannte Alternativ-Reisende auf die Abfahrt nach Ko Samui warteten, stapeln sich heute zwar auch die Hartschalen-Koffer etablierter Reisender, doch zwischen dem unhandlichen Gepäck an der Pier sorgen noch immer Touristen mit Rucksäcken und Schlafmatten für ein buntes Bild.
Von dem Anleger am Ende der Ban Dong Road und vom Kai etwas außerhalb von Surat Thani geht es zu der kleinen Insel hinüber, die für viele der Inbegriff des Urlaubsglücks ist – entweder billig mit dem Bummel-Kahn oder rasch mit dem Expreß-Boot.

Der Hin Lat-Wasserfall im Westen der Insel

Es ist nicht lange her, als Ko Samui in Südost-Asien der Tip für Rücksack-Reisende schlechthin war. Einsame Strände lockten besonders Europäer und Nord-Amerikaner und waren gerade zu Weihnachten Orte sentimentaler Szenen. Gegessen wurde dort, wo die damals etwa 32 000 Chao Samui, die Leute von Samui, ihr bescheidenes Mahl einnahmen. Das 247 Quadratkilometer große Eiland genoß einen legendären Ruf, doch – wie auch anderswo – waren »Alternativreisende« die Vorreiter für die Tourismusindustrie.
Längst ist auch Ko Samui vom »Katalog-Tourismus« entdeckt worden. Tägliche Flüge von Bangkok haben diese Insel zu einem bequemen Ziel für verwöhnte Urlauber gemacht, die jetzt auch traumhaft gelegene Ferienanlagen der höheren Preisklasse vorfinden. Ihre Zahl ist gering und beschränkt sich noch auf die Gegend entlang dem Chaweng Beach. Bisher nehmen sie der Ostküste nichts von ihrem ursprünglichen Charme, weil sie versteckt und locker verstreut in Palmenhaine gebaut wurden.
Am Lamai Beach stehen noch immer die Hütten und Billig-Bungalows vergangener Tage, nur sind es inzwischen mehr geworden, und stellenweise dröhnt bereits zum Frühstück und bis in die späten Nachtstunden Popmusik aus den Lautsprechern der Strandrestaurants – eine negative Begleiterscheinung des Tourismus, die auch auf dem sonst so ruhigen Ko Samui ihren Einzug gehalten hat.
Dennoch ist die »Insel der Kokosaffen« noch immer ein Traumziel. Die Strände von der Thongkrut-Bucht im Süden, zwischen der Nakhaay-Bucht, Thongtakain-Bucht und Yaay Noi-Bucht an der Ostküste bis zu den schwer zugänglichen kleinen Buchten am Choeng Mon-Kap im Norden haben wenig von ihrer ursprünglichen Attraktivität eingebüßt.

Eine Nacht am Strand – wegen des berühmten Sonnenaufgangs

Seit der Ankunft der ersten Siedler vor etwa 1500 Jahren scheint sich nichts verändert zu haben. Es waren Fischer, die in der ruhigen Bophut- und Maenam-Bucht im Norden Zuflucht fanden. Bis heute ist die Fischerei eine wichtige Erwerbsquelle geblieben, sehr zum Vorteil der Touristen, die täglich frisch und zu relativ niedrigen Preisen eine breite Palette von Fischen und anderen Meeresfrüchten genießen können.
Besucher, die sich während ihres Urlaubs vor allem an Stränden entspannen möchten, finden auf Ko Samui ideale Bedingungen. Bei mittleren Jahrestemperaturen zwischen 25 und 34 Grad Celsius kann man sogar am Strand schlafen – wenigstens ein einziges Mal, um einen der berühmten Sonnenaufgänge zu erleben. Die Erinnerung an sie ist das schönste Souvenir von Ko Samui, das auch im Inland nicht mit Naturschönheiten geizt.

Die drittgrößte Insel Thailands, 25 Kilometer lang und 22 Kilometer breit, besitzt zwar Teerstraßen, aber die führen fast ausschließlich in Küstennähe rund um die abgeschiedene Welt der heute knapp 40 000 Bewohner. Mit einem gemieteten Leichtmotorrad hat man diese Strecke bei gelegentlichen Stopps gemütlich in vier Stunden abgefahren. Die zentralen Regionen sind dagegen teilweise schwer zugänglich, besonders während der Regenzeit. Um die Wege im dichten Urwald der Berge zu bewältigen und zum Beispiel zu den Wasserfällen zu gelangen, benötigt man unbedingt einen Geländewagen. Zwei Drittel von Ko Samui besteht aus Bergen; der höchste mißt immerhin 636 Meter. Doch auf der Insel findet man auch Plantagen mit Kokospalmen, deren Produkte Kopra und Palmöl die traditionelle und – neben dem Tourismus – wichtigste Einnahmequelle der Insulaner sind. Die Palmen werden über 20 Meter hoch und bringen alle sechs Wochen eine Ernte.
Die Nüsse zählen wegen ihres Aromas zu den besten des Landes; allein zwei Millionen Stück werden monatlich nach Bangkok verkauft. Man sollte sich ein ungewöhnliches Schauspiel gönnen und bei der Ernte mit Hilfe von dressierten Affen zusehen. Die Tiere holen täglich bis 800 Nüsse von den Palmen. Wer aufmerksam beobachtet, entdeckt in den schattigen Hainen sogar Palmen, deren Kronen sich mehrfach gabeln. Ein vierköpfiges Kuriosum ist über 100 Jahre alt.

Reisfelder und Plantagen setzen hübsche Farbakzente

Ko Samui ist der Kontrast zum Kulturprogramm Bangkoks. Die wenigen Dorftempel darf man getrost vergessen, auch den angeblichen Fußabdruck Buddhas, von denen es in Thailand übrigens eine Menge gibt. Nur der 12 Meter hohe »moderne« Big Buddha an der Bophut Bay ist sehenswert. Am Aufgang zu seinen Füßen finden an buddhistischen Feiertagen Zeremonien statt.
Kenner des insgesamt rund 60 Inselchen und Inseln umfassenden Archipels um Ko Samui, von denen nur sechs bewohnt sind, zieht es wegen der steigenden Popularität der Hauptinseln nach Ko Pha-Ngan, das in seiner »Entwicklung« um 15 Jahre nachhinkt.

Inseln wie Ko Bodha sind von Krabi aus mit dem Boot zu erreichen

Ko Phi Phi Don besteht aus zwei Teilen, verbunden durch einen Landstreifen

Die Inselwelt um Krabi ist ein Paradies für Schnorchler

Auf Ko Bodha wird auch Tauchunterricht gegeben

Wandmalereien in der Viking-Höhle

Doch auch hier stehen bereits 80 Bungalows zur Verfügung, und wie auf Ko Samui ersetzt das Leih-Motorrad zumindest streckenweise den Fußmarsch. Auch das Ang Thong-Archipel ist mit regelmäßig verkehrenden Booten zu erreichen. Es besteht aus 20 nahezu unbewohnten Inselchen, die zum Nationalpark erklärt wurden. Die geschützte Unterwasserwelt zählt zu Thailands größten Naturwundern und ist eines der begehrtesten Reviere für Unterwasserfans, die jedoch einen zunehmenden Tauch-Tourismus befürchten.
Von Surat Thani am Golf von Thailand bis zur Westküste sind es rund zwei Stunden Autofahrt durch eine immergrüne, bewaldete Hügellandschaft, in der Kokosnußplantagen und Reisfelder reizvolle Farbakzente setzen. Die kurvenreiche Reise endet in der Provinz Krabi in der Bucht von Phang Nga – an den Mangrovensümpfen und zerrissenen Kalksteinufern der Andamanen-See. Von dem Ort Phang Nga erreicht man nach 85 Kilometern gen Süden die Provinzhauptstadt Krabi, der westlich die Ferieninsel Phuket gegenüberliegt. Rund 190 Straßenkilometer sind es dorthin; der Weg führt um eine sich halbkreisförmig nach Süden öffnende Bucht, in der 83 Inseln (acht sind spärlich bewohnt) aus türkisgrünem Wasser herausragen – eine bizarre Welt aus Kalksteinformationen, an deren Senkrechten und Spitzen Büsche und Bäume wuchern. Viele der Inselchen äh-

Mächtige Stalagmiten in der Viking-Höhle

Das ruhige Provinzstädtchen Krabi, Hauptstadt der gleichnamigen Provinz, ist Zentrum einer der großartigsten Landschaften in Thailand. In ihrem touristischen Mittelpunkt liegen die Phi-Phi-Inseln. Besucher übernachten in der Regel auf der größeren Ko Phi Phi Don, wohin von Phuket und Krabi aus regelmäßig Boote verkehren. Die Insel hat eine reizvolle Landschaft und schöne Strände, doch besonders sehenswert ist die benachbarte Ko Phi Phi Le.
Auf dieser Insel werden in Höhlen Nester für die bei Chinesen beliebte Vogelnestersuppe »geerntet«. Mit Hilfe von Seilen und Bambusstangen klettern Einheimische in schwindelerregende Höhe, um die Nester einzusammeln.

Im Hafen von Ko Phi Phi Don

Küstenlandschaft in der Umgebung von Krabi

Leben auf dem Wasser: Pfahlhäuser in Ko Pannyi

Kokospalmen sieht man überall in Südthailand

Ständiger Wasserfluß formte diesen Felsen

Hoch ragen Felsen aus Kalkstein aus dem Wasser und geben der Bucht von Phang Nga ein eigentümliches Gepräge. Langboote mit Außenbordmotoren fahren Touristen durch diese bizarre Felslandschaft.
Die Bucht von Phang Nga ist die Heimat einstiger See-Nomaden, »Menschen der See« genannt. Heute sind sie seßhaft und wohnen in kleinen Dörfern entlang der Küste, wie in Ko Pannyi.
Eine Moschee überragt die Häuser dieser Siedlung. Sie weist darauf hin, daß der Islam die dominierende Religion im Süden Thailands ist – wie auch im benachbarten Malaysia.

Moschee des Dorfes Ko Pannyi

Felskegel beherrschen die Bucht von Phang Nga

Landstraße an der Küste bei Krabi

neln Pilzen, die an der dünnsten Stelle knapp über der Wasseroberfläche abzubrechen drohen. Andere besitzen in kleinen Buchten feinsandige Strände, in denen nur selten ein Boot Badegäste absetzt.
Die Bucht von Phang Nga und die Inselarchipele bilden eine Welt, deren Tore sich vor rund einem Jahrzehnt langsam für den Tourismus zu öffnen begannen. Südlich von Krabi trifft man noch heute kaum auf Europäer, während Phuket seit Jahren einen Besucher-Boom mit steigender Tendenz zu verzeichnen hat. Ein »Insider-Treff« wie ehemals Ko Samui ist auch diese Insel längst nicht mehr, jedoch ein Ferienparadies par excellence, von dem man alle Ziele dieser zauberhaften, naturbelassenen, skurrilen und manchmal geheimnisvoll-fremdartigen Welt bequem in Tagesausflügen erreichen kann.

Buchten schmiegen sich zwischen steile Felsen

Phuket ist mit 550 Quadratkilometern die größte Insel im Königreich Thailand und besitzt den Status einer Provinz. Als »Perle des Südens« apostrophiert, hat sich das 50 Kilometer lange, bis zu 21 Kilometer breite und rund 45 000 Bewohner zählende Eiland zu einem touristischen Senkrechtstarter entwickelt. Umgeben von 39 Inseln und Inselchen und seit dem Einzug des Tourismus durch einen Damm mit dem Festland verbunden, hat »Thalang« (der ursprüngliche Name stammt aus dem Malayischen) Pattaya als dem alten Traumziel Sonnenhungriger und Wassersportbegeisterter inzwischen den Rang abgelaufen.
Die zehn weitläufigen Buchten von der Saresin-Brücke im Norden bis hinunter zum Phromphthep Kap lassen Urlaubern viel Platz. Endlos erscheinen die 16 Strände an der Westküste, die Szenerie ändert sich ständig. Im Süden brechen steile Felsen jäh ins Meer, zwischen die sich eine Vielzahl von Buchten schmiegt. Im Hintergrund ragt die Kulisse einer sattgrünen Hügellandschaft in den Himmel.
Auf Phuket erfüllen sich die Träume von Touristen, für die Wassersport und Strände das A und O der Urlaubswünsche darstellen. Die Voraussetzungen sind in jeder Hinsicht ideal: Klima, Wassertemperaturen, Reinheit des Wassers, eine nahezu heile Unterwasserwelt von atemberaubender Schönheit mit großem Artenreichtum an Fischen und Korallen, saubere Strände.

Wassertaxen verbinden Inseln mit dem Festland

Auf »Thalang« kann man sich jederzeit absetzen von den beliebtesten, aber nicht überfüllten Stränden, man kann sich zum Schnorcheln und Tauchen in die Welt der Inselchen und Korallenbänke flüchten, zum Hochseeangeln aufs offene Meer verschwinden und per Boot Ausflüge in das bizarre Reich der Felsengebilde unternehmen. Auf einigen Inseln gibt es sogar einfache Bungalows zu mieten, Wassertaxi inbegriffen. Eine Bootsfahrt in die Bucht von Phang Nga zählt mit Sicherheit zu den großartigsten optischen Eindrücken und schönsten Erinnerungen, die Thailand zu bieten hat.
Die Inseln Phi Phi Don und Phi Phi Le, 48 Kilometer östlich von Phuket gelegen, erreicht man auf der kürzesten Strecke nach 90 Minuten. Ko Phi Phi Don besteht aus zwei Teilen, die durch einen 100 Meter breiten und einen Kilometer langen, von Kokospalmen bewachsenen Sandstreifen miteinander verbunden sind. Die beiden Strände der Bucht zählen zu den zauberhaftesten des Landes. Ein kleines Fischerdorf, eine Bungalow-Siedlung und ein Fischrestaurant sind die einzigen Anzeichen

Lebendige Geschäftsstraße in Phuket

Erholung am Kata-Strand

Dach des chinesischen Jui Jui-Tempels in Phuket

Kautschuk wird zu Lappen verarbeitet

Phuket an der Andamanen-See hat sich in den eineinhalb Jahrzehnten zu einem der touristischen Zentren Thailands entwickelt. Der Reiz der Insel liegt in den vielen, in ihrem Charakter sehr unterschiedlichen Sandstränden.
Den Besuch lohnt allerdings auch die für thailändische Verhältnisse wohlhabende Phuket-Stadt mit ihrer interessanten Architektur, die teilweise portugiesische Einflüsse erkennen läßt.

Feiner Sand und klares Wasser: der Karon-Strand

Exotisches Gemüse aller Art auf dem Markt

moderner menschlicher Zivilisation, doch in einer Höhle finden sich Spuren der Ureinwohner: Wandmalereien, deren Herkunft und Bedeutung nicht geklärt ist, zumal auch eine Art Wikingerschiff abgebildet ist.

Für eine Suppe werden Schwalbennester geerntet

Von Phi Phi Don und der vier Kilometer entfernten und kleineren Phi Phi Le kommt übrigens eine besondere kulinarische Spezialität Thailands. Die Küstenlinien bestehen zum Teil aus steilen Klippen, in denen Schwalben nisten. Ihre Nester werden mit Hilfe von Leitern und Seilen in schwindelerregender Höhe abgebrochen und für eine Suppe zu enormen Summen an chinesische Gourmet-Restaurants verkauft.

Die Bucht von Phang Nga ist das Reich von einstigen See-Nomaden, deren Siedlungen verstreut im Archipel liegen. Man nennt diese Ureinwohner Mokens, »Menschen der See«. Eine ihrer Siedlungen liegt nur wenige Kilometer westlich von Phuket auf einer Halbinsel und ist bequem zu erreichen. Die Bewohner – Moslems – kamen vor rund 200 Jahren in dieses Gebiet. Ihr auf Stelzen gebautes Dorf auf Ko Panyi ragt weit ins Meer hinaus und wird von einer eng am Felsen gebauten Moschee überragt. Der Besuch lohnt sich wegen der einzigartigen Siedlungsform und Lebensweise, aber auch wegen der unglaublichen Auswahl an Souvenirs aus allem, was das Meer hergibt.

Auch das Inland von Phuket gilt es zu entdecken: landschaftliche Vielfalt auf engstem Raum mit steilen Bergpfaden durch Urwaldregionen mit zwei Nationalparks, Wasserfällen, chinesischen und buddhistischen Tempeln, Dörfern, in denen Männer und Frauen noch Sarongs, Wickeltücher, tragen, und als Kontrast das pulsierende Leben in Phuket-Stadt mit seinem Markt.

Durch eine Höhle geht es in die Mangrovensümpfe

Das Provinzstädtchen Krabi am gleichnamigen Fluß gegenüber der Bucht an der Westküste ist, ebenso wie der Ort Phang Nga, Ausgangspunkt für Bootsausflüge in die Inselwelt. Wer hier seine Ferien verbringt, zum Beispiel im romantischen Krabi Resort (luxuriöse Bambushütten mit Strohdach) direkt am feinen Sandstrand, sollte sich eine Bootstour durch die Mangrovensümpfe nicht entgehen lassen. Die Fahrt führt durch die Höhle von Tham Lawd – ein 50 Meter langer, stalagtitenbehangener Durchbruch durch einen Felsen, dessen Ende in die offene See mündet.

Zwischen Phang Nga und Krabi gibt es nur wenige empfehlenswerte Hotels, was allerdings nicht bedeutet, daß dieser Teil der Westküste weniger attraktiv ist. Die Mehrzahl der Gäste sind Teilnehmer von Rundreise-Touren mit einem Kurzaufenthalt.

Unweit von Krabi Resort beginnt das touristische Niemandsland. Nach Süden dehnen sich endlose, menschenleere Strände, die durch steile Felsen voneinander getrennt sind. Wer die Einsamkeit sucht, findet sie hier.

Die Region der Andamanen-See war anfangs ein Geheimtip des Jet-sets. Auf Phuket standen seine ersten Refugien, während Ko Samui von den Hippies erobert wurde. Erst durch einen James-Bond-Film wurden Reiseveranstalter auf diesen versteckten Teil der Welt aufmerksam: Eines der Inselchen wurde bei den Dreharbeiten gesprengt. Nach der Explosion blieb ein Fragment übrig, die »James-Bond-Insel«.

Anfahrt

Mit Ausnahme von Direktflügen nach Ko Samui und Phuket verlaufen alle Bahn-, Bus- und Flugverbindungen über Surat Thani. Die Stadt ist die Drehscheibe für die Anfahrt von Bangkok und aus Malaysia und die Weiterfahrt in die Feriengebiete.

Bus: Busse nach Süden fahren in Bangkok vom Southern Bus Terminal in Thonburi (Charan Sanitwongse Road). Nichtklimatisierte Busse verkehren zwar häufiger und sind billiger, aber wegen der rund 12stündigen Fahrtzeit für etwa 650 Kilometer ist davon abzuraten. Die klimatisierten Busse sind sehr komfortabel (teilweise mit Fernseher) und fahren kurz nach 20 Uhr. Mit häufigen Stopps (Polizeikontrollen) ist zu rechnen.

Direktverbindung nach Phuket: täglich neun Abfahrten zwischen 8 und 20.30 Uhr mit klimatisierten Bussen (bis 17 Stunden Fahrtzeit). Täglich sieben Abfahrten mit nichtklimatisierten Bussen zwischen 7.30 Uhr und 20.30 Uhr.

Von Surat Thani nach Phuket verkehren lokale Busse, Fahrtdauer sechs bis sieben Stunden.

Bahn: Abfahrt vom Hua Lampong-Hauptbahnhof auf der Rama IV. Road in Bangkok. Ausschließlich Nachtfahrten, Sitzplätze und Zwei-Klassen-Schlafwagen. Abfahrt 17.30 Uhr und 18.30 Uhr, Fahrtzeit etwa zwölfeinhalb Stunden. Der Schnellzug Nr. 41 um 18.30 Uhr bietet Anschluß an Bustransfer nach Phuket. Die Fahrkarte für die Gesamtstrecke kann bereits in Bangkok erworben werden. Die Fahrgäste werden an den Hotels abgesetzt (Stand: Herbst 1990).

Flug: Von Bangkok nach Surat Thani täglich, Flugzeit eine Stunde; Surat Thani/Phuket/Surat Thani täglich, Flugzeit 20 Minuten; Direktflug Bangkok/Phuket, täglich, Flugzeit eine Stunde, zehn Minuten; Direktflug Bangkok/Ko Samui täglich, Flugzeit eine Stunde zehn Minuten. Ko Samui/Phuket/Ko Samui, täglich, Flugzeit eine Stunde, zwanzig Minuten (Bangkok Airways).

Fähre: Von Bangkok nach Ko Samui zweimal wöchentlich, Fahrtdauer etwa 14 Stunden.

Für die Überfahrt nach Ko Samui gibt es zwei Möglichkeiten: Zu den Expreßbooten von Ban Don verkehren Transferbusse ab Surat Thani (15 Minuten, im Fahrpreis für das Boot inbegriffen). Täglich drei Überfahrten um 7.30, 12.30 und 14.30 Uhr (Fahrtzeit zwei Stunden). Das »Bummelboot« verläßt Ban Don um 23 Uhr, Ankunft gegen 4 Uhr. Die Fähren von Don Sak (eine Stunde von Surat Thani) verlassen die Pier um 9 und 16 Uhr (Überfahrt eine Stunde, 15 Minuten). Fahrkarten bei Songserm Travel am Hafen in Surat Thani.

REISE-INFO
KO SAMUI, PHUKET

Ko Samui

Bei Ankunft mit dem »Bummelboot« an der Pier des Hauptortes Na Thon um 4 Uhr morgens sollte man in einem der Restaurants bei Sonnenaufgang frühstücken; der schönste Willkommensgruß, den die Insel zu bieten hat. Dann miete man sich ein Moped, um auf Zimmersuche zu fahren.

Unterkunft: Rund 75 Bungalow-Hotels (bis zur Luxus-Klasse) und einfache Bungalow-Anlagen (teilweise sehr primitiv) sowie einzelne Privatquartiere bieten eine reichhaltige Auswahl. Die Preise unterscheiden sich um mehr als das Zehnfache! Zu empfehlen: White House, Imperial Samui Hotel, Joy Resort, The Village, Chaweng Cabana (alle am Chaweng Beach), Tropicana Beach Resort (Chaweng Noi Beach), Sand Sea Resort und Aloha Resort (Lamai Beach), Samui Palm Beach (Bophut Bay) sowie das Coral Bay Resort (Yai Noi Bay) zählen zu den führenden Anlagen. Chaweng Resort, Matlang Resort, Samui Country Resort, Samui Cabana (alle Chaweng Beach), Casanova Resort, Golden Sand Bungalows und Pavilion Rest (Lamai Beach) sowie das Lotus Resort (Chaweng Noi Beach) sind empfehlenswerte Unterkünfte der mittleren Preislage.

Steil ragt Ko Bodha aus dem klaren Meer

Sehenswürdigkeiten: Abgesehen vom Big Buddha des Hin Ngu-Tempels an der Nordspitze gibt es noch eine sehenswerte Pagode im Örtchen Silangu am Südzipfel. Exkursionen ins Inland sind abwechslungsreich: Beliebt, aber anstrengend sind Trekking-Touren durch Gummibaum-Plantagen und dichten Dschungel hinauf in den Samui Highland Park. Der Anstieg dauert etwa zwei Stunden. Zwei Kilometer von Na Thon findet man den Hin Lad-Wasserfall, aber schöner ist in der Nähe der 30 Meter hohe Na Mueng-Wasserfall, unter dessen Kaskaden man herrlich baden kann.

Ausgehen: Vornehme Spezialitätenrestaurants gibt es nicht. Wer das reichhaltige Angebot an Fischen und Meerestieren in gepflegter Atmosphäre genießen möchte, besucht eines der führenden Hotels. Das Essen in den einfachen Strandrestaurants bietet teilweise sehr gute, typisch einheimische Küche. Hier trifft man sich auch zum Frühstück. Warnung: Lassen Sie sich in »Hippie-Treffs« nicht zu einem »Magic Mushroom Omelette« animieren! Das Rauschgift kann Hallizunationen hervorrufen, Kopfschmerzen und Magenbeschwerden verursachen.

Veranstaltungen: In den kleinen Dörfern finden Hahnen-, in den Kokosnußplantagen Büffelkämpfe statt (meist anläßlich von Feiertagen). Man sollte sich die Chance nicht entgehen lassen und sich danach erkundigen. In Na Thon eine Arena für Thaiboxen.

Ausflüge: Ko Pha-Ngan ist ein Paradies für Schnorchler. Abfahrt vom Pier in Na Thon täglich um 10 und 15 Uhr, Fahrzeit 40 Minuten. In Thong Sala kann man sich Mopeds leihen, um zu den besten Stränden (Haad Son, Haad Yow und Haad Salud) zu fahren. Montags, mittwochs und freitags kann man von der Bophut-Bucht nach Ko Toa (via Ko Pha-Ngan) übersetzen (Abfahrt 9.30 Uhr, Fahrtzeit vier Stunden). Zum Ang Thong-Archipel (Marine-Nationalpark) verkehren täglich Charterboote (Abfahrt 8 Uhr, Rückkehr 17 Uhr). Die Abfahrtzeiten sind von den Wetterbedingungen abhängig (Stand Herbst 1990).

Sport: Viele Arten von Wassersport, vor allem Tauchen und Schnorcheln. Tauchbasen verleihen das notwendige Gerät.

Phuket

Beliebte Ferieninsel an der thailändischen Westküste. Das gut 800 Quadratkilometer große Eiland läßt sich am besten mit einem gemieteten Moped oder Motorrad erkunden.
Unterkunft: Die Anzahl von Unterkünften (etwa 140) entspricht der Beliebtheit der Insel. Allein am Patong Beach gibt es über 30 Hotels. Die Bucht ist das touristische Zentrum. Dort zu empfehlen: Coral Beach Hotel, Club Andaman, Patong Bay Garden Resort, Phuket Cabana, Tropica Bungalows, Baan Sukhothai, Coconut Villas, Holiday Inn Phuket, Royal Paradise. Karon Beach: Shangri La, Karon Inn, Karon Villa/Karon Royal Wing, Le Meridien Phuket. Bang Tao Beach: Duisit Laguna. Kata Beach: Club Med Phuket, Boathouse Inn, Kata Plaza, Kata Thani. Rawai Beach: Rawai Resort Hotel. Pansea Beach: Amanpuri Resort (exklusivste Anlage von Phuket). Preiswerte Unterkünfte bietet **Phuket-Stadt:** Rasda Hotel, Sin Tawee, Laem Thong, Kho Sawan.
Sehenswürdigkeiten: Phuket-Stadt ist wenig reizvoll, abgesehen von den Märkten, einigen chinesischen Tempeln und Häuserfassaden im sino-portugiesischen Stil (etwa 100 Jahre alt). Touristische Ziele sind: Aquarium/Krokodilfarm (Phuket-Stadt, 2000 Krokodile, 8.30 bis 17 Uhr); Aquarium in Ao Nakham (Chalong Bay); The Thai Village (11 bis 16 Uhr, klassische Tänze, Folklore, Restaurant mit typischer südthailändischer Küche, Souvenirs, Kunsthandwerk); Native Handicraft Center (drei Kilometer in Richtung Flughafen) und Cheewa Handicraft Center (fünf Kilometer in Richtung Flughafen). Im Thalang Distrikt sind das Heroines Monumet (zu Ehren zweier Heldinnen während der burmesischen Invasion von 1785), der Phra Thong-Tempel sowie der Bang Pae- und Tone Sai-Wasserfall sehenswert.
Ausgehen: Phuket ist ein Schlemmerparadies für all jene, die Frisches aus dem Meer lieben. Hier hat man die Gelegenheit, typische Thai-Gerichte mit der dem Süden eigenen Pikanterie, chinesische Kochkunst und malayisch/moslemische Spezialitäten zu genießen. Viele Hotel-Restaurants haben hervorragende Küchen. Doch auch die einfachen Restaurants an den Stränden

Lärmender Spaß: Wasserschlitten vor Phuket

bieten Vorzügliches, und wer es nicht lassen kann, bekommt auch Sauerkraut.
Transport: Gute Busverbindungen von Phuket-Stadt zu den Stränden. Überall gibt es Sammeltaxen; zahlreiche Auto- und Moped-Verleihfirmen.
Sport: Sämtliche Wassersportmöglichkeiten; Yacht-Charter und Hochseeangeln sowie Golf.
Ausflüge: Am unkompliziertesten in den Hotels zu buchen; bei Tagestouren meist inkl. Mittagessen. **Phang Nga:** Bustransfer und Bootsreise mit Besuch einer Siedlung ehemaliger See-Nomaden (Tagestour); **Phi Phi-Inseln:** einein-halb-stündige Anfahrt, Höhlen, Schnorcheln, Badegelegenheit (Tagestour); **Coral Island:** Reizvoll für Wassersportler und Taucher (Tagestour); **Perlenfarmen:** Auf verschiedenen Inseln (Halbtagstouren führen dorthin). Im Nai Yang-Nationalpark legen Schildkröten zwischen Oktober und Februar Eier ab. Es bestehen zahlreiche Chartermöglichkeiten zu entfernten Inselgruppen, wie z. B. zu den Similian Islands.

Krabi

Touristischer Mittelpunkt ist Phra Nang Beach. Der Ort ist ein gemütliches Provinzstädtchen ohne nennenswerte Sehenswürdigkeiten. Die Region bietet vor allen Dingen Ruhe.
Unterkunft: Zu empfehlen: Krabi Resort, Phi Phi Island Resort, Phra Ngan Inn, Phra Ngan Place, Ton-Sai Village.
Ausflüge: Bootstouren durch die Mangrovensümpfe und zu den direkt vorgelagerten kleinen Badeinseln (z. T. mit Übernachtungsmöglichkeiten in einfachen Hütten); Susan Hoi Shell Cemetery bei dem Dorf Ban Laem Pho. Der »Muschelfriedhof« ist eine jahrmillionenalte Ufergesteinsformation; alle Tagestouren zu Inseln in der Andamanen-See, die auch von Phuket zu erreichen sind.
Souvenirs: Schmuck aus Perlen, Muscheln. Korallen sowie kunsthandwerkliche Gegenstände, die häufig jedoch nicht unbedingt typisch für diese Provinzen sind.

Umstanden von Bäumen liegt das Hotel Le Meridien direkt am Strand

THAILAND
98°
20°
18°
16°
14°
nördliche Breite
BURMA
ANDAMANEN-
SEE
Mae Sai
100
Sop Ruak
Chiang Saen
Doi Tung
Tha Ton
Menam Kok
Fang
Chiang Rai
Mekong
Mae Suai
Chiang Dao
Chiang Dao Höhlen
Pai
Mae Hong Son
Wiang Pa Pao
Chiang Kham
Thung Chang
Menam Nan
Ban Pua
Pong
Phayao
Chiang Muan
Ban Luang
Doi Saket
CHIANG MAI
Hang Dong
Tham Pha Thai-Höhlen
Ngao
Menam Yom
Nan
Menam Wa
Doi Inthanon
Lamphun
Elephanten-Trainingslager
Pang La
Mae Klang-Wasserfall
Chom Thong
Mae La Noi
Menam Salawin
Lampang
Na Noi
Hot
Phrae
Mae Sariang
Menam Ping
Fak Tha
Sirikit Reservoir
Nam Pat
Uttaradit
Menam Nan
Thoen
Si Satchanalai
Thung Saliam
Sawankhalok
Chat Trakan
Phu Rua
Tanen
Taunggyi
Katam
Menam Wang
Bhumiphol Reservoir
Nakhon Thai
Thaton
Mae Ramat
Tak
Ban Dan Lan Hoi
Sukhothai
Lom Kao
Lom Sak
Phitsanulok
Nam Na
Mae Sot
Lan Krabu
Kamphaeng Phet
Noen Maprang
Moulmein
Phop Phra
Phichit
Phetchabun
Menam Ping
Chon Daen
Menam Pa Sak
Khlong Lan
Khlong Khlung
Taphan Hin
Umphang
Chumsaeng
Lat Yao
Nakhon Sawan
Wichian Buri
Nam Chon Reservoir
Krok Phra
Lan Sak
Bamnet Naro
Uthai Thani
Ye
Drei-Pagoden-Paß
Chai Nat
Chai Badan
Sangkha Buri
Khao Laem Reservoir
Ban Rai
Menam Chao Phraya
Dan Chang
Sing Buri
Lopburi
Thong Pha Phum
Bang Rachan
Srinagarind Reservoir
Lao Khwan
Ang Thong
Don Chedi
Khao Yai-Nationalpark
Tham Than Lod-Nationalpark
Pa Mok
Suphan Buri
Saraburi
Erawan-Wasserfall
Erawan-Nationalpark
Pra Nakhon Si Ayutthaya
Sai Yok-Wasserfall
Bo Phloi
U Thong
Nong Khae
Nam Tok
Bang Pa-In
Tha Manao
Nakhon Nayok
Tavoy
Brücke am Kwai
Song Phi Nong
Menam Kwai Yai
Kanchanaburi
Thanya Buri
Menam Tha Chin
Pathum Thani
Menam Kwai Noi
Nakhon Pathom
Nonthaburi
Don Muang International Airport
Prachin Buri
Ban Pong
Rose Garden
Phra Pathom Chedi
Thonburi
BANGKOK
Damnoen Saduak
Samut Prakan
Krokodilfarm
Chachoengsao

102°
106° östliche Länge von Greenwich
104°
1000 km
PAKISTAN
NEPAL
BHUTAN
V.R. CHINA
BANGLADESH
INDIEN
BURMA
LAOS
TAIWAN
Hongkong (BRIT.)
PAZIFISCHER OZEAN
Arabisches Meer
Golf von Bengalen
Südchinesisches Meer
VIETNAM
THAILAND
Bangkok
KAMPUCHEA
PHILIPPINEN
SRI LANKA
BRUNEI
M A L A Y S I A
INDISCHER OZEAN
MALEDIVEN
SINGAPUR
Äquator
I N D O N E S I E N
Luang Prabang
LAOS
SÜDCHINESISCHES MEER
Vinh
VIENTIANE
Pak Khat
Bung Kan
Sophisai
Ban Phaeng
VIETNAM
Nong Khai
Nam Som
Ban Phu
Nam Luang
Ban Dung
Wanon Niwat
Ban Chiang
Na Duang
Na Klang
Udon Thani
Phanna Nikhom
Nakhon Phanom
Thakhek
Mekong
Dong Hoi
Nong Han
Song Dao
Sakhon Nakhon
Saphung
Luang
Nong Bua Lam Phu
Nong Wua So
Kumphawapi
Kut Bak
Tao Ngoi
Ban Si Bun Ruang
Non Sang
Si That
Non Sa-at
Wang Sam Mo
Na Kae
Phu Kradung
K h o r a t
Kranuan
Huai Mek
Lam Pao Reservoir
Ubon Rat Reservoir
Khuchinarai
Mukdahan
Savannakhet
KHON KAEN
Kalasin
Phu Khieo
Lam Chi
Menam Chi
Phon Thong
Kosum Phisai
Mancha Khiri
Kaeng Khro
Maha Sarakham
Roi Et
Kut Chun
Borabu
Khon Sawan
Amnat Charoen
Khemmarat
Chaiyaphum
Yasothon
Nong Song Hong
P l a t e a u
Trakan Phut Phon
Phayakhapum Phisai
Suwannaphum
Lam Se Bai
Bua Yai
Prathai
UBON RATCHATHANI
Thalat Khae
Phimai
Chum Phuang
Menam Mun
Non Thai
Tha Tum
Uthumphon Phisai
Si Sa Ket
Warin Chamrap
Pakse
NAKHON RATCHASIMA (KORAT)
Lam Plaimat
Buri Ram
Sikhoraphum
Shirinthorn Reservoir
Sung Noen
Dan Kwian
Surin
Det Udom
Prang Ku
Pak Thong Chai
Prakhon Chai
Prasa
Kantharalak
Khon Buri
Nang Rong
Prasad Phanom Rung
Soeng Sang
Prasad Muang Tham
Phanom Dang Raek
Ta Phraya
KAMPUCHEA
Sa Kaeo
Aranyaprathet
Watthana Nakhon

ANDAMANEN-
SEE
14°
nördliche Breite
Tavoy
Mali Kyun
(Tavoy I.)
Kadan Kyun
(King I.)
Mergui
Mergui
Archipel
Kanmaw
Kyun
(Kisseraing I.)
Letsok-aw
Kyun
(Domel I.)
Clara Island
Lanbi
Kyun
(Sullivan I.)
12°
BURMA
Bilauk
Taung
Range
Isthmus
von Kra
Zadetkyi Kyun
(St. Matthew's I.)
10°
Ko Surin
Nua
Ko Tasai
Similan
Islands
8°
98°
Ko Phuket
Phuket
Thalang
Saresin-Brücke
Thai Muang
Phang Nga
Kapong
Takua Pa
Khura Buri
Kapoe
Ranong
Krabi
Susan Hoi
Shell Cemetery
Ao Luk
Khao
Phanom
Thung Yai
Thung Song
Plai Phaya
Phrasaeng
Chawang
Nakhon
Si Thamarat
Ban Ta
Khun
Khian
Sa
Ban Na San
Surat Thani
Chieo Lan
Reservoir
Mo Thai
Chaiva
Tha Chang
Tha Chana
Lang Suan
Thung Tako
Chumphon
Tha Sae
Ban Thung Maha
Bang Saphan
Thap Sakae
Prachuap
Khiri Khan
Kui Buri
Khao Sam Roi
Yot-Nationalpark
Pranburi
Hua Hin
Cha-am
Tha Yang
Phetchaburi
Samut
Songkhram
Menam
Mae Klong
Ratchaburi
Damnoen
Saduak
Samut
Sakhon
Samut
Prakan
Krokodilfarm
Ancient City
Thonburi
BANGKOK
Chachoengsao
Nakhon
Pathom
Phra Pathom Chedi
Ban Pong
Rose Garden
Nonthaburi
Don Muang
International Airport
Pathum Thani
Thanya Buri
Menam Tha Chin
Kanchanaburi
Song Phi
Nong
U Thong
Suphan Buri
Pa Mok
Pra Nakhon
Si Ayutthaya
Bang Pa-In
Saraburi
Nong Khae
Nakhon Nayok
Prachin
Buri
Tham Than Lod-
Nationalpark
Erawan-
Wasserfall
Erawan-Nationalpark
Sai Yok-Wasserfall
Nam Tok
Bo Phloi
Tha Manao
Brücke am Kwai
Menam Kwai Yai
Menam Kwai Noi
Phanat Nikhom
Chon Buri
Bang Bung
Si Racha
Golf von Bangkok
Ko
Lan
Pattaya
Pluak Daeng
Ban Khai
Klaeng
Rayong
Sattahip
Samaesan
Ko Samet
GOLF VON
THAILAND
Ko Toa
Thong Sala
Ko Pha-Ngan
Ang Thong-
Archipel
Ko Phaluai
Na Thon
Ko Samui
Don Sak
Khanom
100°

KAMPUCHEA
MALAYSIA
Soeng Sang
Prasad Muang Tham
Phanom Dang Raek
Ta Phraya
Sa Kaeo
Watthana Nakhon
Aranyaprathet
Tonle Sap
Chantaburi
Trat
Ko Chang
104° östliche Länge von Greenwich
106°
über 1 Mio. Einwohner
100 000–1 Mio. Einwohner
50 000–100 000 Einwohner
25 000–50 000 Einwohner
10 000–25 000 Einwohner
unter 10 000 Einwohner
Phrae Provinzhauptstadt
Nationalstraße
Provinzstraße
Eisenbahn
Wald
50 km
Thong Sala
Ko Pha-Ngan
Ang Thong-Archipel
Ko Phaluai
Na Thon
Ko Samui
Tha Chana
Kapoe
Chaiva
Mo Thai
Tha Chang
Don Sak
Khanom
Khura Buri
Cheo Lan Reservoir
Surat Thani
Takua Pa
Ban Ta Khun
Khian Sa
Ban Na San
Kapong
Plai Phaya
Phrasaeng
Nakhon Si Thamarat
Phang Nga
Chawang
Thai Muang
Ao Luk
Khao Phanom
Thung Yai
Saresin-Brücke
Krabi
Thung Song
Susan Hoi Shell Cemetery
Thalang
Ko Phuket
Phuket
Ko Phi Phi Don
Ko Racha Yai
Ko Phi Phi Le
Ko Lanta
Phatthalung
Kantang
Trang
Ko Li Bong
Songkhla
Hat Yai
Pattani
Ko Tarutao
Satun
Sadao
Ko Rawi
Ko Adang
Yala
Narathiwat
Langkawi
Sungai Ko-lok
8°
6°
102°
100°
103°

Allgemeine Reise-Informationen

Thailand ist mit 514 000 Quadratkilometern etwa doppelt so groß wie die Bundesrepublik Deutschland. Das Königreich liegt zwischen dem 6. und 21. nördlichen Breitengrad, erstreckt sich über mehr als 2000 Kilometer von Norden nach Süden und in einer Breite von über 800 Kilometer von Westen nach Osten. Die Küstenlinie ist 2575 Kilometer lang. Im Norden grenzt Thailand an Laos, im Osten an Kampuchea, im Süden an Malaysia und im Westen an Burma.

Die reizvolle landschaftliche Vielfalt ergibt sich aus vier deutlich unterschiedlichen Regionen. Im Norden sind die Ausläufer des Himalaja-Massivs mit bis über 2000 Meter hohen Bergketten mit tropischem Regenwald bedeckt. Im Nordosten breitet sich in einer Durchschnittshöhe von 200 Meter das trockene, vegetationsarme Hochland von Korat aus. Im schmalen Landstreifen der malayischen Halbinsel im Süden erreichen die Berge noch eine Höhe von 1500 Meter. Hier herrschen üppige tropische Vegetation und dichter Urwald vor. Eine Fahrt durch den Süden wird aber auch begleitet von ausgedehnten Reisfeldern und Kokosnußplantagen. Die zentrale Region dagegen wird durch den Menam Chao Phraya und das Einzugsgebiet seiner Nebenflüsse mit einer 20 000 Quadratkilometer großen Schwemmlandebene geprägt.

Seit dem letzten Zensus (1979) ist die Bevölkerungszahl von 45 Millionen auf rund 55 Millionen angestiegen, von denen über 70 Prozent in ländlichen Gebieten leben (vor zehn Jahren waren es noch rund 80 Prozent). Thailand gehört zu den 20 am dichtesten bevölkerten Ländern der Erde, ein Umstand, der nicht zuletzt den dichtbesiedelten Großstädten zu verdanken ist.

Über die ethnische Zusammensetzung gibt es keine verbindlichen Zahlen. Man spricht von 80 Prozent »reinen Thais« und etwa zehn Prozent Chinesen. Der Rest setzt sich aus Minderheiten wie Indern, Malayen und verschiedenen Bergvölkern zusammen. Zusätzlich leben rund 270 000 Flüchtlinge aus Kampuchea in den nördlichen Grenzbezirken.

Adressen

Information: Thailändisches Fremdenverkehrsbüro (Tourism Authority of Thailand, T.A.T.), Bethmannstraße 58, 6000 Frankfurt/M. 1, Telefon 069/ 29 57 04 (zuständig für Deutschland, Österreich und die Schweiz).

Diplomatische Vertretungen: Botschaft: Ubierstr. 65, 5300 Bonn 2/Bad Godesberg, Tel. 02 28/35 50 65. Konsulate: Am Feenteich 14, 2000 Hamburg 20, Tel. 040/2 20 63 56; Meglingerstr. 19, 8000 München 71, Tel. 089/78 19 97; Podbielskiallee 1, 1000 Berlin 33, Tel. 030/8 31 27 15; Königsallee 27, 4000 Düsseldorf, Tel. 02 11/ 8 38 22 47; Roßmarkt 14, 6000 Frankfurt 1, Tel. 069/2 01 10.

Information in Thailand: Die Tourism Authority of Thailand (T.A.T.) unterhält in den touristischen Zentren Informationsbüros, in denen auch in englischer Sprache Auskunft gegeben wird: Hauptbüro **Bangkok:** Ratchadamnoen Nok Road, Tel. 2 82-11 43-47; **Chiang Mai:** 135 Praisani Road, Tel. 2 35 34; **Kanchanaburi:** Saengshuto Road, Tel. 51 12 00; **Nakhon Ratchasima (Korat):** 53/1-4 Mukmontri Road, Tel. 24 34 27, 24 37 51; **Pattaya:** Chaihat Road, Tel. 41 87-50 und 41 91 13; **Hat Yai/Songkla:** 1/1 Soi 2 Niphat Uthit 3 Road (in Songkla), Tel. 1 24 37 47 u. 24 59 86; **Phuket:** 73-75 Phuket Road, Tel. 2 12 21 22 13; **Phitsanulok:** 209/7-8 Boromtriloknart Road, Tel. 25 27 42-3.

Touristenpolizei: Sie dient dem Schutz der Touristen und besitzt die gleichen polizeilichen Vollmachten wie andere Einheiten. Die Beamten sprechen Englisch, und die Büros sind meistens denen der Tourism Authority angeschlossen. In Bangkok ist diese Dienststelle täglich von 8 bis 24 Uhr geöffnet (Tel. 2 81 03 72).

Die Rufnummern in anderen Städten: Pattaya (Tel. 41 93 91), Chiang Mai (Tel. 22 29 77), Phuket (Tel. 21 22 13), Hat Yai/Songkla (Tel. 24 67 33), Ko Samui (Tel. 28 28 28), Kanchanaburi (Tel. 51 12 00).

Diplomatische Vertretungen: Botschaft der BRD in Bangkok: 9 South Sathorn Tai Road, Tel. 213-23 31 bis 23 36. Öffnungszeiten Montag bis Freitag von 8 bis 12 Uhr.

Anreise

Bangkok ist neben Singapur die wichtigste Drehscheibe für den internationalen Flugverkehr im südost-asiatischen Raum und wird von rund 60 Fluggesell-

Hübsche Arrangements zeigen die breite Palette von Früchten in Thailand

schaften angeflogen. Von den meisten europäischen Hauptstädten bestehen Direktverbindungen. Ab Frankfurt gibt es täglich Direktflüge (non-stop oder mit einer Zwischenlandung) mit Lufthansa (LH), Thai Airways International (TG), Garuda Indonesian Airways (GA), Philippine Airlines (PR), Singapore Airlines (SQ) und Quantas Airways (QF). Einige Gesellschaften fliegen mehrmals wöchentlich. Charterflüge bieten LTU (nach Phuket) und Condor an. Insgesamt wird Bangkok von Deutschland aus wöchentlich rund zwanzigmal angeflogen.
Mit LOT Polish Airlines (LO), Aero-Flot (SU), Interflug (IF) und Tarom Romanian Airtransport (RO) kann man preisgünstig auch ab Berlin-Schönefeld fliegen. Flüge mit Zwischenübernachtung im jeweiligen Herkunftsland der Gesellschaft sind auch mit Pakistan International Airlines (PK), Royal Jordanian Airline (RJ) und Egypt Air (MS) möglich.

An der Grenze

Die Visabeschaffung erfolgt über die jeweiligen diplomatischen Vertretungen. Alle nach Thailand einreisenden Ausländer, die im Besitz eines gültigen Reisepasses sind, können sich bis maximal 15 Tage ohne Visum im Land aufhalten. Liegt keine bestätigte Ausreisebuchung (Ticket mit Ausreisedatum) vor, wird die Frist von 15 Tagen überschritten oder erfolgt die Ausreise auf dem Landweg, muß zuvor ein Visum beantragt werden: entweder ein Transitvisum (30 Tage gültig) oder ein Touristenvisum (60 Tage gültig).
Die Visa sind für jeweils eine Einreise gültig. Werden mehrere Einreisen benötigt, muß beim Beantragen gesondert darauf hingewiesen werden.
Der Verlust des Passes muß auf einem Polizeirevier gemeldet werden; der nächste Gang ist zur Botschaft, die einen »Reiseausweis als Paßersatz« ausstellt. Eine Ausreiseerlaubnis erhält man anschließend beim Immigration Office, Soi Suanphlu, Sathon Thai Road, Tel. 2 86 91 76, 2 86 92 30 und 2 86 90 65. Hier kann auch eine (begründete) Verlängerung des Visas beantragt werden. Mit empfindlichen Strafen muß rechnen, wer ohne gültiges Visum erwischt wird.
Mehr als 500 Baht (bei Familienpaß 1000 Baht) dürfen nicht ein- oder ausgeführt werden. Bei der Einreise müssen pro Person Devisen in beliebiger Form im Gegenwert von 5000 Baht (15 Tage Aufenthalt) bzw. 10 000 Baht (60 Tage Aufenthalt) zur Verfügung stehen. Bei Reisenden mit Familienpaß erhöht sich die Summe jeweils um das Doppelte. Eingeführte Devisen ab einer Höhe von 500 US-Dollar müssen deklariert werden. Die Ausfuhr von Schmuck im Wert von mehr als 10 000 Baht muß beim Zoll angegeben werden.
Zollfrei eingeführt werden können Dinge zum persönlichen Gebrauch: 200 Zigaretten, Zigarren und/oder bis zu 250 Gramm Tabak sowie ein Liter Wein oder Spirituosen.
Pro Person können eine Filmkamera (drei Rollen Filme) und/oder ein Fotoapparat (fünf Filme) mitgenommen werden. Weitere Film-/Fotokameras müssen deklariert werden; zusätzliches unbelichtetes Filmmaterial wird mit einer Zollgebühr von 40 Prozent des Gesamtwertes (Preise in Thailand) belegt.
Achtung: Die Ausfuhr von Antiquitäten und Kunstgegenständen unterliegt besonders strengen Bestimmungen. Verstöße werden unnachsichtig bestraft. Buddhafiguren sowie Statuen anderer Gottheiten sowie Teile derselben dürfen mit Ausnahme von Amuletten nur mit Genehmigung des Fine Arts Department und des Handelsministeriums in Bangkok ausgeführt werden. Selbst bei der Ausfuhr eines Souvenir-Buddhas geht man ein Risiko ein, denn nicht jeder Zöllner kann (oder will) ihn von einem echten unterscheiden.

Rambutan sind Früchte in Pflaumengröße mit weißem Fruchtfleisch

Elektrizität

Thailand hat 220 Volt Wechselstrom (mit ganz wenigen Ausnahmen in der Provinz). Für Rasierer und Haartrockner sind rechteckige Adapter-Flachstecker notwendig.

Feiertage und Feste

Neujahr wird wie bei uns gefeiert, in Chiang Mai mit einem Korso. **Makha Bucha** ist ein nationaler Feiertag und der erste wichtige im buddhistischen Jahr. Er fällt auf den Vollmondtag der dritten Mondperiode, gewöhnlich Anfang Februar. Ebenfalls im Februar findet in Chiang Mai das **Blumen-Festival** statt.
Am 6. April ist **Chakri-Tag** zu Ehren des Begründers der Chakri-Dynastie. Der gegenwärtige Monarch, Bhumibol Adulyadej, ist der neunte König dieser Dynastie. **Songkran,** das buddhistische Neujahrsfest, wird vom 13. bis 15. April besonders intensiv in Chiang Mai gefeiert. Dazu gehört nach alter Sitte das gegenseitige Besprühen mit Wasser, das dort in regelrechte Wasserschlachten ausartet.
Die **Zeremonie des ersten Pflügens** wird Ende April/Anfang Mai in Bangkok mit der symbolischen Aussaat von Reiskörnern durch den König zelebriert.
Wisaka Bucha ist der höchste buddhistische Feiertag, der Buddhas Geburt, Erleuchtung und Tod gewidmet ist. Entsprechend dem Mondkalender mit

Papayas sind inzwischen auch in Europa bekannt

wechselndem Datum Ende Mai. Das **Skyrocket-Festival** findet in den Dörfern des Nordens vor Beginn der Regenzeit im Mai statt.
Am **Ashana-Bucha-Tag** (Ende Juli) gedenken die Gläubigen bei einer Kerzenprozession der ersten Predigt Buddhas. **Khao Pansa** ist der Beginn der Fastenzeit für Mönche (meist Ende Juli).
Der 12. August ist der **Geburtstag der Königin Sirikit.** Die Nation überschlägt sich mit Glückwünschen.
Am **Ork Pansa** Ende Oktober endet die Fastenzeit der Mönche. An diesem Tag gilt die Regenzeit als beendet. Der **Chulalongkorn-Tag** am 23. Oktober ist der Todestag König Ramas V. Der »Vater der Thai-Geschichte« wird geehrt.
Das **Loy Krathong-Fest** im November ist eines der schönsten. Man setzt brennende Kerzen auf Blätter oder kleine Schiffchen und läßt sie millionenfach auf allen Gewässern schwimmen. Am dritten Wochenende im November ist Surin Schauplatz des **Elefanten-Round-Up,** eine der größten touristischen Attraktionen.
Der 5. Dezember ist der **Geburtstag des Königs.**

Geld

Die thailändische Währung heißt Baht. Ein Baht ist in 100 Satang unterteilt. Es gibt Münzen zu 1 und 5 Baht sowie zu 5, 10, 25 und 50 Satang und Banknoten zu 10 (braun), 20 (grün), 100 (rot) und 500 (violett) Baht. Wert: 100 Baht entsprechen 7,80 DM, eine DM entsprechend etwa 13 Baht (Stand 1990).

US-Dollar, Schweizer Franken und D-Mark können in den zahlreichen Wechselstuben problemlos zum Tageskurs eingetauscht werden. In den Touristenzentren Bangkoks sind diese noch bis in die späten Abendstunden geöffnet. In den großen Hotels besteht ein 24-Stunden-Service, allerdings mit einer höheren Provision.
Euroschecks aller deutschen Banken wechselt die Thai Farmers Bank in Bangkok. Drei ihrer Zweigstellen haben bis 20 Uhr geöffnet: 142 Silom Road, Sukhumvit Road bei der Soi 5 und auf der Surawong Road 55. Andere Banken in Bangkok und Pattaya akzeptieren Euroschecks in Einzelfällen ebenfalls. Banken haben werktags von 8.30 bis 15.30 Uhr geöffnet.
Kreditkarten von Visa, Diner's Club, Carte Blanche, American Express und Master Charge (Eurocard) werden in großen Hotels und führenden Geschäften akzeptiert. Am sichersten ist das Reisen mit Reiseschecks. Tragen Sie keine größeren Mengen Geld bei sich.

Geschäftszeiten

Feste Öffnungszeiten gibt es nicht. Die großen Kaufhäuser sind in der Regel von 10 bis 19 Uhr geöffnet. Kleinere Geschäfte öffnen sehr viel früher und schließen spät abends, besonders in Bangkoks Chinatown. Märkte stellen ihren Verkauf gegen 19 Uhr ein. Die Shopping Center in und in der Nähe von größeren Hotels schließen selten vor 20 Uhr. Bei Straßenhändlern in Bangkoks Hotelvierteln kann man eine Rolex-Imitation noch nach Mitternacht kaufen.
Auch in Chiang Mai und Pattaya herrscht bis gegen Mitternacht emsiges Verkaufsklima. Bürostunden sollte man nicht zu ernst nehmen. Allgemein liegen sie zwischen 8.30 und 17 Uhr. Es ist jedoch sinnlos, vor 9 Uhr oder zwischen 12 und 14 Uhr Amtswege erledigen zu wollen.

Gesundheit

Zur Einreise nach Thailand sind keine Pflichtimpfungen erforderlich. Lediglich Reisende aus Infektionsgebieten benötigen eine Pockenschutzimpfung, die nicht älter als drei Jahre sein darf und im internationalen Impfausweis eingetragen sein muß.
Für Ausflüge in Dschungelgebiete wird die Einnahme von Tabletten zur Malaria-Prophylaxe (Resochin, Daraprim oder Fansidar) dringend empfohlen; Information darüber in Gesundheitsämtern oder Tropeninstituten.
Klimawechsel und Zeitverschiebung belasten den menschlichen Organismus. Die Folge können Schwächeanfälle und Erkältungen sein. Besonders während der ersten Tage ist es ratsam, Streß zu vermeiden. Die Sonne ist sehr intensiv und schwächt den Körper (Son-

Dekorativ arrangiert: Wan Tan, Vorspeise aus Nudelteig

Schmackhaft ist die Kho-Noon-Jackfruit

nenschutzmittel mit hohem Schutzfaktor verwenden). Wegen erhöhter Transpiration benötigt der Körper viel Flüssigkeit und Salz (Salzmangel durch Tabletten oder eine gelegentliche Prise Kochsalz ausgleichen).
Am empfindlichsten reagieren bei Besuchern aus Industriestaaten der Magen und Darm. Auf keinen Fall Leitungswasser trinken (nur Getränke aus verschlossenen Flaschen), auf Speiseeis sowie Eis in Getränken und auf frische Salate (selbst in erstklassigen Hotels) und ungeschältes rohes Obst, rohen Fisch und rohes Fleisch verzichten. Im Notfall sollte man Kohletabletten oder ein anderes Präparat zur Normalisierung der Darmflora zur Hand haben.
Ein gutes Mittel gegen Moskitos ist in Thailand in jeder Apotheke erhältlich: Skeeloten.
Ein besonderer Hinweis gilt AIDS. Die Regierung spielt die Fälle der HIV-Infektionen bei Prostituierten herunter (die letzte offizielle Zahl wurde 1988 mit elf Prozent angegeben), aber Experten befürchten, daß ein hoher Prozentsatz der Frauen mit dem Virus infiziert worden ist.
Thailand verfügt über ein verhältnismäßig modernes Gesundheitswesen, auch in der Provinz. Da viele Ärzte in Europa oder in den USA ausgebildet wurden, entspricht ihr Fachwissen dem westlichen Standard. Einige große Krankenhäuser haben sich auf ausländische Patienten eingestellt und verfügen über englisch- und deutschsprachige Mediziner. Gute Notadressen in Bangkok sind das Samitivej Hospital, das Bangkok Christian Hospital und das Seventh Day Adventist Hospital. Deutschsprachige Ärzte praktizieren u. a. im Samrong General Hospital. Informationen erteilt die Botschaft.

Kleidung

Am zweckmäßigsten ist leichte Baumwollkleidung. Während der Regenzeit und bei Reisen in die Bergregionen ist abends ein Pulli oder eine Strickjacke angebracht. Wichtig ist in jedem Falle das Tragen von Kleidungsstücken aus saugfähigen und atmungsaktiven Naturfasern.

Klima, Reisezeit

Ganz Thailand liegt in den Tropen, und mit Ausnahme des Südens wird das Klima von den Monsunwinden bestimmt. Im Sommer (Juni bis Oktober) kommen sie aus Südwesten vom Meer und bringen häufig wolkenbruchartige Regenfälle. Es ist bereits morgens sehr schwül, und die Temperaturen liegen im Schnitt um 32 Grad. In Bangkok und in Küstennähe erreicht die Luftfeuchtigkeit ein für viele Europäer kaum erträgliches Maß.
Die angenehmste Reisezeit ist während des landseitigen Nordost-Monsuns von November bis Ende Februar. Der sogenannte »Winter« hat Tagesdurchschnittstemperaturen zwischen 25 und 28 Grad. Im gebirgigen Norden können die Temperaturen dann nachts auf acht Grad sinken, mittags erreichen sie bis 30 Grad. Die Luftfeuchtigkeit ist zu der Zeit auch in küstennahen Gebieten erträglich.
Während der heißen Zeit von Mitte März bis Mitte Mai sind Niederschläge selten, und die Temperaturen liegen zwischen 35 und 40 Grad. Auf der langgestreckten malayischen Halbinsel im Süden ist es bei geringfügigen Temperaturschwankungen beständig feuchtwarm bis heiß. Die Sonne scheint fast immer, und Regenfälle kommen unregelmäßig das ganze Jahr über vor.

Kloster (Wat)

95 Prozent der thailändischen Bevölkerung sind Buddhisten; der Buddhismus ist Staatsreligion und hat das Land und seine Menschen zutiefst in allen Bereichen geprägt. Rund 25 000 Tempel zeugen von der Allgegenwart der Religion.
Traditionell gehört zu einem Tempel ein Klosterbezirk (Wat) mit Bibliotheken, Lehrsälen und Unterkünften für die Mönche. Die verschiedenen Bauwerke eines Tempelkomplexes sind:
Chedi: Kultisches Zentrum eines Wats und deshalb das höchste Bauwerk, in dem Reliquien aufbewahrt werden. Die Form reicht von der kreisförmigen »Glocke« bis zum Turm mit quadratischer Basis, je nach Kulturkreis auch Stupa oder Pagode genannt.
Viharn: Eine rechteckige Halle, in der sich Mönche und Gläubige zur Andacht versammeln.
Bot: Dient Feierlichkeiten wie Mönchsweihe; dem Viharn ähnlich, aber kleiner. Man erkennt ihn an den Bai Semas (Begrenzungssteine), die den geweihten Platz markieren.
Mondhop: eine architektonische Verschmelzung von Viharn und Chedi zu einem Bauwerk.
Prang: Zierturm in Form von Chedis und Stupas.

Knigge

Der Buddhismus bestimmt das Leben und den Sittenkodex der Thais. Ihre Moralvorstellungen unterscheiden sich sehr oft von unseren. Thais gehen auf Distanz, wenn man (bewußt oder unbewußt) ihre Gefühle gegenüber Dingen verletzt, die für sie eine tiefe religiöse oder weltanschauliche Bedeutung besitzen. Als Europäer (und Gast) sollte man sich einige Regeln zu Herzen nehmen:

Heilige Symbole sind Buddha-Darstellungen in jeder Form. Ihnen gebührt ein erhöhter Platz. Die respektlose Behandlung eines Buddha-Abbildes ist ein schweres Sakrileg. Nie besteigen.

Mönche gelten als unantastbar. Man spricht sie nicht an und wahrt Distanz; man berührt sie nie und läßt ihnen den Vortritt.

Früher galt der König als heilig, heute ist er Schirmherr der Nation, Beschützer der Religion, oberster Zeremonienmeister der buddhistischen Riten und höchste moralische Autorität des Landes. Ihm und seiner Familie sowie seinen Herrschaftssymbolen gebührt äußerster Respekt. Die Königsfamilie ist über alles erhaben, ihre Privatsphäre ist tabu, und sie ist kein Gesprächsthema.

Der Bodhibaum ist heilig. Unter ihm erfuhr Buddha die Erleuchtung. Niemals besteigen, keine Blätter oder Zweige abreißen.

Der Kopf eines jeden Menschen gilt als heilig. In ihm wohnt nach buddhistischem Glauben der Geist auf dem Wege der Erleuchtung. Nie berühren, auch nicht den von Kindern. Hüte und andere Kopfbedeckungen genießen entsprechend symbolischen Respekt, weil der Geist der Erleuchtung durch sie in den Kopf gelangt. Niemals auf die Erde legen oder gar neben Schuhe.

Die Elefanten haben religiösen und königlichen Wert. Weiße Elefanten durften immer nur dem König gehören; sie symbolisieren seine Macht, und ihretwegen wurden Kriege geführt.

Ferner unbedingt auf folgendes achten: Vor dem Betreten eines Tempels zieht man die Schuhe aus. Männer und Frauen in Shorts und leichtbekleidete Frauen sind unerwünscht und werden zurückgewiesen. Aufreizende Kleidung kann bei Thais Verachtung hervorrufen. Keine FKK! Sie trifft das Moralempfinden der Thais zutiefst (an einigen Touristenstränden hat es sich eingebürgert, aber da bleiben die Thais auf Distanz). Niemals auf eine Türschwelle treten. Das bringt Unglück. Schuhe vor dem Betreten eines Hauses ausziehen.

Mangos werden am besten geschält; ihr Fleisch ist manchmal etwas faserig

Man sitzt nie höher als ein Mönch, eine ältere Person, Vorgesetzter etc. Man streckt einer Person beim Sitzen niemals die Fußsohlen entgegen. Unschicklich ist auch das Armauflegen auf die Schultern.

Im Restaurant wird die Rechnung vom sozial Höhergestellten bezahlt. Aufteilung der Rechnung, auch im Freundeskreis, ist tabu.

Im Reis wohnen göttliche Kräfte und gute Geister. Das Reiskorn ist in Thailand die Grundlage der menschlichen Existenz, und wer diese Nahrung verschwendet, beleidigt die Reisgöttin und versündigt sich an den Armen.

Küche

Es wäre eine starke Vereinfachung, dem Klischee zu folgen und zu sagen, die typische thailändische Küche habe drei Varianten: scharf, schärfer am schärfsten. Man entdeckt bald, daß sie auch süß, sauer oder salzig sein kann; pikant ist sie jedoch fast immer.

Das Hauptnahrungsmittel besteht aus Reis, ohne den kaum eine Mahlzeit denkbar ist. Er kommt als Beilage oder eigenständiges Gericht. Der trockene, weiße Reis heißt khao plau, den klebrigen Reis (kao nieoh) serviert man im Norden und Nordosten (er wird mit den Fingern zu Kugeln gerollt). Gebratenen Reis (khao pat) gibt es in vielfältigen Zubereitungsformen, z. B. mit Hühner- oder Schweinefleisch oder Garnelen.

Suppen sind ebenfalls ein wichtiges Gericht. Dabei spielen Nudeln (bami) eine wesentliche Rolle. Sie kommen mit den verschiedensten Gemüsesorten, Eiern, Fleisch von Rind, Schwein oder Huhn; der chinesische Einfluß ist unverkennbar.

Die traditionelle Thai-Küche ist schon aufgrund einer schier endlosen Palette an Gewürzen eine Herausforderung für Feinschmecker. Sie wird zusätzlich durch regionale Spezialitäten geprägt, ist mit Abstand die variationsreichste Südostasiens und vereint in sich zusätzlich die kulinarischen Besonderheiten aus China, Indien, Malaysia und Indonesien.

Gegessen wird übrigens mit Löffel und Gabel, da alles bereits mundfertig zerlegt serviert wird. Zu einer typischen Mahlzeit zählen mindestens fünf Gänge und in jedem Fall auch exotische Früchte.

Kunsthandwerk, Souvenirs

Holzschnitzereien von Elefanten, Holzschalen und Schachteln; Temple Rubbings: auf Reispapier abgeriebene Reliefdarstellungen; Khon-Masken aus Holz oder Pappmaché. Meist sehr bunte Dämonen- oder Affengesichter. Thai-Puppen in Form von klassischen Tanzfiguren oder Tieren. Web- und Flechtarbeiten aus Rattan, Yan Lipao (Gras), Bambus- oder Sisalfasern. Lackarbeiten (Laquerware), in der Regel Dosen mit

Intarsien oder feinen Malereien auf schwarzem Lackgrund. Thai-Celadon: hochgebrannte Keramik, deren Technik vor 800 Jahren von den Chinesen eingeführt wurde. Silbergegenstände mit feinster Einlegearbeit.
Seide, am begehrtesten die »Mud-Mee«-Seide mit traditionellen Mustern, Baumwollstoffe, inzwischen fast so populär wie Seide; Edelsteine, Halbedelsteine, Schmuck und Gold sind billiger als in Europa; Gegenstände aus Bronze, eine reichhaltige Palette vom Nützlichen bis zum Nippes.
Auf Bangkoks Nachtmärkten werden Imitationen bekannter Uhrenhersteller und nachgemachte Kleidung führender Modefirmen verramscht.

Giftiges Grün: Chom Phoo-Rose-Äpfel

Post und Telefonieren

Das Post- und Telegrafenwesen zählt nach dem in Singapur und Hong Kong zu den effektivsten Asiens. Das Hauptpostamt Prisani Klang (General Post Office) liegt zentral auf der Charoen Krung Road (New Road) und ist montags bis freitags von 8 bis 18 Uhr, sonnabends, sonntags und an Feiertagen von 8 bis 13 Uhr geöffnet. Postlagernde Sendungen sollten nur an diese Adresse geschickt werden. Das Postamt unterhält einen 24-Stunden-Service für Ferngespräche, Telex und Telefax (Tel. 24 53 66-7, 24 21 65). Selbstwähl-Gespräche nach Europa kann man von Thailand aus noch nicht führen, aber Ferngespräche werden von Hotels vermittelt.

Reiseagenturen

Für Tagesausflüge und Rundreisen mit deutschsprachiger Führung können die folgenden Agenturen empfohlen werden:
Diethelm Travel, Kian Gwar Building II, 140/1 Wireless Road, Bangkok, Telefon 2 55-91 50, 2 55-91 60, 2 55-9 10 70;
Tropic Asia Tours, North Wireless Road 10 41/44 Soi Nai Lert, Bangkok, Telefon 2 54-31 32, 2 54-31 33, 2 54-31 45;
World Travel Service, 1053 Charoen Krung Road, Bangkok, Telefon 2 33 59 00-9 (eine Zweigstelle dieser Reiseagentur ist im Oriental-Hotel eingerichtet).

Ananas sind in dem warmen Klima Thailands eine köstliche Erfrischung

Reisen im Land

Abgesehen von einigen strukturschwachen Gebieten im hohen Norden, im Nordosten und im tiefen Süden verfügt Thailand über ein gut ausgebautes Straßen-, Eisenbahn- und Flugnetz. Sämtliche Transportmittel sind wesentlich billiger als in Europa. Da oft lange Entfernungen zu überbrücken sind, sollte man wegen des relativ geringen Preisunterschiedes bei Bus und Zug die erste Klasse wählen. Die Wagen sind klimatisiert und bieten einen größeren Sitzkomfort. Besonders bei langen Fahrten ist der Vorteil nicht zu unterschätzen, denn Thais sind kleine Menschen, und entsprechend eng sind für Europäer die Sitzabstände in den öffentlichen Verkehrsmitteln.
Busse der ersten Klasse sind zudem mit Toiletten ausgestattet, und auch in Zügen herrschen bessere hygienische Verhältnisse. Eine willkommene Serviceleistung sind die dort servierten Erfrischungsgetränke.
Wenn man von gelegentlichen Sprachschwierigkeiten beim Kauf der Tickets einmal absieht, gibt es keinerlei Gründe, nicht von den staatlichen Verkehrsmitteln Gebrauch zu machen. Da man auf individuell reisende Touristen längst eingestellt ist, hängen an den Fahrscheinschaltern Fahrpläne in lateinischer Schrift; das Schalterpersonal auf dem Hua Lampong-Hauptbahnhof in Bangkok spricht in der Regel Englisch, und auch die Telefonauskunft/Platzreservierung ist mit englischsprachigen Thais besetzt.

Auto: Bei einem Aufenthalt in Bangkok ist wegen des Verkehrschaos dringend davon abzuraten, mit einem Leihwagen zu fahren. Auch sonst ist es wegen des ungewohnten Linksverkehrs und der allgemeinen Nichtbeachtung von Verkehrsregeln ein riskantes Unterfangen. Es gibt nur im Großraum Bangkok wenige autobahnähnliche Straßen, und auch die Fernstraßen sind meist enge Landstraßen, auf denen viele schwere Lastwagen und Busse unterwegs sind. Schweine, Kühe und Kleinvieh laufen frei herum und bilden eine zusätzliche Gefahr.

Auf keinen Fall nachts fahren! Erstens sind die Straßen nicht immer im besten Zustand, zweitens verkehren dann noch mehr Lastzüge, drittens hat man keine Pannenhilfe zu erwarten, und viertens sind Überfälle keine Seltenheit. Wer dennoch auf einen Mietwagen nicht verzichten möchte (internationaler Führerschein erforderlich), sollte bereits vor der Abreise brauchbares Kartenmaterial besorgen. Straßenkarten sind in Thailand schwer erhältlich, jedoch sind die Landstraßen recht gut beschildert.

Die Fahrzeuge sollte man grundsätzlich sorgfältig auf Sicherheit überprüfen (Reifen, Bremsen, Licht, Ersatzreifen, Werkzeug und Abschleppseil). Sehr zu empfehlen sind eine Unfallversicherung und eine »Personal Accident Insurance« mit einer Deckungssumme bis 500 000 Baht. In Ortschaften beträgt die Höchstgeschwindigkeit 60 km/h, auf Nationalstraßen 100 km/h. Mit häufigen Verkehrskontrollen ist zu rechnen. Geben Sie bei einem (auch nur angeblichen) Verkehrsdelikt Ihren Führerschein nicht aus der Hand und bleiben Sie höflich.

Bus: Die Mehrzahl aller Reisenden fährt mit dem Bus. Die staatliche Busgesellschaft Borisat Khon Song (sprich abgekürzt »BaKaSA«) operiert von Bangkok mit 2800 Fahrzeugen auf 134 Hauptrouten nach allen 73 Provinzen; 1600 Busse verkehren auf 108 Inter-Provinzrouten und 650 Busse auf 39 Routen innerhalb der Provinzen. Man kann mit ihnen somit jeden Winkel Thailands erreichen. Auf den Hauptstrecken herrscht zusätzlich eine enorme Konkurrenz durch private Unternehmer, deren Hauptkontingent aus komfortablen Langstreckenbussen mit

Zuckerrohr, eines der wesentlichen Anbauprodukte Thailands

Klimaanlage, Toilette und zuweilen sogar Fernsehen besteht. Je nach Länge der Strecke sind sie zwischen 20 und 50 Prozent teurer als die staatlichen Busse. Vom Northern Bus Terminal (Pahon Yothin Road) starten die Busse nach Norden und Nordosten. Platzreservierung unter Tel. 29 44 84-7 (klimatisierte Busse) und Tel. 2 79 62 22 (nichtklimatisierte Busse). Vom Eastern Bus Terminal (Sukhumvit Road) starten Busse nach Osten entlang der Küste. Platzreservierung unter Tel. 3 92 23 91 (klimatisierte Busse) und Tel. 3 91 33 10 (nichtklimatisierte Busse). Wer nach Süden will, muß zum Southern Bus Terminal (Charan Sanitwongse Road) in Thonburi. Platzreservierung unter Tel. 4 11 49 78–9 (klimatisierte Busse) und Tel. 4 11 01 12 (nichtklimatisierte Busse).

Die Busse der Privatunternehmer starten oft von eigenen Terminals, die man an Hotelrezeptionen erfahren kann. Einige Gesellschaften bieten einen Zubringer vom Hotel an.

Flugzeug: Thai Airways (6 Larn Ruang Road, Tel. 2 80 00 70 und 2 80 00 80) fliegt ab Don Muang-Flughafen 21 inländische Ziele an, die meisten mehrmals täglich. Bangkok Airways bietet einen zusätzlichen täglichen Service nach Ko Samui, Phuket und Hua Hin.

Schiff: Ganz neu ist der Liniendienst mit Tragflügelbooten. Sie verbinden Bangkok viermal täglich mit Hua Hin, zweimal direkt und zweimal via Pattaya. Je einmal täglich werden die Strecken Bangkok–Ko Samui, Ko Samui–Songkhla und Ko Samui–Surat Thani bedient. Auskünfte über T. A. T.

Zug: Das Verkehrsnetz der »State Railway of Thailand« umfaßt knapp 4000 Kilometer auf fast ausnahmslos eingleisigen Strecken. Bangkok ist die Drehscheibe der vier Hauptlinien nach Norden, Nordosten, Osten und Süden. Vom Hua Lampong-Hauptbahnhof am westlichen Ende der Rama IV. Road starten alle Züge in den Norden, Nordosten und Osten sowie die Expreßzüge nach Süden. Alle Züge nach Westen und zusätzliche Eilzüge nach Süden fahren ab Bangkok Noi-Bahnhof in Thonburi.

Die Züge sind in verschiedene Klassen unterteilt: Für Expreßzüge (Rot Duan) und Eilzüge (Rot Raew) zahlt man einen Zuschlag. Die erste Klasse ist klimatisiert und sehr komfortabel ausgestattet. Bei Nachtfahrten empfiehlt sich ein Schlaf- oder Liegewagen (zwei Kategorien), wobei die 2. Klasse ausreichenden Komfort bietet. Die 3. Klasse ist etwa um die Hälfte billiger, aber nur für Kurzstrecken zu empfehlen. Vorsicht: Vor dem Schlafengehen unbedingt Abteiltür und Fenster verriegeln, da bei nächtlichen Stopps Diebstahlgefahr besteht! Von Kurzstrecken abgesehen, dauern Eisenbahnfahrten länger als Busfahrten.

Da die Züge fast immer vollbesetzt sind, sollte man schon mehrere Tage im voraus beim »Advance Booking Office« im Hauptbahnhof eine Platzreservierung vornehmen (Montag bis Freitag von 8.30 bis 18 Uhr, an Wochenenden und Feiertagen 8.30 bis 12 Uhr, Tel. 2 23 37 90 und 2 23 37 62. Dies ist schon 20 Tage vor Antritt der Reise möglich.

Seit Anfang 1990 gibt es einen »Visit Thailand Railpass«. Eine 20 Tage gültige Eisenbahnnetzkarte kostet für Erwachsene 1500 Baht (3000 Baht mit Zuschlägen) und für Kinder unter 12 Jahren 750 (1500) Baht. Erforderlich ist ein ausländischer Reisepaß. Informationen am Hua Lampong-Hauptbahnhof, Tel. 2 23 70 10, 2 23 70 20 und 2 23 03 74.

Trinkgeld

In den besseren Hotels und Restaurants sind zehn Prozent in der Rechnung enthalten. Bei einfachen und Straßenrestaurants ist Trinkgeld unüblich, aber willkommen. Bei Dienstleistungen wie Koffertragen wird es erwartet, von Taxifahrern hingegen nicht.

Unterkunft

Thailand ist seit Jahren das bedeutendste touristische Fernziel in Südostasien. Die Zahl jährlicher ausländischer Besucher hat fast die Fünf-Millionen-Grenze überschritten. Das Land mußte sich innerhalb eines Jahrzehnts den erhöhten Ansprüchen des Massentourismus stellen.

Bei den rund 3300 Hotels bewegt sich das Angebot von der Superluxus-Suite für 1000 DM (und mehr) bis zum bescheidenen »Traveller«-Zimmer für zehn DM. Großzügige Clubanlagen sind ebenso vorhanden wie einfache Strandbungalows.

Die wenigen Jugendherbergen sind im International Youth Hostel Handbook Vol. 2 aufgelistet, erhältlich beim Deutschen Jugendherbergswerk in Detmold. Camping ist kaum möglich.

Register

(Seitenzahlen, die auf Infoseiten hinweisen, sind **fett** gedruckt)

Register Bangkok

Bereits erschienen

1 Türkei – Südküste
2 Kalifornien
3 Tunesien
4 Thailand

In Vorbereitung

5 New York
6 Türkei – Ägäisküste
7 Island

Titelbild: Boote auf dem Schwimmenden Markt in Damnoen Saduak

Impressum

Alsterufer 4, Postfach 30 06 60,
2000 Hamburg 36,
Telefon 040/41 51 - 850,
Telefax 040/41 51 - 32 31.
Geschäftsführer:
Kurt Bortz, Dr. Joachim Dreyer, Eike Schmidt

Redaktion und Produktion:
Harksheider Verlagsgesellschaft mbH,
Fabersweg 1, Postfach 52 49,
2000 Norderstedt,
Telefon 040/5 23 40 75,
Telefax 040/5 23 40 56
Redaktion:
Ulrike Klugmann (verantwortlich)
Siebo Heinken

Exklusiv-Fotografie:
Rainer Kiedrowski und Ute Schwarz, Ratingen

Zusätzliches Fotomaterial:
Volker W. Radke, S. 79 (großes Bild), S. 80/81 (Mitte)

Grafische Gestaltung:
Gerhard Keim, Frankfurt/Main
Kartografie:
Studio für Landkartentechnik
D. Maiwald, Norderstedt

Erscheinungsweise: zweimonatlich

Vertrieb Zeitschriftenhandel:
PARTNER PRESSE VERTRIEB GMBH
Widmaierstraße 110, 7000 Stuttgart 80,
Telefax 07 11/7 28 84 10, Telex 7 255 949
Vertrieb Abonnement und Einzelhefte:
ZENIT PRESSEVERTRIEB GMBH,
Widmaierstraße 110, 7000 Stuttgart 80,
Telefon 07 11/7 20 05 - 97,
Telefax 07 11/7 28 84 10, Telex 7 255 949

Vertrieb Buchhandel:
GeoCenter Verlagsvertrieb GmbH,
Neumarkter Straße 18, 8000 München 80,
Telefon 089/43 18 90,
Telefax 089/4 31 28 37, Telex 5 23 259

Anzeigenalleinverkauf:
KV Kommunalverlag GmbH,
Arabellastraße 4/XII, Postfach 81 05 65,
8000 München 81,
Telefon 089/92 80 96 - 17,
Telefax 089/92 80 96 - 20,
Teletex 17898397 komver

Satz: Lübecker Fotosatz GmbH, Lübeck
Reproduktionen:
Otterbach Repro GmbH & Co., Rastatt
Druck und buchbinderische Verarbeitung:
KLETT DRUCK H. S. GmbH, Korb
Printed in Germany

ISBN 3-616-06404-X

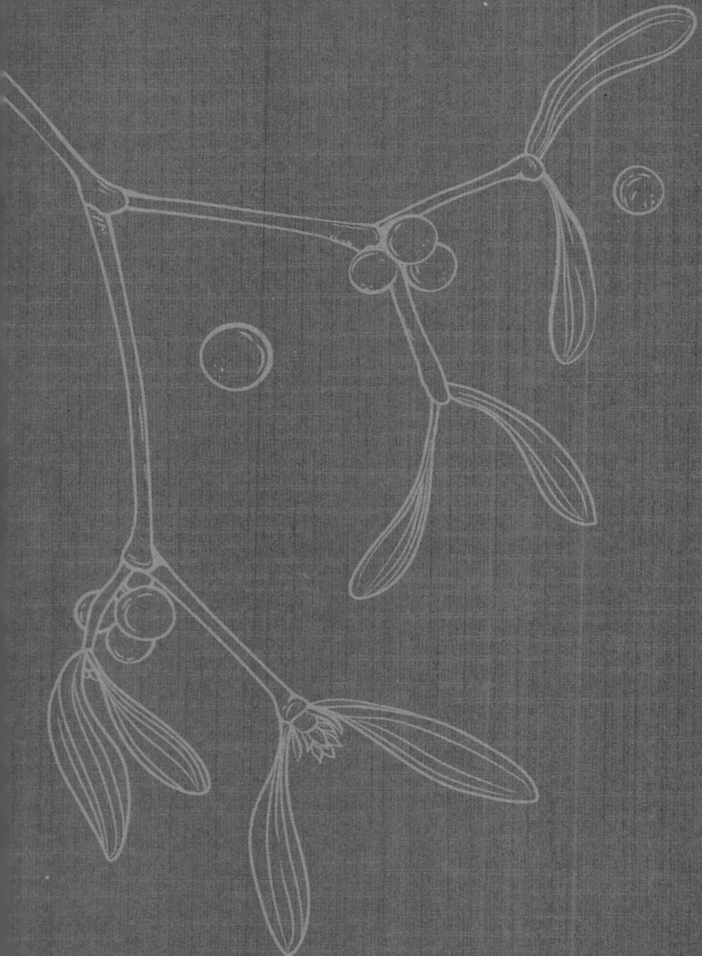

KATHARINA TEIMER

Mistelzweig und Weihnachtspunsch

DIE SCHÖNSTEN WEIHNACHTS-
BRÄUCHE AUS ALLER WELT

arsEdition

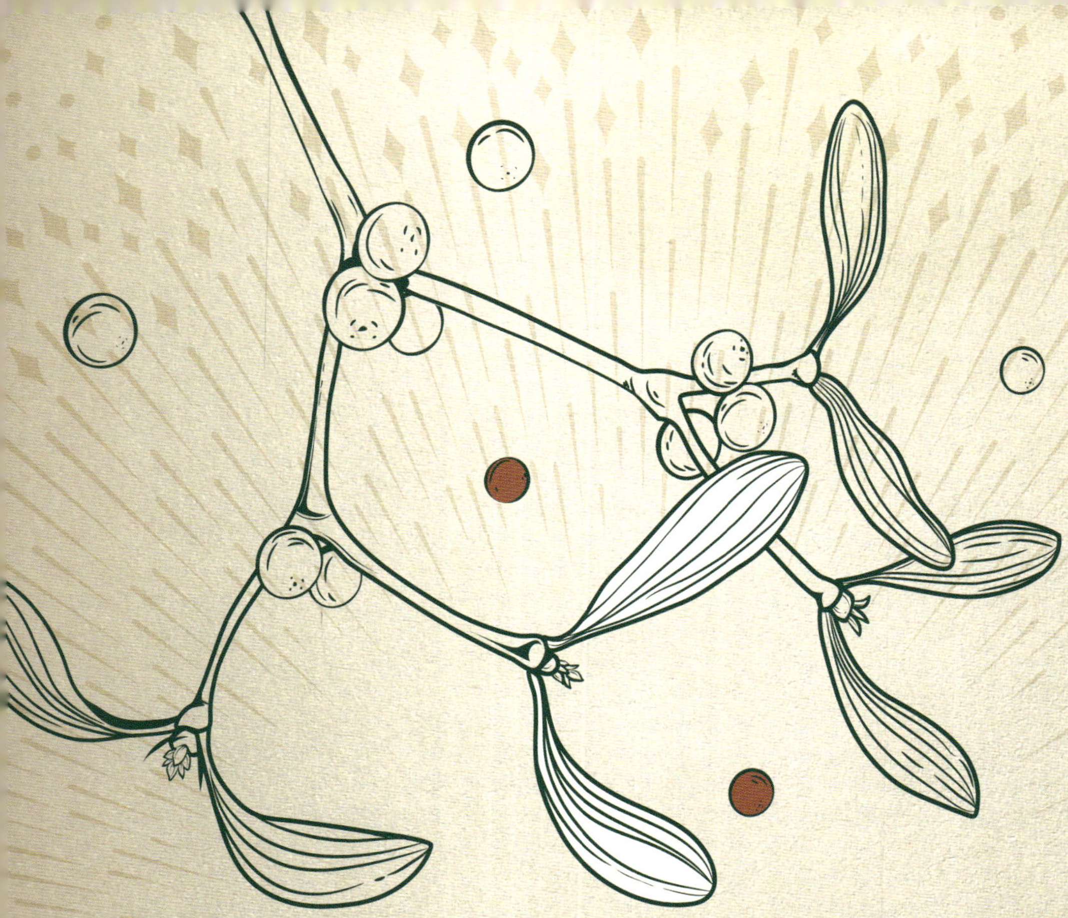

INHALTSVERZEICHNIS

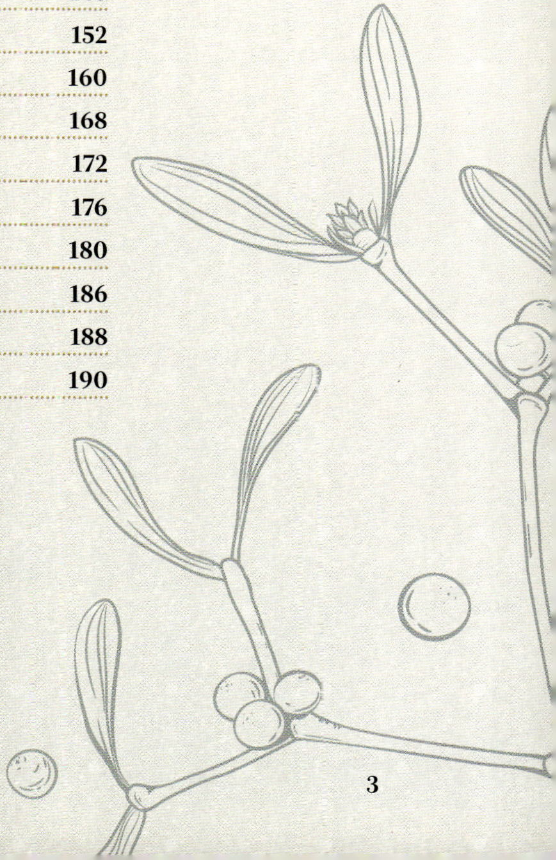

ICH WERDE WEIHNACHTEN
IN MEINEM HERZEN EHREN
UND VERSUCHEN,
ES DAS GANZE JAHR
AUFZUHEBEN.

CHARLES DICKENS

Vorfreude

WEIHNACHTEN – das Fest der Liebe, der Familie, der Traditionen. Was bedeutet das heute in der Zeit des Massenkonsums und der Globalisierung eigentlich? Oft nehmen wir die »stille« Zeit des Jahres nicht mehr als Gelegenheit zur winterlichen Einkehr, zur Ruhe und Besinnung wahr, sondern erleben das Jahresende als vorbeihuschende Kakofonie von Eindrücken, die uns meist atemlos zurücklässt.

Dieses Buch soll eine Einladung sein zum Innehalten, zum Schmökern bei einer Tasse Tee oder Glühwein, Plätzchen oder Lebkuchen. Auf diese Weise kann es eine kleine Auszeit, ein Stück vorweihnachtliche »Entschleunigung« mit sich bringen.

Auf den kommenden Seiten begeben wir uns auf eine Reise rund um die Welt – auf den Spuren des großen Festes der christlichen Religionen. Kleine Einblicke zeigen, wie Menschen in verschiedenen Ländern das Weihnachtsfest mit ihren eigenen Bräuchen und Symbolen feiern. Wo liegen die Wurzeln der von uns viel geliebten Traditionen der Weihnachtszeit? Und was bringt in Afrika, Asien oder Russland zu Weihnachten die Kinderaugen zum Leuchten?

Es wartet eine duftende, klingende, feierliche Weihnachtswelt, in der man entdecken kann, welcher Schmuck gebastelt wird, welche Lieder gesungen werden und welche Speisen die Familien in aller Welt während der Weihnachtszeit gemeinsam zubereiten und genießen. Vielleicht findet sich sogar die eine oder andere Anregung, die als neuer Brauch Einzug in die eigene Familientradition hält?

THEODOR STORM

Weihnachtslied

VOM HIMMEL IN DIE TIEFSTEN KLÜFTE
EIN MILDER STERN HERNIEDERLACHT;
VOM TANNENWALDE STEIGEN DÜFTE
UND HAUCHEN DURCH DIE WINTERLÜFTE,
UND KERZENHELLE WIRD DIE NACHT.

MIR IST DAS HERZ SO FROH ERSCHROCKEN,
DAS IST DIE LIEBE WEIHNACHTSZEIT!
ICH HÖRE FERNHER KIRCHENGLOCKEN
MICH LIEBLICH HEIMATLICH VERLOCKEN
IN MÄRCHENSTILLE HERRLICHKEIT.

EIN FROMMER ZAUBER HÄLT MICH WIEDER,
ANBETEND, STAUNEND MUSS ICH STEHN:
ES SINKT AUF MEINE AUGENLIDER
EIN GOLDNER KINDERTRAUM HERNIEDER,
ICH FÜHL'S, EIN WUNDER IST GESCHEHN.

Weihnachtsbräuche

EINE SAMMLUNG URALTER KULTHANDLUNGEN

Zu Weihnachten feiern christliche Glaubensgemeinschaften in aller Welt die Geburt Christi. Je nach Kalender kann das Datum Ende Dezember oder Anfang Januar liegen.

Wann genau und in welchem Jahr Jesus tatsächlich geboren ist, weiß heute niemand mehr so genau. Das Datum seiner Geburt, wie auch andere hohe christliche Feiertage, wurden von frühen Christen und Missionaren meist so festgelegt, dass sie sich mit alten heidnischen Festen überschnitten. So hatte es die junge Religion einfacher, neue Gläubige zu gewinnen, weil sie nicht versuchte, den Menschen ihre alten Traditionen wegzunehmen. Einer dieser Kompromisse ist die Feier von Christi Geburt kurz nach der Wintersonnenwende.

Der 25. Dezember als Termin für das Weihnachtsfest steht seit dem dritten Jahrhundert nach Christus fest, als das Christentum in Rom zur Staatsreligion wurde. An diesem Tag feierten Anhänger des in Rom weitverbreiteten Mithras-Kultes den Sieg der Sonne über die Dunkelheit des Winters.

Auch im alten Ägypten wurde die Geburt des Gottes Horus und bei den Germanen das Mittwinter- oder Julfest zu diesem Zeitpunkt gefeiert. Das junge Christentum ersetzte geschickt die Sonne durch den Gottessohn und die Gläubigen konnten feiern, wie sie es bis dahin gewohnt waren.

Die den unterschiedlichen Religionen gemeinsame Lichtsymbolik half zusätzlich, konvertierende Gläubige zu überzeugen. So konnten sich die frischgebackenen Christen langsam an ihren neuen Glauben gewöhnen, und das heidnische Fest entwickelte sich nach und nach weiter zu dem Weihnachtsfest, das wir heute kennen.

Unter Kaiser Theodosius wurde während des zweiten Konzils von Konstantinopel im Jahr 381 nach Christus der Heilige Abend zum Dogma erklärt. In Deutschland setzte sich der Brauch rund drei Jahrhunderte später durch. Hier wurde der 25. Dezember bis zur Einführung des gregorianischen Kalenders im Jahr 1582 als erster Tag des Jahres gefeiert.

Ägypten

WIE VIELE WEGE GIBT ES,
DIE NICHT ZUM HERZEN FÜHREN?

WEISHEIT AUS ÄGYPTEN

COLO SANA WINTOM TIEBEEN!

WEIHNACHTS-STECKBRIEF

WEIHNACHTSZEIT:
gefeiert wird am 7. Januar
oder am 25. Dezember

GESCHENKE:
bringt der Weihnachtsmann

WEIHNACHTSMENÜ:
Fatta (Brot mit Reis, Fleisch und Tomatensauce), *Bouri* (Fischgericht) und *Zalabiya*

BESONDERHEIT:
Die Idee des Christbaums soll aus Ägypten kommen.

VON TRADITIONEN UND ASYLSUCHENDEN – Christen in Ägypten

Geschätzte zehn Prozent der etwas mehr als 96 Millionen Ägypter sind Christen. Die meisten von ihnen gehören der koptisch-orthodoxen Kirche von Alexandria an. Sie ist die größte christliche Gemeinschaft im Mittleren und Nahen Osten.
Der deutsche Name *Kopten* steht ursprünglich nicht für die Glaubensgemeinschaft, sondern leitet sich vom arabischen Wort *Gybti* ab. Diesen Namen gaben im Mittelalter die muslimisch-arabischen Eroberer der einheimischen Bevölkerung Ägyptens. Mit der zunehmenden Islamisierung Ägyptens wurde der Begriff zum Synonym für den christlichen Bevölkerungsanteil. Bis heute existiert eine eigene koptische Sprache, die letzte Form des aus Indien stammenden ursprünglichen Ägyptisch. Koptisch wird zwar nur noch selten und in wenigen Landesteilen im Alltag gesprochen, lebt aber in Liturgie und mittelalterlichen Texten weiter. Der koptische Kalender folgt ebenfalls dem Vorbild aus dem alten Ägypten. Zwar richten sich heute in Ägypten die meisten Menschen nach dem islamischen Kalender, in einigen ländlichen Gegenden wird jedoch immer noch der koptische Kalender verwendet, weil er die natürlichen Jahreszeiten besser abbildet.
Koptische Kirchen gibt es in nahezu allen größeren ägyptischen Städten und Orten Ägyptens. Auch koptische Klöster, Schulen, Krankenhäuser und Kulturzentren haben eine lange Tradition und es werden sogar koptische und damit christliche Feste in der ägyptischen Öffentlichkeit gefeiert. In dieser Tradition ist ein Fest besonders wichtig: das Weihnachtsfest. In der Feier der Geburt des Gotteskindes spiegeln sich einerseits altägyptische Zeremonien wider, andererseits ist Weihnachten eine besondere Inspiration der gläubigen Christen, weil die Heilige Familie mit Josef, Maria und Jesus für lange Zeit in Ägypten lebte. Der biblischen Überlieferung nach floh die Heilige Familie kurz nach Jesu Geburt vor der Verfolgung durch König Herodes aus Betlehem bis nach Ägypten.
Das ägyptische Asyl der Heiligen Familie ist für die koptischen Christen ein wichtiger Glaubensinhalt und macht in ihrem Verständnis ihre Heimat Ägypten zu einem Teil des Heiligen Landes. Deshalb feiern die koptischen Gemeinden in Ägypten die Geburt Jesu besonders festlich. In den aufwendig geschmückten Kirchen ist die Luft von duftendem Weihrauch vernebelt und feierliche Gottesdienste prägen die Abende während der gesamten Weihnachtszeit.
Das eigentliche Weihnachtsfest wird in der orthodoxen Kirche erst am 29. Tag des koptischen Monats *Kiahk* gefeiert. Das entspricht dem 7. Januar im gregorianischen Kalender. Traditionell wird 43 Tage vor dem Heiligen Abend gefastet, also auf tierische Produkte wie Fleisch, Eier oder Milch verzichtet. Damit wird symbolisch der 40 Tage gedacht, die Moses auf dem Berg Sinai verbrachte, wo er die Zehn Gebote empfing. Die drei restlichen Tage sind dem Wunder des Berges von *Al Mokattam* gewidmet, der durch göttliche Hand bewegt wurde.
Nach den Entbehrungen der Vorweihnachtszeit ist das Fastenbrechen nach der Christmette ein besonderes Festessen, bei dem gemeinsam mit der ganzen Familie geschlemmt wird.

ZALABIYA – HEFEGEBÄCK

Ägyptisches Gebäck ist traditionell sehr süß und trieft vor Zuckersirup. Das gilt auch für die frittierten Hefebällchen, die zu Weihnachten oder zum Ende des Ramadan zubereitet werden. *Zalabiya* schmecken am besten lauwarm, sollten also erst kurz vor dem Verzehr zubereitet werden.

	ZUTATEN
250 g	Mehl
300 ml	lauwarme Milch,
	mit Wasser gemischt
½ Päckchen	Trockenhefe
1 TL	Zucker
	Öl zum Frittieren
	Zuckersirup (siehe S. 23)
	Zimt

BILHANAWASCHIFA! – GUTEN APPETIT!

Traditionelle Speisen für das ägyptische Weihnachtsessen sind *Fatta*, ein typisches Gericht aus Brot, gefüllt mit Reis, Fleisch und Tomatensauce, oder *Bouri*, gebratene Meeräsche. Als Nachspeise gibt es *Zalabiya* (oder *Lokmet El Kadi*), süße Hefekrapfen, und *Kahk el eid*, mit Kreuzen verzierte Grießplätzchen.

ZUBEREITUNG: Lauwarme Milch/Wasser mit Trockenhefe und Zucker anrühren und kurz ruhen lassen. * Das Mehl unterschlagen und eine Stunde aufgehen lassen. Der Teig sollte klebrig sein. * Mit zwei Teelöffeln etwas Teig in eine möglichst runde Form bringen, in das erhitzte Öl gleiten lassen und von beiden Seiten goldbraun frittieren. * Direkt aus dem Fett für eine halbe Minute in den kalten Zuckersirup legen, danach in einem Sieb abtropfen lassen. Vor dem Servieren mit etwas Zimt bestreuen.

TIPPS: Am besten ist es, zwei Schöpfkellen zu benutzen, jeweils eine eigene für das Öl und für den Sirup. Besonders knusprig werden die *Zalabiya*, wenn man sie zweimal frittiert, beim ersten Mal hellgolden, dann abtropfen lassen und erst beim zweiten Mal goldbraun werden lassen.

KAHK EL EID – GRIESSKEKSE

Kahk el eid **heißen die wohl bekanntesten Kekse aus dem Mittleren Osten. Sie werden zu jeder festlichen Gelegenheit gebacken, ohne Füllung oder mit Datteln, Walnüssen oder türkischem Honig gefüllt. Als Weihnachtsplätzchen werden sie ohne Füllung gebacken, dafür aber mit Puderzucker in Kreuzform verziert.**

ZUTATEN

2 Tassen	Grieß
1 ½ Tassen	Mehl
½ TL	Salz
1 Tasse	kochendes Wasser
¾	Tasse Zucker
2 Tassen	gemahlene Walnüsse
1 TL	Zimt
1 TL	Orangenblütenwasser
¼ Tasse	Puderzucker

ZUBEREITUNG: Grieß, Mehl und Salz in einer mittelgroßen Schüssel gut vermischen. * Das kochende Wasser dazugießen und zu einem festen Teig verkneten. * Für mindestens eine Stunde ruhen lassen, nicht länger als über Nacht. * Backofen auf 180 °C vorheizen, Backblech mit Backpapier auslegen. * Für die Füllung Zucker, gemahlene Nüsse, Zimt und Orangenblütenwasser gut mischen. * Den Teig noch einmal kurz durchkneten und in walnussgroße Kugeln teilen. Mit dem Finger ein tiefes Loch in die Mitte der Kugeln drücken und mit der Nussmischung füllen, danach den Teig darüber schließen. * Die Kugeln mit zwei 2 cm Abstand auf das vorbereitete Blech legen, für 10 bis 12 Minuten goldbraun backen. * Mit Puderzucker bestäuben, solange die Kekse noch heiß sind.

VON DER PALME
zum Christbaum

Zwar gibt es in Ägypten keine Nadelbäume wie bei uns, aber dafür Palmen. Und die Palmwedel zählen neben Getreideähren zu den ältesten Pflanzensymbolen der Menschheit. Da bei bestimmten Palmenarten jeden Monat eine neue Verästelung wächst, entwickelte sich daraus in Ägypten eine eigene Symbolik: Zwölf Palmwedel wurden als Symbol für die zwölf Monate eines abgeschlossenen Jahres verwendet. Zudem standen in der Antike Palmzweige für Königswürde und Sieg. Und diese Symbolik fand ihren Weg in die Bibel: Im Matthäusevangelium wird Jesus bei seinem Einzug nach Jerusalem mit Palmwedeln begrüßt wie ein siegreicher König.

Außerdem stehen die immergrünen Zweige der Palme für das ewige Leben, die Auferstehung und damit für die Hoffnung. Damit fand die Symbolik der Palmwedel Eingang in das christliche Osterfest, wo sie bis heute am Palmsonntag eine wichtige Rolle spielt.

Ob es tatsächlich diese Deutungen waren, die den Weg der Palmsymbolik nach Europa anführten, ist unklar. Klar ist, dass der Palmwedel in Europa durch andere heimische Baumarten und Zweige ersetzt wurden. Einmal angenommen, die Herkunft dieser Tradition aus Ägypten würde stimmen, wäre es logisch, dass die Tanne als Palmersatz gewählt wurde. Schließlich ähnelt ihre Form derjenigen einer ägyptischen Pyramide.

Besser belegt als die mögliche ägyptische Herkunft ist der Ursprung des Weihnachtsbaumes im heidnischen Brauchtum des europäischen Raumes.

Als Symbole für ewiges Leben, Fruchtbarkeit und Schutz holten bereits unsere germanischen Vorfahren zur Zeit der Wintersonnenwende immergrüne Zweige von Tanne, Mistel oder Wacholder ins Haus. Vom grünen Zweig zum mit süßen Leckereien geschmückten Baum scheint sich die Tradition im Laufe des 16. Jahrhunderts im Elsass gewandelt zu haben. Erst im 18. Jahrhundert schmückte man Weihnachtsbäume auch mit Kerzen. Die neue Tradition wurde immer beliebter und breitete sich nach und nach über ganz Europa und später bis nach Amerika aus. Der erste offizielle »Christmas Tree« vor dem Weißen Haus in Washington wurde im Jahr 1891 aufgestellt.

HANS CHRISTIAN ANDERSEN

Der Tannenbaum

Draußen im Wald stand ein niedlicher Tannenbaum. Er hatte einen guten Platz, viel Sonne und von Luft gab es genug. Aber der kleine Tannenbaum war so erpicht auf das Wachsen. Er dachte nicht an die warme Sonne und die frische Luft, er kümmerte sich nicht um die Bauernkinder, die um ihn herumsprangen.

Im Jahr danach war er ein langes Ende höher und im Jahr danach wieder um ein noch viel längeres. »Oh, wäre ich doch ein großer Baum wie die andern!«, seufzte der kleine Baum, »dann könnte ich meine Zweige so weit im Umkreis ausbreiten und mit dem Wipfel in die weite Welt hinaussehen! Die Vögel würden dann Nester zwischen meinen Zweigen bauen, und wenn der Wind wehte, könnte ich so vornehm nicken!« Oh, wachsen, wachsen, groß und alt werden, das war doch das einzig Schöne in dieser Welt, dachte der Baum.

Im Herbst kamen immer Holzhauer und fällten einige der größten Bäume. Der junge Tannenbaum fragte sich aufgeregt: Wo sollten sie hin? Was stand ihnen bevor? Im Frühling, als die Schwalbe und der Storch kamen, fragte der Baum sie: »Wisst ihr nicht, wo sie hingeführt wurden? Seid ihr ihnen begegnet?« Die Schwalben wussten nichts, aber der Storch sah nachdenklich aus, nickte mit dem Kopfe und sagte: »Ja, ich glaube wohl! Ich begegnete manchem neuen Schiff, als ich von Ägypten herflog; auf den Schiffen waren prächtige Mastbäume; sie rochen nach Tanne; sie ragen auf, sie ragen!« »Oh, wäre ich doch auch groß genug, um über das Meer hinzufliegen.«

»Freue dich an deiner Jugend!«, sagten die Sonnenstrahlen, »freue dich an deinem frischen Wachstum, an dem jungen Leben, das in dir ist!« Und der Wind küsste den Baum, aber das verstand der Tannenbaum nicht.

Wenn die Weihnachtszeit kam, dann wurden ganz junge Bäume gefällt. Sie wurden auf die Wagen gelegt und Pferde zogen sie fort aus dem Wald. »Wohin sollen sie?«, fragte der Tannenbaum. »Sie sind nicht größer als ich, da war sogar einer, der viel kleiner war; wo fuhren sie hin?« »Das wissen wir!«, zwitscherten die Sperlinge. »Wir wissen, wo sie hinfahren! Oh, sie kommen zu dem größten Glanz und der größten Herrlichkeit, die man denken kann! Wir haben in der Stadt bei den Fenstern hineingeguckt und gesehen, dass sie in der warmen Stube mit den schönsten Dingen geputzt wurden, mit vergoldeten Äpfeln, Honigkuchen, Spielzeug und vielen Hundert Lichtern!«

Der Tannenbaum zitterte an allen Zweigen und jubelte: »Das ist noch besser, als über das Meer zu fahren! Wie ich mich sehne! Wäre es doch Weihnachten! Oh, wäre ich schon auf dem Wagen! Wäre ich doch in der warmen Stube mit all der Pracht und Herrlichkeit! Und dann kommt sicher etwas noch Schöneres, noch Herrlicheres – weshalb sollten sie mich sonst so schmücken! Oh, ich sehne mich!

»Freue dich mit mir!«, sagten die Luft und das Sonnenlicht; »freue dich an deiner frischen Jugend draußen im Freien!« Aber er freute sich gar nicht; er wuchs und wuchs.

Zur Weihnachtszeit wurde er als Erster von allen gefällt. Die Axt traf tief hinein durch das Mark, der Baum fiel mit einem Seufzer hin zur Erde. Er war betrübt, sich von der Heimat zu trennen, von dem Fleck, wo er aufgewachsen war. Er wusste ja, dass er nie mehr die lieben alten Kameraden sehen würde, die kleinen Büsche und Blumen ringsum, ja, vielleicht nicht einmal die Vögel.

Der Baum kam erst zu sich, als er im Hof, mit den andern Bäumen abgepackt, einen Mann sagen hörte: »Der ist prächtig!« Nun kamen zwei Diener in vollem Staat und trugen den Tannenbaum in einen großen schönen Saal hinein. Der Tannenbaum wurde in ein großes Fass voll Sand gestellt. Was würde noch geschehen? Sowohl Diener wie Fräuleins gingen und schmückten ihn. Auf die Zweige hängten sie kleine Netze, ausgeschnitten aus buntem Papier, jedes Netz war mit Zuckerzeug gefüllt; vergoldete Äpfel und Walnüsse hingen, als wären sie festgewachsen, und über hundert rote, blaue und weiße Lichtchen wurden an den Zweigen festgesteckt. Und in den Wipfel wurde ein großer Stern aus Flittergold gesetzt; das war prächtig, unvergleichlich prächtig. »Heute Abend«, sagten sie alle, »heute Abend soll er strahlen!«

»Oh!«, dachte der Baum, »wäre es doch Abend! Wären nur die Lichter bald angezündet! Oh, was wohl dann geschieht? Ob dann die Bäume aus dem Walde kommen und mich ansehen? Ob ich hier festwachse und Winter und Sommer geschmückt stehe?«

Nun wurden die Lichter angezündet. Welcher Glanz, welche Pracht! Der Baum war ganz verwirrt von all dem Glanz – und nun gingen beide Flügeltüren auf und eine Menge Kinder stürzten herein. Die Kleinen jubelten, sie tanzten rund um den Baum und ein Geschenk nach dem andern wurde abgepflückt. Der Tannenbaum stand ganz still und gedankenvoll, niemals hatten die Vögel draußen im Wald so etwas erzählt. Und der Baum stand still und gedankenvoll die ganze Nacht.

Am Morgen kamen Burschen und Mädchen herein. »Nun beginnt der Staat wieder!«, dachte der Baum, aber sie schleppten ihn aus der Stube, hinauf auf den Speicher. In einer dunklen Ecke stellten sie ihn hin. »Was soll das bedeuten?«, dachte der Baum. »Was habe ich wohl hier zu tun? Was werde ich wohl zu hören bekommen?« Und er lehnte sich gegen die Mauer und stand und dachte und dachte.

»Nun ist es Winter draußen!«, dachte der Baum. »Die Erde ist hart und mit Schnee bedeckt. Die Menschen können mich nicht einpflanzen; deshalb soll ich wohl hier im Schutz stehen bis zum Frühling! Wie ist das wohlbedacht! Wäre es hier nur nicht so dunkel und so schrecklich einsam! Das war doch so hübsch draußen im Wald, wenn der Schnee lag und der Hase vorbeisprang. Hier oben ist es doch schrecklich einsam.«

»Pi! Pi!«, sagte eine kleine Maus in diesem Augenblick und schlüpfte hervor; und dann kam noch eine kleine. Sie schnüffelten am Tannenbaum und glitten zwischen den Zweigen auf ihm herum. »Wo kommst du her?«, fragten die Mäuse, »und was weißt du?« Sie waren so schrecklich neugierig. »Erzähl uns doch von dem schönsten Ort der

Welt! Bist du dort gewesen? Warst du in der Speisekammer, wo Käse auf den Brettern liegen und Schinken unter der Decke hängen, wo man mager hineinkommt und fett herausgeht?«

»Das kenne ich nicht!«, sagte der Baum, »aber den Wald kenne ich, wo die Sonne scheint und wo die Vögel singen!« Und dann erzählte er alles von seiner Jugend, und die kleinen Mäuse hatten nie zuvor so etwas gehört und sagten: »Nein, wie viel hast du gesehen! Wie glücklich warst du!«

»Ich!«, sagte der Tannenbaum und dachte über das, was er selbst erzählte: »Ja, es waren im Grunde ganz angenehme Zeiten!« – aber dann erzählte er vom Weihnachtsabend, als er mit Kuchen und Lichtern geschmückt worden war.

»Wie schön du erzählst!«, sagten die kleinen Mäuse, und die nächste Nacht kamen sie mit vier anderen kleinen Mäusen, die den Baum erzählen hören sollten. Je mehr er erzählte, desto deutlicher erinnerte er sich selbst und dachte: »Es waren doch ganz vergnügte Zeiten! Aber sie können noch kommen! Sie können noch kommen!«

Die kleinen Mäuse blieben zuletzt auch fort, und dann seufzte der Baum: »Das war doch ganz hübsch, als sie um mich herumsaßen, die zappligen Mäuschen, und hörten, was ich erzählte! Nun ist das auch vorbei! – Aber ich werde daran denken, mich zu freuen, wenn ich nun wieder hervorgeholt werde!«

Aber wann geschah das? – Ja doch! Eines Morgens kamen Leute und räumten auf dem Speicher auf. Die Kasten wurden weggehoben, der Baum hervorgezogen; sie warfen ihn freilich etwas hart auf den Boden, aber gleich schleppte ein Bursche ihn zur Treppe hin, wo der Tag schien.

»Nun beginnt wieder das Leben!«, dachte der Baum; er fühlte die frische Luft, die ersten Sonnenstrahlen – und nun war er draußen im Hof. Der Hof stieß an einen Garten und alles blühte darin; Rosen hingen da so frisch und duftend und die Schwalben flogen umher und sagten: »Quirre-wirre-witt, mein Mann ist da!« Aber es war nicht der Tannenbaum, den sie meinten.

»Nun werde ich leben!«, jubelte er und breitete seine Zweige weit aus; aber ach, sie waren alle vertrocknet und gelb; so lag er da, der Goldpapierstern saß noch oben an der Spitze und schimmerte im hellsten Sonnenschein. Im Hof spielten ein paar der lustigen Kinder, die zur Weihnachtszeit um den Baum getanzt hatten und über ihn so froh gewesen waren. Eines der Kleinsten eilte hin und riss den Goldstern ab.

»Seht, was da noch auf dem hässlichen alten Weihnachtsbaum sitzt!«, sagte es und trampelte auf den Zweigen, sodass sie unter seinen Stiefeln knackten. Und der Baum sah auf all die Blumenpracht und Frische im Garten; er dachte an seine frische Jugend im Wald, an den lustigen Weihnachtsabend und an die kleinen Mäuse.

»Vorbei! Vorbei!«, sagte der arme Baum. »Hätte ich mich doch gefreut, da ich es konnte!«

Und der Hausknecht kam und hackte den Baum in kleine Stücke, diese schürte er unter den großen Braukessel – und dann war der Baum verbrannt. Die Jungen spielten im Hof, und der Kleinste hatte den Goldstern auf der Brust, den der Baum an seinem glücklichsten Abend getragen hatte. Nun war der vorbei, und der Baum war vorbei und die Geschichte auch! Vorbei, vorbei, und so geht es mit allen Geschichten!

EIN ROTER ROCK UND (GELD-)GESCHENKE –

Der ägyptische Weihnachtsmann!

ZU DEN KINDERN IN ÄGYPTEN kommt der Weihnachtsmann auf einem Kamel geritten. Er trägt – ganz wie bei uns – einen roten Mantel mit roter Mütze und hat einen Sack voller Geschenke dabei. Darunter sind Süßigkeiten, symbolische Gaben wie Kerzen oder praktische Dinge wie neue Kleidung. Die Kerzen sollen daran erinnern, wie Josef laut biblischer Überlieferung in der Heiligen Nacht Lichter anzündete, um Maria vor Kälte und Dunkelheit zu schützen. Oft bekommen die Kinder auch das traditionelle *El'aidia*, ein kleines Geldgeschenk, damit sie sich selbst einen Wunsch erfüllen können.

Ein Geschenk geht hin auf einem Esel
und kehrt zurück auf einem Kamel.

WEISHEIT AUS ÄGYPTEN

ECHT ORIENTALISCH

Eine Krippe, die dem orientalischen Bethlehem von Jesu Geburt nachempfunden ist, hat ihren eigenen Reiz. Dazu gehört zerklüftetes ockerfarbiges Mauerwerk, von der Sonne ausgebleichter Putz und Sand als Grundmaterial. Wer sich eine orientalische Krippe selbst bauen möchte, kann auf viele Baupläne aus dem Internet zurückgreifen oder sich einen eigenen Entwurf machen. Die Umsetzung ist für Bastler mit Materialien aus dem Baumarkt und ein wenig Geschick relativ einfach.

SELBSTGEBASTELTE KRIPPE

Das wird benötigt:

stabile Grundplatte aus (Sperr-)Holz ✦ Styroporplatten ✦ Heißklebepistole
Krippengips ✦ Modellierbinden ✦ Malfarben ✦ Dekorationsmaterial

So wird's gemacht:

❋ Aus Pappe Vorlagen für die Bauelemente zuschneiden und auf die Styroporplatte übertragen.
❋ Die Teile ausschneiden samt Fenstern, Türen und anderen Details.
❋ Die Teile mit Kleber oder kleinen Tapeziernägeln zusammenfügen.
❋ Die fertigen Häuser mit Heißkleber auf die Grundplatte kleben.
❋ Mit Modellierbinden und Krippengips der Umgebung ein Gesicht geben, gut trocknen lassen und dann Details wie Mauersteine einritzen.
❋ Mit Grundierungsfarbe anmalen, dann mit typischen Erdfarben (Ocker, Grau, Terra, Sand, Naturweiß) fertig bemalen.
❋ Kies für die Wege, getrocknetes Moos, Stroh und Holz geben der Krippenlandschaft einen weiteren Hauch Lebendigkeit. Sie werden wieder mit Heißkleber befestigt.

❋ Wenn alles gut getrocknet ist, können die Krippenfiguren einziehen, das Christkind natürlich erst in der Heiligen Nacht.

Armenien

WER DEN KOPF NICHT HEBT,
KANN DIE STERNE NICHT SEHEN.

WEISHEIT AUS ARMENIEN

SHENORAAVOR NOR DARI YEV PARI GAGHAND!

WEIHNACHTS-STECKBRIEF

WEIHNACHTSZEIT:
vom 29. Dezember bis 6. Januar

GESCHENKE:
werden vom heiligen Nikolaus und heiligen Gregor gebracht

WEIHNACHTSMENÜ:
Reis mit Fisch und Gemüse, *Gata*

BESONDERHEIT:
Der Weihnachtsbaum heißt *Baum der Geburt* (*Tsnndean Tsar*).

Öllampen, Zungenbrecher
UND GEWEIHTES WASSER

Armenien war das erste Land, das die christliche Religion zur Staatsreligion erklärte. Die armenisch-apostolische Kirche ist also mit 1700 Jahren die älteste vom Staat anerkannte christliche Gemeinde der Welt.

Die religiösen Traditionen halten das kleine armenische Volk seit jeher auch in schweren Zeiten zusammen. Deshalb ist Weihnachten, armenisch *Surp Dznunt,* hier ein besonders prunkvolles und wichtiges Fest. Die sieben Tage vor Weihachten – das am 6. Januar gefeiert wird – stehen bei armenischen Familien ganz im Zeichen der körperlichen und seelischen Vorbereitung auf dieses wichtige Fest. In dieser Zeit wird gefastet, und es werden abends keine schweren Arbeiten verrichtet, um nicht »Christus zu ärgern«.

Am Abend direkt vor dem Fest besuchen Gläubige den Abendgottesdienst, der den zungenbrecherischen Namen *Dschrakaluytz* oder volkstümlich *Chètum* trägt. Das armenische Wort *Dschrakaluytz* setzt sich aus den zwei Wörtern *Dschrak* und *Letznel* zusammen und bedeutet wörtlich: »Die Lampen mit Öl füllen.« Die Bezeichnung stammt von der Tradition, zu diesem speziellen feierlichen Gottesdienst Öllampen oder Kerzen mitzubringen und während der Messe in der Hand zu halten. Die Lichter brennen auch nach dem Gottesdienst die ganze Nacht über weiter und erinnern an den Stern von Bethlehem, der die Hirten zur Geburtsstätte Jesu leitete.

Am Morgen des 6. Januar folgt ein weiterer Gottesdienst, mit dem zugleich Geburt und Taufe Jesu gefeiert werden. Im Anschluss an die feierliche Messe wird die Wasserweihe vollzogen, mit der die Gemeinde symbolisch Anteil an der Taufe Christi im Jordan nimmt. Jede Familie nimmt etwas von dem geweihten Wasser mit nach Hause und segnet damit wichtige Gegenstände und Räume.

Insgesamt dauern die Feierlichkeiten rund um Weihnachten in der armenischen Kirche acht Tage an. In diesen sogenannten »Weihnachts-Achttagen« grüßen die Gläubigen sich mit den Worten: »Christus ist geboren und erschienen, eine große Botschaft für euch und für uns.«

BAKLAVA
EINE ARMENISCHE GEDULDSPROBE

ZUTATEN

500 g	*Walnüsse*
3 EL	*Zucker*
2 EL	*Zimt*
1 kg	*Filo- oder Yufkateig (türkischer Blätterteig)*
750 g	*geschmolzene Butter*
	Für den Zuckersirup
900 g	*Zucker*
700 ml	*Wasser*
	Saft einer halben Zitrone

Wer kennt sie nicht, die süßen Häppchen aus dem türkischen Restaurant oder dem orientalischen Lebensmittelladen. In Armenien, das lange unter osmanischer Herrschaft stand, haben sich viele ursprünglich türkische Rezepte erhalten. Eines davon ist *Baklava*. Selbst gemacht gehört *Baklava* zu den Herausforderungen der süßen Küche und setzt Geduld und einen hohen Aufwand beim Backen voraus. Das süße Ergebnis lohnt sich aber auf jeden Fall!

ZUBEREITUNG: Walnüsse klein hacken und mit Zimt und Zucker mischen. * Auflaufform mit etwas flüssiger Butter einfetten. * Eine Schicht Teig auf die Größe der Auflaufform zuschneiden und passgenau auf dem Boden der Form auslegen. * Den Teig mit Butter beträufeln. * Die nächste Schicht Teig auslegen, wieder mit Butter beträufeln und wiederholen bis zur 15. Teigschicht. * Darauf eine Füllschicht mit der Hälfte der Walnuss-Zucker-Zimt-Mischung breiten. * Danach wieder im Wechsel Teig und Butter, bis wieder 15 Teigschichten übereinanderliegen bzw. bis der Teig aufgebraucht ist. * Darauf die zweite Hälfte der Füllung breiten. * Mit einem scharfen Messer die gesamte Masse rautenförmig einschneiden und dabei bis zum Boden der Form durchschneiden. * Die restliche Butter vom Rand der Form beginnend nach innen in die entstandenen Fugen gießen. * Die *Baklava* im vorgeheizten Backofen bei 180 °C etwa 45 Minuten goldbraun backen. * Aus dem Ofen nehmen und vollständig abkühlen lassen (mindestens 6 Stunden). * Für den Zuckersirup den Zucker unter Rühren im heißen Wasser auflösen, zum Eindicken 5 Minuten kochen lassen, 10 Minuten abkühlen lassen und dann den Zitronensaft einrühren. * Die Fugen in der *Baklava* noch einmal sorgfältig nachschneiden und dann den Sirup langsam vom Rand der Form beginnend in die Fugen rinnen lassen. * Die *Baklava* über Nacht ruhen lassen – **FERTIG IST DER GENUSS!**

Ein Kerzenkranz
MIT ACHT KERZEN

Bei armenischen Christen ist wie bei uns ein Kerzenkranz Teil der vorweihnachtlichen Tradition. Allerdings hat er nicht wie bei uns vier, sondern insgesamt acht Kerzen. Sieben kleinere Kerzen sind rund um den Kranz verteilt und stehen für die sieben Sonntage der armenischen Adventszeit. Die achte Kerze steht in der Mitte des Kranzes. Sie ist etwas größer als die anderen Kerzen und symbolisiert Jesus Christus. Angezündet wird die achte Kerze am 5. Januar nach Sonnenuntergang oder nach dem weihnachtlichen Abendgottesdienst beim gemeinsamen Familienessen.

In Deutschland initiierte die Tradition des Adventskranzes der Theologe Johann Hinrich Wichern (1808 – 1881), der in Hamburg das *Rauhe Haus* leitete, eine Zuflucht für arme Waisenkinder. Um die Wartezeit auf den Heiligen Abend zu verkürzen, schmückte er ein altes hölzernes Wagenrad mit Tannengrün und 24 roten sowie vier weißen Kerzen. In katholischen Kirchen in Köln und München hingen in den 1930er-Jahren die ersten Adventskränze mit vier Kerzen, von dort aus hielten sie ihren Einzug in die vorweihnachtlich geschmückten Wohnzimmer auf der ganzen Welt.

ADVENT, ADVENT, EIN LICHTLEIN BRENNT!
ERST EINS, DANN ZWEI, DANN DREI, DANN VIER,
DANN STEHT DAS CHRISTKIND VOR DER TÜR!

VOLKSTÜMLICHES GEDICHT

EIN LICHTLEIN FÜR DAHEIM, ODER ZWEI ODER DREI ...

Ein Adventskranz bringt mit dem Duft der frischen Zweige und dem Kerzenlicht die erste Weihnachtsstimmung ins Haus. Den Kranz selbst zu basteln ist – ein bisschen Fingerspitzengefühl und geeignetes Bastelmaterial vorausgesetzt – eine der einfacheren Herausforderungen der Vorweihnachtszeit. Ob er dann auf die armenische Art mit acht oder mit nur vier Kerzen geschmückt wird, bleibt jedem selbst überlassen.

ADVENTSKRANZ

Das wird benötigt:

Rohling aus Stroh, Reisig oder Styropor ✦ Zweige von Kiefer, Tanne, Zypresse, Buchs, Stechpalme, Mistel nach Belieben ✦ je nach Belieben Zapfen, Samen, Nüsse, Zimtstangen, Sterne, Bänder, getrocknete Früchte etc. zur Dekoration ✦ 4 (oder 8) Kerzen ✦ Kerzenhalter zum Aufstecken der Kerzen ✦ feuerfester Untersetzer/Teller ✦ Gartenschere ✦ Heißkleber, Zahnstocher

So wird's gemacht:

❋ Zweige auf maximal 20 cm kürzen.

❋ Drahtende ein- bis zweimal um den Rohling wickeln.

❋ Jeweils vier oder fünf Zweige zusammenlegen, das Zweigbündel am Kranz anlegen und mindestens dreimal fest mit Draht umwickeln.

❋ Die Drahtrolle ablegen (nicht abschneiden!) und das nächste Zweigbündel nehmen.

❋ Etwas versetzt (wie Dachziegel) über das Ende der bereits befestigten Zweige legen und ebenfalls mit dem Draht umwickeln; so geht es weiter, bis der Kranz fertig ist. Die Unterseite des Kranzes bleibt frei; Lücken können später mit kürzeren Zweigen gefüllt werden. Die Verzierung wird mit Draht, Heißkleber, Zahnstochern oder den Dekorationsbändern am Kranz befestigt.

VORSICHT: Unbedingt darauf achten, dass direkt neben den Kerzenhaltern genug Platz ist, damit der Kranz nicht zu brennen anfängt!

TIPP: Stellt man den Kranz über Nacht kühl und besprüht ihn mit Wasser, hält das Grün länger!

TRADITIONELL WIRD AN JEDEM ADVENTSSONNTAG EINE KERZE ANGEZÜNDET, IM UHRZEIGERSINN UM DEN KRANZ HERUM. DIE KERZEN SYMBOLISIEREN DAS ZUNEHMENDE LICHT, DAS CHRISTUS – DAS LICHT DER WELT – MIT SEINER GEBURT AUF DIE ERDE BRINGT.

Griechenland

ALLE WISSEN, WIE MAN UMARMT,
WENIGE ABER HALTEN DICH IM ARM
MIT IHRER GANZEN SEELE!

WEISHEIT AUS GRIECHENLAND

KALA CHRISTOUGENNA!

WEIHNACHTS-STECKBRIEF

WEIHNACHTSZEIT:
vom 24. Dezember bis 6. Januar

GESCHENKE:
werden in der Silvesternacht vom heiligen Basilius gebracht

WEIHNACHTSMENÜ:
Weihnachtssuppe, gefüllter Truthahn, *Melomakarona* (Honigmakronen), *Kourabiedes* (Mandelkekse)

Der Baum,
DER DIE ERDE STÜTZT

Heutzutage hat in Griechenland die Tradition des geschmückten Weihnachtsbaumes Einzug gehalten wie in vielen anderen europäischen Ländern. Das war jedoch nicht immer so: Früher stand oft ein geschnitztes Holzschiff in den griechischen Wohnzimmern, ein alter byzantinischer Brauch.

Heute steht der Weihnachtsbaum symbolisch für den »Baum, der die Erde stützt«. Dahinter steckt der aus dem alten Griechenland überlieferte Glaube an die Unterwelt, die von Geistern bevölkert wird, den *Kalikanzari*. Diese versuchen das ganze Jahr über, den Baum zu fällen, der die Erde stützt, und damit alle Lebewesen in die Unterwelt zu stürzen. Bevor die *Kalikanzari* jedoch Erfolg haben, wird Jesus als der Erlöser der Menschheit geboren. Um den Menschen Unheil zu bringen, verlassen jetzt die *Kalikanzari* zwölf Tage lang – vom Heiligen Abend bis zum 6. Januar – die Unterwelt. Damit sie mit ihren bösen Streichen keinen Erfolg haben, brennt in griechischen Haushalten während dieser Zeit jeden Abend, manchmal sogar tagsüber, ein Feuer im Kamin.

Besonders wichtig ist das erste Holzscheit, das am Abend des 23. Dezember angezündet wird. Dieses Weihnachtsscheit soll symbolisch das Christuskind in seiner Krippe wärmen, und dafür wird das beste, größte Stück Holz aufbewahrt, das sich während es Jahres finden ließ.

Die *Kalikanzari* werden am 6. Januar mit der Segnung der Häuser endgültig in die Unterwelt zurückgetrieben. An diesem Tag gibt es eine weitere griechische Tradition, die besonders in Hafenstädten zelebriert wird. Nach der Segnung der Häuser und des Wassers wirft der Priester ein Kreuz ins Wasser. Wer ins kalte Wasser springt und das Kreuz heraustaucht, dem winkt das Glück. Während des Wettkampfes, an dem vor allem junge Männer begeistert teilnehmen, läuten die Kirchenglocken und tuten die Schiffshörner, bis das Kreuz wieder sicher in den Händen des Priesters liegt.

SINGENDE Glücksbringer

BESONDERE HÖHEPUNKTE für die Kinder sind während der Weihnachtszeit in Griechenland der Heilige Abend und der 1. Januar. Am Heiligen Abend ziehen die griechischen Kinder in kleinen Gruppen von Haus zu Haus, erzählen von der Geburt Christi und singen Weihnachtslieder. Die Gruppe, die beim *Kalanda*-Singen mit ihren Glocken und Trommeln als Erstes bei einem Haus ankommt, soll besonders viel Glück und Segen bringen und wird deshalb reich mit Kuchen, Süßigkeiten oder kleinen Geldgeschenken belohnt. Die eigentlichen Weihnachtsgeschenke gibt es dafür erst am 1. Januar. Sie werden vom heiligen Basilius gebracht (oben rechts), der sie in der Silvesternacht vor den Betten der Kinder ablegt. An diesem Tag gibt es auch den Basilius-Kuchen, in den eine Münze eingebacken ist, die als Glückssymbol für das kommende Jahr gilt.

Warten auf das Licht

Festlich leuchten Kerzen und Lichter in der Weihnachtszeit. Und nur wenige Menschen erinnern sich noch daran, wie rau und geheimnisvoll diese Zeit früher war. Während der dunklen, oft stürmischen Nächte um den Jahreswechsel bangte man, ob das Licht wieder Einzug halten und der nächste Frühling kommen würde. Deshalb entstanden in der Zeit um die Wintersonnenwende im nördlichen Europa viele Bräuche rund um alte Dämonen und Götter, die besänftigt werden mussten.
Während der zwölf *Raunächte*, die in vorchristlicher Zeit mit der Wintersonnenwende am 21. Dezember, heute mit dem Heiligen Abend beginnen und mit dem 6. Januar enden, ging nach altem germanischen Volksglauben die *Wilde Jagd* um.

Unter Wotans Befehl ritten in jeder Nacht wilde Gesellen durch die Lüfte, brachten Sturm und Schnee und zogen unbesonnene Menschen in ihren Bann. Die *Wilde Jagd* verkörperte den Lauf des Jahres, die Abhängigkeit des Menschen von den Kräften der Natur. Nicht ausschließlich negativ verkündete sie das Ende der dunklen Jahreszeit und den baldigen Beginn des Frühlings.
Um die unruhigen Geister in diesen Tagen zu besänftigen und keine Aufmerksamkeit zu erregen, wurde vor den Raunächten gründlich aufgeräumt, Spinnräder standen still und der Backofen blieb kalt. Außerdem glaubte man fest daran, dass alle Träume in Erfüllung gehen sollten, die man während dieser Nächte träumte.

Das Holleweibchen

Nun war einmal ein junges Mädchen aus der Stadt erschienen, um in Nemmersdorf die Hauswirtschaft zu erlernen. Das Spinnen ging ihr nicht recht von der Hand, weil sie diese Arbeit nicht von Jugend auf gelernt hatte; bei ihrer Hausfrau aber musste so fein gesponnen werden, dass man ein Gewinde durch einen Trauring ziehen konnte. Dieses Mädchen aus der Stadt wollte an die Spinnfrauen oder Holleweibchen nicht glauben. Am Lichtmessabend, als alle andern schon schliefen, stand sie leise auf, reinigte die Schlüssellöcher in Flur und Küche, die die Köchin sorgsam verstopft hatte, damit die Holleweibchen nicht ins Haus schlüpfen könnten, nahm das Spinnrad und legte Flachs auf; kaum lag das Mädchen wieder im Bett, da brauste und sauste es vor den Fenstern, als ziehe die Wilde Jagd vorüber. Neugierig eilte das Mädchen wieder in die Küche. Da saß ein kleines graues Wesen am Spinnrad und spann; schon lag eine Rolle des allerfeinsten Garns auf der Erde. Als das Mädchen erstaunt näher schlich, packte das Holleweibchen seine losen Haare und spann sie statt des Flachses. Plötzlich sah das Mädchen eine Sternschnuppe fallen. Es wusste selbst nicht, was es war, und schrie in seiner Angst und Not: »Ach, ach, der Himmel fällt ein!« Darüber erschrak das Holleweibchen und rannte bei der Tür hinaus.

Das Mädchen machte sich rasch vom Spinnrad los und zerhackte den Spinnrocken mit einem Küchenbeil in viele Stücke. Als das Holleweibchen nach einiger Zeit wieder zur Tür hereinschaute und das Spinnrad zerschlagen sah, kehrte es um und lief davon.

Das Stadtmädchen aber war von nun an von seinem Unglauben geheilt und hat nie mehr versucht, in der verbotenen Zeit, in den Zwölften, den Nächten zwischen Weihnachten und Dreikönig und zu Lichtmess, zu spinnen oder Flachs aufzulegen.

Württembergische Sage

RAUCH BESÄNFTIGT DIE GEISTER

Für die Raunächte sind viele Rituale überliefert. Sie dienen dazu, sich vom Alten zu verabschieden und sich von negativen Energien zu reinigen, um gesund und kraftvoll ins neue Jahr zu kommen. Auf diese Weise erbat man sich früher den Segen für Haus, Hof und Gesundheit für Mensch und Tier.

Eines der wichtigsten überlieferten Rituale ist das Räuchern. Der Gebrauch von Räucherwerk war nicht nur den Schamanen, Heilkundigen oder Druiden vorbehalten, sondern war ein wichtiger Bestandteil des Volksglaubens. Man war davon überzeugt, dass mit dem Feuer der Geist der verbrannten Pflanze freigesetzt würde, die den Menschen schützte, reinigte oder heilte und zugleich die Götter besänftigte. Rund um Weihnachten wurde besonders am 21., 24. und 31. Dezember und 5. Januar geräuchert, um Segen für Haus und Hof zu erbitten und böse Geister und Dämonen zu vertreiben.

ÜBLICHE RÄUCHERSTOFFE UND IHRE WIRKUNG:

Angelikawurzel zur Reinigung der Räume und um gute Energie zu erzeugen
Kampfer, um alles Alte zu löschen
Myrrhe wirkt desinfizierend, klärend und beruhigend
Myrte bringt Frieden und sorgt für Klarheit
Salbei reinigt auch auf spiritueller Ebene
Thymian stärkt die Energie
Weihrauch bringt Segen ins Haus und verbessert die Energie

Nach dem Räuchern sollte man etwas Quellwasser versprühen, um den Rauch zu binden und die Atmosphäre zu klären, und einmal gut durchlüften, um verbrauchte Energie hinaus und frische Energie ins Haus zu lassen.

HEINRICH HEINE

DRAUSSEN ZIEHEN WEISSE FLOCKEN
DURCH DIE NACHT, DER STURM IST LAUT;
HIER IM STÜBCHEN IST ES TROCKEN,
WARM UND EINSAM, STILLVERTRAUT.

SINNEND SITZ ICH AUF DEM SESSEL
AN DEM KNISTERNDEN KAMIN,
KOCHEND SUMMT DER WASSERKESSEL
LÄNGST VERKLUNGNE MELODIEN.

UND EIN KÄTZCHEN SITZT DANEBEN,
WÄRMT DIE PFÖTCHEN AN DER GLUT;
UND DIE FLAMMEN SCHWEBEN, WEBEN,
WUNDERSAM WIRD MIR ZUMUT.

Balkan

KEIN TAG OHNE AUGENLICHT
UND KEIN JAHR OHNE WEIHNACHTEN.

PETAR II. PETROVIĆ-NJEGOŠ

Bulgarien

WEIHNACHTS-STECKBRIEF

WEIHNACHTSZEIT:
vom 15. November (Beginn der Fastenzeit)
bis 7. Januar

GESCHENKE:
in der Nacht vom 24. Dezember oder am 7. Januar;
werden vom Weihnachtsmann *Djado Koleda*
gebracht (Bulgarien)

WEIHNACHTSMENÜ:
Linsen, vegane Gerichte am 24. Dezember,
an den Folgetagen auch Fleisch

BESONDERHEIT (BULGARIEN):
Walnüsse werden am Heiligen Abend als Orakel geknackt.

VON JUNGEN BÄUMEN UND Hageldämonen

IN BULGARIEN hatte der *Badnjak* jahrhundertelang die gleiche Bedeutung wie in vielen anderen Ländern Europas der Tannenbaum. Vielerorts konnte sich der *Badnjak*-Brauch bis in unsere Tage erhalten. Und das nicht nur in Bulgarien, sondern auch in Albanien, Griechenland, Kroatien, Serbien und Slowenien. Sogar in Frankreich gab es früher eine ähnliche Tradition.

Vor Sonnenaufgang wird am *Badnjidan*, dem heiligen Tag, ein junger Baum gefällt – das kann je nach Region eine Buche, ein Maulbeerbaum oder ein Ölbaum sein. Für das Fällen des Baumes gibt es besondere Regeln: Der Baum muss mit nur drei Axthieben geschlagen werden und soll unbedingt Richtung Osten fallen. Bevor der Baum den Boden berührt, wird er von bereitstehenden Helfern aufgefangen, da es laut Überlieferung Unglück bringen würde, wenn er auf die Erde fällt. Um die Seele des Baumes zu versöhnen, wird die Schnittstelle je nach Region mit Wein begossen, mit Honig bestrichen oder es wird eine kleine Opfergabe hinterlassen. Das Holz des *Badnjak* symbolisiert das Brennholz, das die Hirten für Josef geschlagen haben, um den Stall zu wärmen, in dem Jesus geboren wurde.

Das Holz wird am *Badnje Veče*, dem Weihnachtsabend, in der Kirche geweiht, mit Honig bestrichen und dann werden drei Scheite davon ins offene Feuer geschoben. Die Zahl Drei symbolisiert die Heilige Dreifaltigkeit und findet sich bei den drei weihnachtlichen Kerzen wieder, die meist auf dem Tisch dekoriert werden. Wer heute keine offene Feuerstelle hat, der besorgt sich auf dem Weihnachtsmarkt kleine Bündel mit Zweigen des *Badnjak* und verbrennt sie statt der großen Holzstücke.

Ist das Holz verbrannt, wird die Asche sorgfältig aufbewahrt, denn sie soll heilende und schützende Wirkung haben. Auf Felder und in Gärten gestreut, soll sie eine gute Ernte sichern, in die Luft geworfen, die Hageldämonen vergraulen. Auch einfaches Stroh spielt im Balkan zu Weihnachten eine wichtige Rolle: Mit Weihwasser gesegnet, steht es für das Stroh, auf das Jesus in Bethlehem gebettet wurde. Es wird nach dem Weihnachtsfest im Garten und in den Ställen verstreut, um für Fruchtbarkeit im nächsten Jahr zu sorgen.

Lied des Badnjak-Baumes

ACH DU BÄUMCHEN, GRADES BÄUMCHEN!
WO BIST DU SO SCHLANK GEWACHSEN,
SO GRAD UND HOCH GEWACHSEN?
ANTWORT GIBT DAS SCHLANKE BÄUMCHEN:
ACH, DU LIEBES, KLEINES MÄDCHEN,
MÄGDLEIN, FEDERCHEN GEKRÜMMTES!
ICH BIN AUFGEWACHSEN DROBEN,
DORT AUF DEM GEBIRGE OBEN,
BEI DEM SAMOVILENSEE.
SCHNITT MICH EIN SCHWARZÄUG'GER BURSCHE,
TRUG MICH WEG, UM MICH ZU SETZEN
NEBEN HERD UND NEBEN TISCH.
GOLDNES BÄUMCHEN BIN ICH, MÄDCHEN,
GOLDNES BÄUMCHEN REICH AN FRÜCHTEN.
WERDE BIS ZUM HIMMEL WACHSEN,
ÄSTE BIS ZUR ERDE SENKEN.
TREIBE LAUB WIE FEINE PERLEN,
BLÜTEN GAR WIE WEISSES SILBER,
FRÜCHTE BRING ICH REINEN GOLDES.
HERAB AUF MIR WIRD CHRISTUS KOMMEN.
WERDE BRINGEN VIEL GESCHENKE:
FÜR DIE MÄDCHEN FEINE PERLEN,
FÜR DIE MÜTTER REINES SILBER,
FÜR DIE VÄTER ROTES GOLD GAR,
ROTES GOLD EIN VOLLES HAUS AUCH
REICH AN KINDERN, REICH AN LÄMMERN,
REICH AN KÄLBERN, REICH AN FOHLEN,
REICH AN ZICKLEIN, REICH AN FERKELN,
REICH AN SCHNELLEN BIENENSCHWÄRMEN,
LEBEN, FRÖHLICHKEIT, GESUNDHEIT.

GRÜN ALS SYMBOL FÜR NEUES LEBEN und Unsterblichkeit

WEIHNACHTSWEIZEN, auch Barbaraweizen oder Luciaweizen genannt, wird als Tellersaat oder in einer Schale am Barbaratag (4. Dezember) oder Luciatag (13. Dezember) angepflanzt. Die Weizenkörner keimen und stehen mit ihren grünen Halmen als Symbol für neues Leben und damit für die Geburt Christi. Außerdem soll das Gedeihen des Weihnachtsweizens die Qualität der nächsten Ernte vorhersagen.
Der Brauch wird besonders in Slowenien, Kroatien und Ungarn, aber auch in Südfrankreich und Teilen Deutschlands praktiziert. Ursprünglich soll er von der Verehrung des Adonis, des griechischen Gottes für Vegetation und Schönheit, stammen. Vor der griechischen Mythologie war das Anpflanzen von Tellersaat bis ins alte Ägypten und den Vorderen Orient eine gängige Tradition. Im Adonis-Kult stand die Tellersaat für das Werden und Vergehen sowie die Unsterblichkeit des Gottes Adonis.
Beim heutigen christlichen Brauch wird oft in der Mitte der Schale mit dem Winterweizen am Heiligen Abend eine Kerze entzündet, die für die Geburt Jesu steht. Außerdem bekommt die Schale manchmal eine Banderole mit den Nationalfarben des jeweiligen Landes.

CESNICA – SERBISCHES WEIHNACHTSBROT

Zu Weihnachten wird in einigen Staaten der Balkanhalbinsel traditionell ein Brot mit dem Namen *Cesnica* gebacken. Kurz vor dem Backen wird im Brotteig eine Münze versteckt. Auf dem fertig gebackenen Weihnachtsbrot darf außerdem ein Zweig vom *Badnjak* nicht fehlen. Nach dem Gottesdienst versammeln sich die Familien zu Hause, zünden eine Kerze an, singen und beten gemeinsam. Mit Weihrauch werden alle Hausbewohner, die Ikonen und das ganze Haus geräuchert. Danach wird das Brot mit den Händen in so viele Teile gebrochen, wie Familienmitglieder anwesend sind. Wer in seinem Stück die Münze findet, dem winkt das Glück ein ganzes Jahr lang.

	ZUTATEN
1 kg	*Mehl*
1 Pck.	*Hefe*
1 Prise	*Zucker*
500 ml	*Milch*
2	*Eier*
1	*(goldene oder silberne) Münze*
1	*Bohne*
1	*Weizenkorn*
	Salz
	Butter zum Ausbuttern der Backform
	Eigelb zum Bestreichen des Teiges

ZUBEREITUNG: Mehl in eine Schüssel geben, in der Mitte des Mehlkegels eine Grube freilegen. * Darin die Hefe klein bröckeln und mit einer Prise Zucker und etwas lauwarmer Milch circa 10 Minuten zugedeckt aufgehen lassen. * Ein Ei verrühren und in die Hefe geben, salzen und die restliche Milch dazugeben. * Die Masse mit einem Kochlöffel gut verrühren, damit ein glatter Teig entsteht * Den Teig durchkneten, abdecken und ruhen lassen. * Sobald der Teig anfängt aufzugehen, noch einmal vorsichtig durchkneten. Der Teig für die *Cesnica* soll nur zur Hälfte aufgehen. * In den Teig die Münze, die Bohne und das Weizenkorn einsetzen, in eine gebutterte Form füllen und mit der Gabel verschiedene Motive auf den Teig kerben. Die Oberfläche des Teiges mit Eigelb bestreichen. * Im vorgeheizten Backofen bei 170 °C backen, bis die *Cesnica* goldgelb ist.

Russland

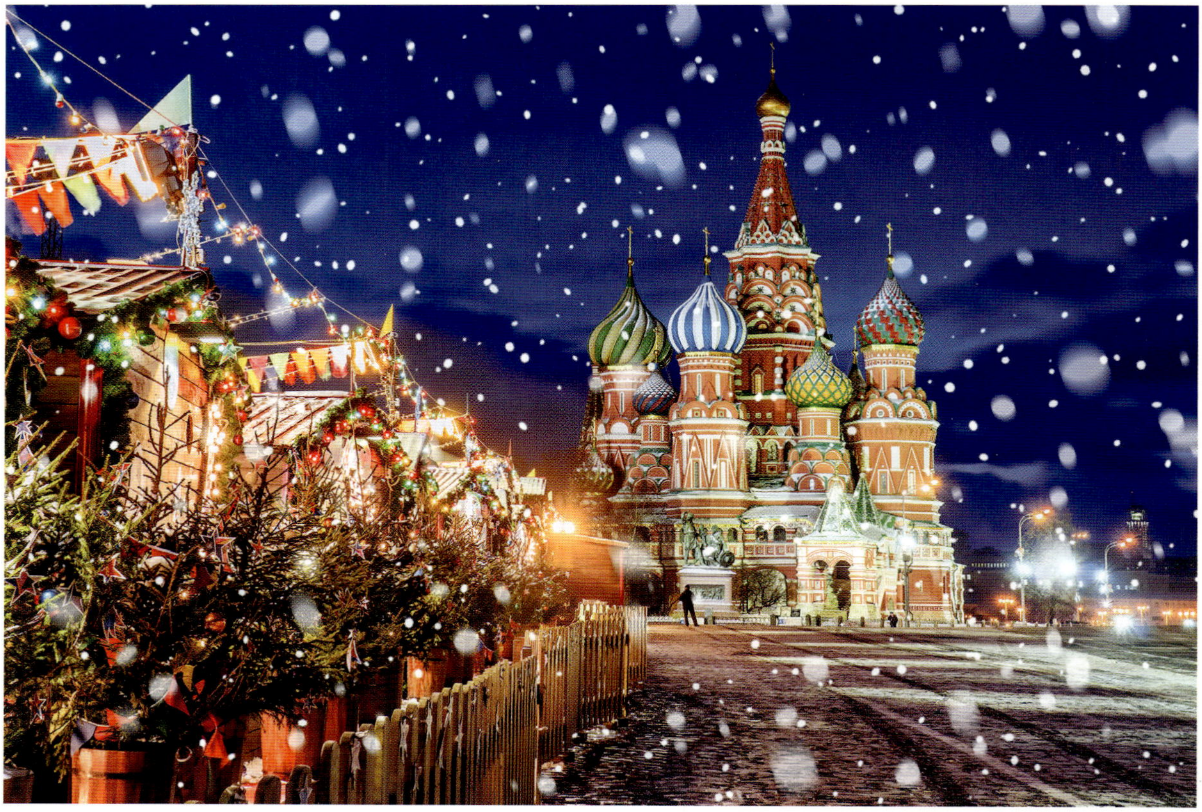

DIE GUTE ZEIT FÄLLT NICHT VOM HIMMEL,
SONDERN WIR SCHAFFEN SIE SELBST;
SIE LIEGT IN UNSEREN HERZEN
EINGESCHLOSSEN.

FJODOR M. DOSTOJEWSKI

S ROZHDESTVOM KHRISTOVYM!

WEIHNACHTS-STECKBRIEF

WEIHNACHTSZEIT:
vom 31. Dezember bis 13. Januar

GESCHENKE:
gibt's in der Neujahrsnacht, werden von Väterchen Frost und Enkelin Schneeflöckchen gebracht

WEIHNACHTSMENÜ:
zwölf Gerichte, je eines für jeden Apostel, *Blini* (russische Pfannkuchen), *Sochivo* (Weizenbrei mit Rosinen, Honig und Mohn)

DIE LEGENDE
vom vierten König

Außer Caspar, Melchior und Balthasar war auch ein vierter König aus dem Morgenland aufgebrochen, um dem Stern zu folgen, der ihn zu dem göttlichen Kind führen sollte. Dieser vierte König hieß Coredan. Drei wertvolle rote Edelsteine hatte er zu sich gesteckt und mit den drei anderen Königen einen Treffpunkt vereinbart. Doch Coredans Reittier lahmte unterwegs. Er kam nur langsam voran, und als er bei der hohen Palme eintraf, war er allein. Nur eine kurze Botschaft, in den Stamm des Baumes eingeritzt, sagte ihm, dass die anderen drei ihn in Bethlehem erwarten würden.

Coredan ritt weiter, ganz in seinen Wunschträumen versunken. Plötzlich entdeckte er am Wegrand ein Kind, bitterlich weinend und aus mehreren Wunden blutend. Voll Mitleid nahm er das Kind auf sein Pferd und ritt in das Dorf zurück, durch das er zuletzt gekommen war. Er fand eine Frau, die das Kind in Pflege nahm. Aus seinem Gürtel nahm er einen Edelstein und vermachte ihn dem Kind, damit sein Leben gesichert sei. Doch dann ritt er weiter, seinen Freunden nach. Er fragte die Menschen nach dem Weg, denn den Stern hatte er verloren.

Eines Tages erblickte er den Stern wieder, eilte ihm nach und wurde von ihm durch eine Stadt geführt. Ein Leichenzug begegnete ihm. Hinter dem Sarg schritt eine verzweifelte Frau mit ihren Kindern. Coredan sah sofort, dass nicht allein die Trauer um den Toten diesen Schmerz hervorrief. Der Mann und Vater wurde zu Grabe getragen. Die Familie war in Schulden geraten, und vom Grabe weg sollten die Frau und die Kinder als Sklaven verkauft werden.

Coredan nahm den zweiten Edelstein aus seinem Gürtel, der eigentlich dem neugeborenen König zugedacht war.
»Bezahlt, was ihr schuldig seid, kauft euch Haus und Hof und Land, damit ihr eine Heimat habt!«
Er wendete sein Pferd und wollte dem Stern entgegenreiten – doch dieser war erloschen. Sehnsucht nach dem göttlichen Kind und tiefe Traurigkeit überfielen ihn. War er seiner Berufung untreu geworden? Würde er sein Ziel nie erreichen?
Eines Tages leuchtete ihm sein Stern wieder auf und führte ihn durch ein fremdes Land, in dem Krieg wütete. In einem Dorf hatten Soldaten die Bauern zusammengetrieben, um sie grausam zu töten. Die Frauen schrien und Kinder wimmerten. Grauen packte den König Coredan, Zweifel stiegen in ihm auf. Er besaß nur noch einen Edelstein – sollte er denn mit leeren Händen vor dem König der Menschen erscheinen? Doch dies Elend war so groß, dass er nicht lange zögerte, mit zitternden Händen seinen letzten Edelstein hervorholte und damit die Männer vor dem Tode und das Dorf vor der Verwüstung loskaufte.
Müde und traurig ritt Coredan weiter. Sein Stern leuchtete nicht mehr. Jahrelang wanderte er. Zuletzt zu Fuß, da er auch sein Pferd verschenkt hatte. Schließlich bettelte er, half hier einem Schwachen, pflegte dort Kranke; keine Not blieb ihm fremd. Und eines Tages kam er am Hafen einer großen Stadt gerade dazu, als ein Vater seiner Familie entrissen und auf ein Sträflingsschiff, eine Galeere, verschleppt werden sollte. Coredan flehte um den armen Menschen und bot sich dann selbst an, anstelle des Unglücklichen als Galeerensklave zu arbeiten. Sein Stolz bäumte sich auf, als er in Ketten gelegt wurde. Jahre vergingen.
Er vergaß, sie zu zählen. Grau war sein Haar, müde sein zerschundener Körper geworden. Doch irgendwann leuchtete sein Stern wieder auf. Und was er nie zu hoffen gewagt hatte, geschah. Man schenkte ihm die Freiheit wieder; an der Küste eines fremden Landes wurde er an Land gelassen.
In dieser Nacht träumte er von seinem Stern, träumte von seiner Jugend, als er aufgebrochen war, um den König aller Menschen zu finden. Eine Stimme rief ihn: »Eile, eile!«
Sofort brach er auf, er kam an die Tore einer großen Stadt. Aufgeregte Gruppen von Menschen zogen ihn mit, hinaus vor die Mauern. Angst schnürte ihm die Brust zusammen. Einen Hügel schritt er hinauf, oben ragten drei Kreuze. Coredans Stern, der ihn einst zu dem Kind führen sollte, blieb über dem Kreuz in der Mitte stehen, leuchtete noch einmal auf und war dann erloschen. Ein Blitzstrahl warf den müden Greis zu Boden. »So muss ich also sterben«, flüsterte er in jäher Todesangst, »sterben, ohne dich gesehen zu haben? So bin ich umsonst durch die Städte und Dörfer gewandert wie ein Pilger, um dich zu finden, Herr?«
Seine Augen schlossen sich. Die Sinne schwanden ihm. Da aber traf ihn der Blick des Menschen am Kreuz, ein unsagbarer Blick der Liebe und Güte. Vom Kreuz herab sprach die Stimme: »Coredan, du hast mich getröstet, als ich jammerte, und gerettet, als ich in Lebensgefahr war; du hast mich gekleidet, als ich nackt war!« Ein Schrei durchbebte die Luft – der Mann am Kreuz neigte das Haupt und starb. Coredan erkannte mit einem Mal: Dieser Mensch ist der König der Welt. Ihn habe ich gesucht in all den Jahren. – Er hatte ihn nicht vergebens gesucht, er hatte ihn doch gefunden.

Russische Legende

VON

Väterchen Frost

UND MÄNNER SUCHENDEN MÄDCHEN

WÄHREND DER SOWJETZEIT wurden in Russland Kirche und Christentum mit ihren Traditionen wie der Verehrung des heiligen Nikolaus – der seit dem 11. Jahrhundert ein wichtiger Teil des Weihnachtsfestes war – unterdrückt. Alte Bräuche, wie die rund um Väterchen Frost, blieben dagegen erhalten oder lebten wieder auf.

Heute beginnt das russisch-orthodoxe Weihnachtsfest am 31. Dezember und wird bis zum 7. Januar (nach gregorianischem Kalender) gefeiert. *Djed Moros*, wie Väterchen Frost russisch heißt, bringt bis heute zum Jahreswechsel den russischen Kindern die Geschenke. Gekleidet in einen weißen Mantel, fährt er mit seinem Pferdeschlitten von Haus zu Haus und verteilt seine Gaben. Dabei wird er unterstützt von dem jungen Helfer Neujahr und von seiner Enkelin Schneeflöckchen.

Eine besondere Tradition, die vor allem junge Leute am Leben erhalten, ist eine Art weihnachtliche Singlebörse: Ab dem 6. Januar dürfen unverheiratete junge Frauen zwölf Tage lang auf Brautschau gehen. Dafür fallen ihnen oft merkwürdige Methoden ein, wie zufällig ausgedachte Nummern ins Telefon einzutippen und zu hoffen, dass der zukünftige Mann abheben wird.

Früher war in der Zeit nach dem 7. Januar, den sogenannten *Swjatki*-Wochen, ebenfalls Zeit für Wahrsagerei. Weil es noch keine Telefone gab, mussten die Mädchen auf andere Mittel zurückgreifen, um ihre Zukunft zu erfahren. Eine davon war die Wahrsagerei mit einem Spiegel, bei der das Mädchen eine brennende Kerze vor einem Spiegel aufstellte und so lange durch die Flamme hindurch den Spiegel fixierte, bis sie darin das Gesicht ihres zukünftigen Ehemannes sah. Weniger mühsam klingt die Wahrsagerei mit dem Schuh, dafür ist das Ergebnis auch unspezifischer. Um zu erfahren, ob es im nächsten Jahr heiraten oder daheim bei den Eltern bleiben würde, musste ein Mädchen den linken Schuh über den Gartenzaun werfen. Zeigte die Schuhspitze vom Tor weg, war die Hochzeit vorprogrammiert.

SOCHIVO
FÜR LECKERMÄULER

Zwei besondere Speisen dürfen bei einem russischen Weihnachtsessen nicht fehlen: *Sochivo* und *Koljadki*. *Sochivo* ist eine Festspeise für jedes wichtige Familienfest wie Geburt, Hochzeit oder Taufe. Dem russischen Heiligen Abend gibt sie sogar seinen Namen: *Sochelnik*. *Sochivo* wird traditionell aus Weizen zubereitet, kann aber auch aus allen anderen Getreidesorten oder mit Reis gekocht werden. Für ein wenig Nervenkitzel beim Essen sorgt eine Bohne, die ihren Weg in den Topf mit *Sochivo* findet. Wer den Glücksbringer in seiner Portion hat, darf sich auf ein besonders glückliches neues Jahr freuen. Eine weihnachtliche Sternform mit unterschiedlich vielen Zacken hat die andere Spezialität, die *Koljadki*, kleine Piroggen aus Roggen- und Weizenmehl mit verschiedenen Füllungen.

ZUTATEN

200 g	*Weizen*
400 ml	*Wasser*
100 g	*Mohn*
2 – 3 EL	*Honig*
100 g	*gehackte Walnüsse*

ZUBEREITUNG: Weizen in kochendes Wasser geben, bei geringer Hitze zugedeckt 15 Minuten kochen, danach eine Stunde ziehen lassen. ❋ Mohn fein mahlen, mit Honig vermischen und zusammen mit den Walnüssen zum Sochivo geben.

PRIJATNOGO APPETITA! – GUTEN APPETIT!

REICH ZELEBRIERTES CHRISTENTUM und alter Aberglaube

STUNDENLANGE GOTTESDIENSTE am Heiligen Abend und ein festlicher Gottesdienst am Abend des Weihnachtsfeiertages, wenn »der erste Stern am Himmel erscheint«, sind ein wichtiger Teil des russischen Weihnachtsfestes. Neben der großen Gläubigkeit existiert in Russland viel alter Aberglaube, der zu Weihnachten in unterschiedlichen Traditionen seinen Ausdruck findet. So vermischen sich Altes und Neues und beides wird gleichermaßen wichtig genommen.

Einen christlichen Hintergrund hat der Brauch, an den Weihnachtstagen etwas Heu auf oder unter den Esstisch zu legen. Damit soll die Krippe im Stall zu Bethlehem symbolisiert werden. Auf den Tisch kommen außerdem insgesamt zwölf Gerichte, die als Symbol für die zwölf Apostel Jesu stehen.

Weniger christlich ist der alte Brauch, zwischen Heiligabend und Silvester das Haus nicht zu fegen, dafür aber am Neujahrstag umso gründlicher den Besen zu schwingen und den Müll anschließend zu verbrennen. Auf diese Weise soll Unglück aus dem Haus gefegt und eine gute Ernte beziehungsweise Erfolg und Glück für das nächste Jahr gesichert werden. Ein weiterer Aberglaube besagt, dass es Unglück bringen soll, zwischen Weihnachten und dem Fest der Taufe des Herrn auf die Jagd zu gehen.

RUSSISCHE Bauernregeln ZUR WEIHNACHTSZEIT

SCHNEE AM HEILIGABEND – ERNTE WIRD GUT.

REIF AM HEILIGABEND – GUTE WEIZENERNTE.

SCHNEESTURM AM HEILIGABEND – IM SOMMER WIRD ES VIELE BIENEN GEBEN.

Vom heiligen Nikolaus und dem Dieb

Es war einmal in einer Stadt ein Dieb, der hatte schon viel Schlimmes getan.
Einmal beraubte er einen reichen Mann, das wurde entdeckt und man verfolgte ihn. Lange Zeit lief der Dieb durch den Wald davon, aber endlich kam er an eine freie Steppe, die war vielleicht zehn Werst lang. Da blieb der Dieb stehen und wusste nicht, was er machen sollte.
Lief er über die Steppe, so fingen ihn seine Verfolger gleich ein, denn man sah auf der Steppe alles von Weitem, und er hörte, dass seine Verfolger ihm schon nahe waren. Da begann er zu beten: »Herr, vergib meiner sündigen Seele! Väterchen, heiliger Nikolaus, verbirg mich, dann opfere ich dir eine dicke Wachskerze.«
Plötzlich stand ein älterer Mann vor dem Dieb und fragte: »Was hast du gesagt?«
Der Dieb antwortete: »Ich flehte: Väterchen, heiliger Nikolaus, verbirg mich in dieser Öde, und dann versprach ich, ihm eine Kerze zu weihen.«
Darauf berichtete der Dieb dem Alten seine Sünde.
Der Alte sagte: »Wenn du willst, krieche in dieses Aas.« Es lag ein Aas in der Nähe, und der Dieb konnte sich nicht helfen und musste in das Aas kriechen, denn er wollte nicht gefangen werden.
Er kroch hinein, und im selben Augenblick war der Alte verschwunden, denn es war der heilige Nikolaus selber gewesen.
Die Verfolger kamen, ritten wohl einen halben Werst weit in die Steppe hinein, aber als sie niemand sahen, kehrten sie wieder um. Der Dieb lag mittlerweile im Aas und konnte kaum atmen, des faulen Geruchs wegen. Als die Verfolger verschwunden waren, stieg er heraus und sah wieder jenen Greis in der Nähe stehen und Wachs einsammeln. Der Dieb trat zu ihm und dankte für seine Befreiung. Da fragte der Alte wieder: »Was hast du dem heiligen Nikolaus versprochen, als du eine Zuflucht suchtest?«
Der Dieb antwortete: »Ich versprach ihm eine Kerze.«
»So ist es! So übel riechend aber, wie dir das Aas erschien, in dem du verborgen lagst, ebenso erschien dem heiligen Nikolaus deine Kerze! Flehe niemals«, fügte der Alte noch hinzu, »Gott den Herrn und die Heiligen, seine Diener, um schlechter Dinge willen an, denn Gott segnet sie nicht. Gib acht und merk dir meine Worte. Sag es auch den anderen, dass sie Gott nicht um Böses bitten!«
Sagte es und verschwand

Russisches Märchen

Estland

FEIERTAGE KOMMEN WIE KÖNIGE UND GEHEN WIE BETTLER.

WEISHEIT AUS ESTLAND

HÄID JÕULE!

WEIHNACHTS-STECKBRIEF

WEIHNACHTSZEIT:
gefeiert wird am 24. Dezember oder – aufgrund des hohen Bevölkerungsanteils der russischen Minderheit – am 6. Januar

GESCHENKE:
bringt der Weihnachtsmann *Jõuluvana*

WEIHNACHTSMENÜ:
Schweinefleisch mit Sauerkraut, Blutwurst, gebackene Kartoffeln, Pastete, Lebkuchen, Marzipan

Saubere Besen
FLIEGEN NICHT!

LANGE WINTERABENDE finden nicht nur die Menschen langweilig. In Estland glaubt man fest daran, dass besonders in den langen Nächten der Adventszeit viele Hexen ihr Unwesen treiben und alles verzaubern, was nicht niet- und nagelfest ist. Um dem frechen Treiben Einhalt zu gebieten, gibt es ein einfaches Mittel: Da nur schmutzige Besen als Fluggerät für die Hexen taugen, werden vor Weihnachten in jedem estnischen Haushalt die Besen gründlich gesäubert. In diesem Fall helfen sogar die Kinder gerne beim Putzen, weil den Besenreinigern eine Belohnung winkt, wenn wegen der blitzsauberen Besen keine Hexe eine Chance hat, der Familie in der Weihnachtszeit ihre Streiche zu spielen.
Überhaupt dürfen sich die Kinder in Estland bereits während der gesamten Adventszeit über Geschenke freuen. Jeden Tag legen die *Päkapikks*, fleißige Gnome und Wichtel, die dem Weihnachtsmann bei seiner Arbeit helfen, ihre kleinen, süßen Gaben in die aufgestellten Pantoffeln. Wie beim Reinigen der Besen gibt es in Estland auch am Heiligen Abend eine kleine Aufgabe, bevor die Geschenke verteilt werden. Der Beschenkte sagt ein Gedicht auf, singt ein Lied oder erzählt eine Geschichte.

Deftige Kost –
AUCH FÜR DIE VORFAHREN

Das Weihnachtsessen besteht in Estland gerne aus herzhaften Gerichten wie Schweinebraten, Blutwurst, Sülze, Sauerkraut und Ofenkartoffeln. Als Nachspeise stehen unter anderem Pfefferkuchen, Weihnachtsbrot, Äpfel und Mandarinen auf dem Tisch. Während des Essens darf weder unter den Tisch gesehen noch heruntergefallenes Essen aufgehoben werden, um die Hausgeister nicht zu verärgern. Nach dem Festmahl wird außerdem der Tisch nicht abgeräumt, die Reste bleiben über Nacht stehen. In der Weihnachtsnacht sollen nämlich nach altem Volksglauben die Seelen toter Verwandter und Freunde ins Haus kommen und die übrig gebliebenen Leckereien verzehren.

Finnland

BESSER EIN KLEINES GESCHENK
ALS EIN GROSSES VERSPRECHEN.

WEISHEIT AUS FINNLAND

HYVÄÄ SJOULUA!

WEIHNACHTS-STECKBRIEF

WEIHNACHTSZEIT:
vom 1. Dezember bis 6. Januar

GESCHENKE:
gibt's am 24. Dezember, werden vom Weihnachtsmann *Joulupukki* (deutsch: Weihnachtsbock) gebracht

WEIHNACHTSMENÜ:
Weihnachtsschinken, Kartoffel- und Steckrübenauflauf, Rote-Bete-Salat, Pfefferkuchen

SANTA CLAUS
Post office FINLAND
Total 1950-1993
2.93 million letter
94 271517
Joulupukin Pääposti
Santa Claus Main Post Office
POSTES
FINLANDE
POSTES

Der Weihnachtsmann

WOHNT NICHT AM NORDPOL

DER *JOULUPUKKI*, finnischer Nachfolger des historischen heiligen Nikolaus von Myra, wohnt im Berg *Korvatunturi* in der Nähe von Rovaniemi. Davon sind die Finnen fest überzeugt, auch wenn bisher niemand den Eingang zur Residenz des Heiligen finden konnte. Vom Nordpol kommt der Nikolaus jedenfalls nicht – schließlich weiß jedes Kind, dass dort niemand leben kann. Eine zweite Residenz hat der Weihnachtsmann in Lappland im *Santa Claus Village*, dort dreht sich alles nur um Weihnachten.
Wer dem Weihnachtsmann einen Brief schreiben will, kann sich unter der folgenden Adresse an das Weihnachtspostamt wenden: Weihnachtsmann, Joulupukin Pääposti, FIN-96930 Napapiiri. Wenn der Brief bis zum 3. Dezember dort ankommt, erhält man in jedem Fall eine Antwort mit einem kleinen Geschenk.
Der finnische *Joulupukki* muss nicht klammheimlich durch Schornsteine klettern, sondern besucht die Kinder persönlich, die sich für diesen Anlass fantasievoll als Elfen verkleiden. Die »echten« Elfen – eines der Überbleibsel aus der altnordischen Mythologie – sind in Finnland mit der Frau des Weihnachtsmanns das ganze Jahr über beschäftigt, die Geschenke für Weihnachten zu basteln.

Von Weihnachtsfrieden

UND INNERER REINHEIT

Der traditionelle Weihnachtsfrieden wird in Turku, der ehemaligen Hauptstadt Finnlands, am 24. Dezember um 12 Uhr mittags ausgerufen. Ab diesem Zeitpunkt beginnen offiziell die Weihnachtsfeierlichkeiten. Die Tradition besteht seit 1320, und für die Verkündigung des Weihnachtsfriedens finden sich unzählige Menschen auf dem Alten Großmarkt von Turku vor dem Brinkkala-Haus ein, wo der Direktor der Stadtverwaltung die Zeremonie vollzieht. Für alle, die nicht persönlich dort sein können, wird sie im ganzen Land in Radio und Fernsehen übertragen. Der Weihnachtsfrieden dauert heute insgesamt drei Tage, früher waren es zwölf Tage. Wer in dieser Zeit den Frieden durch ein Verbrechen entweihte, wurde damals mit doppelt so harter Strafe belegt wie unter dem Jahr.
Später am Heiligen Abend gehen finnische Familien nicht nur in die Messe, sondern auch – vielleicht um sich für den Festtag von innen her zu reinigen – in die Sauna. Erst danach lässt man sich das Weihnachtsessen schmecken. Die Geschenke werden während und nach dem Essen verteilt.

Schweden

SCHENKEN HEISST,
EINEM ANDEREN ETWAS GEBEN, DAS MAN
AM LIEBSTEN SELBST BEHALTEN MÖCHTE.

SELMA LAGERLÖF

GOD JUL!

WEIHNACHTS-STECKBRIEF

WEIHNACHTSZEIT:
vom 13. Dezember bis 13. Januar

GESCHENKE:
gibt's am 24. Dezember; werden vom Weihnachtsmann oder den *Jultomte*, den Weihnachtswichteln, gebracht

WEIHNACHTSMENÜ:
Buffet Julbord, unter anderem mit schwedischen Pfefferkuchen, Fleischbällchen, gegrilltem Schinken, eingelegtem Hering und Meeresfrüchten

EIN FEST DER
Helligkeit und des Lichts

In Schweden sind die Winter, wie im restlichen Skandinavien, lang und dunkel. Auch tagsüber wird es nur kurz hell und die Menschen sehnen sich nach Licht. Deshalb ist in Schweden ein wichtiger Teil der Adventszeit die Beleuchtung in Haus und Garten, die Helligkeit und Wärme bringen soll. Ein besonderer Höhepunkt der Vorweihnachtszeit ist der Luciatag, der in Schweden wie in allen skandinavischen Ländern am 13. Dezember gefeiert wird. Nach dem gregorianischen Kalender war der 13. Dezember Tag der Wintersonnenwende, heute ist er nach der Lichterkönigin Lucia benannt.
Die historische Heilige soll auf Sizilien geboren worden sein und starb 304 nach Christus den Märtyrertod. Zu den guten Taten der Heiligen Lucia gehört, dass sie gefangenen Christen in ihren Verliesen heimlich Essen brachte. Um in der Dunkelheit der Kerkerzellen eine Beleuchtung zu haben und dennoch die Hände frei zu behalten für die mitgebrachten Gaben, setzte sich Lucia einen Kerzenkranz auf den Kopf.
Wie und wann die Legende der heiligen Lucia in den Norden fand, ist unklar. Heute ist der Festtag jedenfalls für jedes Mädchen – in Schweden traditionell die älteste Tochter der Familie – eine besonders feierliche Angelegenheit. Überall ziehen kleine Lichterköniginnen, angetan mit weißen Kleidern, roten Gürteln und Lichterkronen im Haar, durch die Straßen. Sie singen Weihnachtslieder und laden ihr Publikum zu Kaffee und *Lussekatter*, einem typischen Safrangebäck, ein. Auch die skandinavischen Jungen kommen nicht zu kurz: Sie folgen den Lichterköniginnen als *stjärngossar* (Sternenknaben), verkleidet mit langen weißen Hemden und spitzer Sternenmütze, als Wichte oder Pfefferkuchenmännchen.

LUSSEKATTER – SCHWEDISCHE LUCIAKATZEN

ZUTATEN

200 ml	*Milch*
50 g	*Butter*
80 g	*Puderzucker*
1 Döschen	*gemahlener Safran (0,1 g)*
20 g	*frische Hefe*
400 g	*Mehl*
	Salz
	1 Ei
30 g	*Sultaninen*

ZUBEREITUNG: Milch, Butter, Puderzucker und Safran aufkochen und lauwarm abkühlen lassen. Hefe in die Milchmischung bröseln und glatt rühren. * Mehl und eine Prise Salz in eine Rührschüssel geben, Hefe-Milch-Mischung zugießen. * Mit den Knethaken des Handrührgeräts 8 – 10 Minuten gründlich zu einem glatten Teig verarbeiten. * Teig zugedeckt an einem warmen Ort ca. eine Stunde auf doppelte Größe gehen lassen. * Den Teig auf der bemehlten Arbeitsfläche mit den Händen durchkneten, zu einer Rolle formen und in 30 Stücke teilen. * Jeden Teigling zu einer ca. 18 cm langen Rolle formen. Jede Rolle wie ein »S« formen, die Enden spiralartig eindrehen. * Auf ein mit Backpapier belegtes Backblech legen und noch einmal 30 Minuten gehen lassen. * Ei verquirlen und die *Lussekatter* damit einpinseln. * Jeweils eine Sultanine in die Mitte der Spiralen drücken. * Im vorgeheizten Backofenbei 220 °C (Umluft 200 °C) 8 – 10 Minuten goldbraun backen. * Auf ein Kuchengitter legen, kurz abkühlen lassen und sofort servieren.

Da *Lussekatter* nur frisch gut schmecken, übrig gebliebene Stücke einfrieren, bei Bedarf auftauen und im Backofen bei 150 °C (Umluft 140 °C) 5 Minuten aufbacken.

SELMA LAGERLÖF

Die Heilige Nacht

Als ich fünf Jahre alt war, hatte ich einen großen Kummer. Ich weiß kaum, ob ich seitdem einen größeren gehabt habe. Das war, als meine Großmutter starb. Bis dahin hatte sie jeden Tag auf dem Ecksofa in ihrer Stube gesessen und Märchen erzählt. Ich weiß es nicht anders, als dass Großmutter dasaß und erzählte, vom Morgen bis zum Abend, und wir Kinder saßen still neben ihr und hörten zu. Das war ein herrliches Leben. Es gab keine Kinder, denen es so gut ging wie uns.

Ich erinnere mich nicht an sehr viel von meiner Großmutter. Ich erinnere mich, dass sie schönes, kreideweißes Haar hatte und dass sie sehr gebückt ging und dass sie immer dasaß und an einem Strumpf strickte.

Dann erinnere ich mich auch, dass sie, wenn sie ein Märchen erzählt hatte, ihre Hand auf meinen Kopf zu legen pflegte, und dann sagte sie: »Und das alles ist so wahr, wie dass ich dich sehe und du mich siehst.«

Ich entsinne mich auch, dass sie schöne Lieder singen konnte, aber das tat sie nicht alle Tage. Eines dieser Lieder handelte von einem Ritter und einer Meerjungfrau, und es hatte den Kehrreim:

»Es weht so kalt, es weht so kalt, wohl über die weite See.«

Dann entsinne ich mich eines kleinen Gebets, das sie mich lehrte, und eines Psalmverses.

Von allen den Geschichten, die sie mir erzählte, habe ich nur eine schwache, unklare Erinnerung. Nur an eine einzige von ihnen erinnere ich mich so gut, dass ich sie erzählen könnte. Es ist eine kleine Geschichte von Jesu Geburt.

Seht, das ist beinahe alles, was ich noch von meiner Großmutter weiß, außer dem, woran ich mich am besten erinnere, nämlich an den großen Schmerz, als sie dahinging.

Ich erinnere mich an den Morgen, an dem das Ecksofa leer stand und es unmöglich war zu begreifen, wie die Stunden des Tages zu Ende gehen sollten. Daran erinnere ich mich. Das vergesse ich nie.

Und ich erinnere mich, dass wir Kinder hingeführt wurden, um die Hand der Toten zu küssen. Und wir hatten Angst, es zu tun, aber da sagte uns jemand, dass wir nun zum letzten Mal Großmutter für alle die Freude danken könnten, die sie uns gebracht hatte. Und ich erinnere mich, wie Märchen und Lieder vom Hause wegfuhren, in einen langen schwarzen Sarg gepackt, und niemals wiederkamen.

Ich erinnere mich, dass etwas aus dem Leben verschwunden war. Es war, als hätte sich die Tür zu einer ganzen schönen, verzauberten Welt geschlossen, in der wir früher frei aus und ein gehen durften. Und nun gab es niemand mehr, der sich darauf verstand, diese Tür zu öffnen.

Und ich erinnere mich, dass wir Kinder so allmählich lernten, mit Spielzeug und Puppen zu spielen und zu leben wie andere Kinder auch, und da konnte es ja den Anschein haben, als vermissten wir Großmutter nicht mehr, als erinnerten wir uns nicht mehr an sie. Aber noch heute, nach vierzig Jahren, wie ich dasitze und die Legenden über Christus sammle, die ich drüben im Morgenland gehört habe, wacht die kleine Geschichte von Jesu Geburt, die meine Großmutter zu erzählen pflegte, in mir auf. Und ich bekomme Lust, sie noch einmal zu erzählen und sie auch in meine Sammlung mit aufzunehmen.

Es war an einem Weihnachtstag, alle waren zur Kirche gefahren, außer Großmutter und mir. Ich glaube, wir beide waren im ganzen Hause allein. Wir hatten nicht mitfahren können, weil die eine zu jung und die andere zu alt war. Und alle beide waren wir betrübt, dass wir nicht zum Mettegesang fahren und die Weihnachtslichter sehen konnten.

Aber wie wir so in unserer Einsamkeit saßen, fing Großmutter zu erzählen an.

»Es war einmal ein Mann«, sagte sie, »der in die dunkle Nacht hinausging, um sich Feuer zu leihen. Er ging von Haus zu Haus und klopfte an. Ihr lieben Leute, helft mir, sagte er. Mein Weib hat eben ein Kindlein geboren, und ich muss Feuer anzünden, um es und den Kleinen zu erwärmen! Aber es war tiefe Nacht, sodass alle Menschen schliefen, und niemand antwortete ihm.

Der Mann ging und ging. Endlich erblickte er in weiter Ferne einen Feuerschein. Da wanderte er dieser Richtung zu und sah, dass das Feuer im Freien brannte. Eine Menge weißer Schafe lag rings um das Feuer und schlief und ein alter Hirt wachte über der Herde. Als der Mann, der Feuer leihen wollte, zu den Schafen kam, sah er, dass drei große Hunde zu Füßen des Hirten ruhten und schliefen. Sie erwachten alle drei bei seinem Kommen und sperrten ihre weiten Rachen auf, als ob sie bellen wollten, aber man vernahm keinen Laut. Der Mann sah, dass sich die Haare auf ihrem Rücken sträubten, er sah, wie ihre scharfen Zähne

funkelnd weiß im Feuerschein leuchteten, und wie sie auf ihn losstürzten. Er fühlte, dass einer nach seiner Hand schnappte und dass einer sich an seine Kehle hängte. Aber die Kinnladen und die Zähne, mit denen die Hunde beißen wollten, gehorchten ihnen nicht, und der Mann litt nicht den kleinsten Schaden. Nun wollte der Mann weitergehen, um das zu finden, was er brauchte. Aber die Schafe lagen so dicht nebeneinander, Rücken an Rücken, dass er nicht vorwärts kommen konnte. Da stieg der Mann auf die Rücken der Tiere und wanderte über sie hin dem Feuer zu. Und keins von den Tieren wachte auf oder regte sich.«

So weit hatte Großmutter ungestört erzählen können, aber nun konnte ich es nicht lassen, sie zu unterbrechen. »Warum regten sie sich nicht, Großmutter?«, fragte ich. »Das wirst du nach einem Weilchen schon erfahren«, sagte Großmutter und fuhr mit ihrer Geschichte fort.

»Als der Mann fast beim Feuer angelangt war, sah der Hirt auf. Es war ein alter, mürrischer Mann, der unwirsch und hart gegen alle Menschen war. Und als er einen Fremden kommen sah, griff er nach seinem langen, spitzigen Stabe, den er in der Hand zu halten pflegte, wenn er seine Herde hütete, und warf ihn nach ihm. Und der Stab fuhr zischend gerade auf den Mann los, aber ehe er ihn traf, wich er zur Seite und sauste an ihm vorbei, weit über das Feld.«

Als Großmutter so weit gekommen war, unterbrach ich sie abermals. »Großmutter, warum wollte der Stock den Mann nicht schlagen?« Aber Großmutter ließ es sich nicht einfallen, mir zu antworten, sondern fuhr mit ihrer Erzählung fort.

»Nun kam der Mann zu dem Hirten und sagte zu ihm: Guter Freund, hilf mir und leih mir ein wenig Feuer. Mein Weib hat eben ein Kindlein geboren, und ich muss Feuer machen, um es und den Kleinen zu erwärmen.

Der Hirt hätte am liebsten Nein gesagt, aber als er daran dachte, dass die Hunde dem Manne nicht hatten schaden können, dass die Schafe nicht vor ihm davongelaufen waren und dass sein Stab ihn nicht fällen wollte, da wurde ihm ein wenig bange, und er wagte es nicht, dem Fremden das abzuschlagen, was er begehrte. Nimm, so viel du brauchst, sagte er zu dem Manne.

Aber das Feuer war beinahe ausgebrannt. Es waren keine Scheite und Zweige mehr übrig, sondern nur ein großer Gluthaufen, und der Fremde hatte weder Schaufel noch Eimer, worin er die roten Kohlen hätte tragen können. Als der Hirt dies sah, sagte er abermals: Nimm, so viel du brauchst! Und er freute sich, dass der Mann kein Feuer wegtragen konnte. Aber der Mann beugte sich hinunter, holte die Kohlen mit bloßen Händen aus der Asche und legte sie in seinen Mantel. Und weder versengten die Kohlen seine Hände, als er sie berührte, noch versengten sie seinen Mantel, sondern der Mann trug sie fort, als wenn es Nüsse oder Äpfel gewesen wären.«

Aber hier wurde die Märchenerzählerin zum dritten Mal unterbrochen. »Großmutter, warum wollte die Kohle den Mann nicht brennen?«

»Das wirst du schon hören«, sagte Großmutter und dann erzählte sie weiter.

»Als dieser Hirt, der ein so böser, mürrischer Mann war, dies alles sah, begann er sich bei sich selbst zu wundern: Was kann dies für eine Nacht sein, wo die Hunde nicht beißen, die Schafe nicht erschrecken, die Lanze nicht tötet und das Feuer nicht brennt? Er rief den Fremden zurück und sagte zu ihm: Was ist dies für eine Nacht? Und woher kommt es, dass alle Dinge dir Barmherzigkeit zeigen? Da sagte der Mann: Ich kann es dir nicht sagen, wenn du selber es nicht siehst. Und er wollte seiner Wege gehen, um bald ein Feuer anzünden und Weib und Kind wärmen zu können.

Aber da dachte der Hirt, er wolle den Mann nicht ganz aus dem Gesicht verlieren, bevor er erfahren hätte, was dies alles bedeute.

Er stand auf und ging ihm nach, bis er dorthin kam, wo der Fremde daheim war. Da sah der Hirt, dass der Mann nicht einmal eine Hütte hatte, um darin zu wohnen, sondern er hatte sein Weib und sein Kind in einer Berggrotte liegen, wo es nichts gab als nackte, kalte Steinwände.

Aber der Hirt dachte, dass das arme unschuldige Kindlein vielleicht dort in der Grotte erfrieren würde, und obgleich er ein harter Mann war, wurde er davon doch ergriffen und beschloss, dem Kinde zu helfen. Und er löste sein Ränzel von der Schulter und nahm daraus ein weiches, weißes Schaffell hervor. Das gab er dem fremden Manne und sagte, er möge das Kind darauf betten.

Aber in demselben Augenblick, in dem er zeigte, dass auch er barmherzig sein konnte, wurden ihm die Augen geöffnet, und er sah, was er vorher nicht hatte sehen, und hörte, was er vorher nicht hatte hören können. Er sah, dass rund um ihn ein dichter Kreis von kleinen, silberbeflügelten Englein stand. Und jedes von ihnen hielt ein Saitenspiel in der Hand, und alle sangen sie mit lauter Stimme, dass in dieser Nacht der Heiland geboren wäre, der die Welt von ihren Sünden erlösen solle.

Da begriff er, warum in dieser Nacht alle Dinge so froh waren, dass sie niemand etwas zuleide tun wollten. Und nicht nur rings um den Hirten waren Engel, sondern er sah sie überall. Sie saßen in der Grotte und sie saßen auf dem Berge und sie flogen unter dem Himmel. Sie kamen in großen Scharen über den Weg gegangen, und wie sie vorbeikamen, blieben sie stehen und warfen einen Blick auf das Kind.

Es herrschte eitel Jubel und Freude und Singen und Spiel, und das alles sah er in der dunklen Nacht, in der er früher nichts zu gewahren vermocht hatte. Und er wurde so froh, dass seine Augen geöffnet waren, dass er auf die Knie fiel und Gott dankte.«

Aber als Großmutter so weit gekommen war, seufzte sie und sagte: »Aber was der Hirte sah, das könnten wir auch sehen, denn die Engel fliegen in jeder Weihnachtsnacht unter dem Himmel, wenn wir sie nur zu gewahren vermögen.«

Und dann legte Großmutter ihre Hand auf meinen Kopf und sagte: »Dies sollst du dir merken, denn es ist so wahr, wie dass ich dich sehe und du mich siehst. Nicht auf Lichter und Lampen kommt es an und es liegt nicht an Mond und Sonne, sondern was nottut, ist, dass wir Augen haben, die Gottes Herrlichkeit sehen können.«

Dänemark

DU VERLIERST NICHTS, WENN DU MIT DEINER KERZE DIE EINES ANDEREN ANZÜNDEST.

WEISHEIT AUS DÄNEMARK

GLÆDELIG JUL!

WEIHNACHTS-STECKBRIEF

WEIHNACHTSZEIT:
vom 1. bis 25. Dezember

GESCHENKE:
gibt's am 24. Dezember, werden vom Weihnachtsmann und seinen Nissern gebracht

WEIHNACHTSMENÜ:
Gans, Ente, Pute oder Schweinebraten, Rotkohl und braune Kartoffeln, Mandelreis

BESONDERHEIT:
Nisseløl (Weihnachtsbier)

WEIHNACHTEN IST HOCHSAISON für Hygge

Der dänische Begriff *Hygge* steht für ein Lebensgefühl, für Gemütlichkeit, Geselligkeit, Gemeinschaft – kurz, die Suche nach dem Glück in den kleinen, alltäglichen Dingen. In Dänemark hat *Hygge* das ganze Jahr über Saison, nicht umsonst gelten die Dänen als eines der glücklichsten Völker der Welt. In der Weihnachtszeit aber ist *Hygge*-Hochsaison und es gibt sogar einen eigenen Namen dafür: *Julehygge*, also Weihnachtshygge.

Vom ersten Dezembertag an wird *Julehygge* in Dänemark zelebriert: mit warmem Kerzenlicht, roten Bommelmützen, gemütlichen Abenden mit Freunden und Familie bei angeregten Gesprächen, *Gløgg*, dem dänischen Glühwein, Tee und Apfelküchlein. So wird der kalte, dunkle Winter ausgesperrt, der Genuss der vorweihnachtlichen Freude steht am liebsten an jedem einzelnen Tag bis Weihnachten im Vordergrund. Als Höhepunkt der Vorfreude wird am 23. Dezember *Lille juleaften* – der kleine Weihnachtsabend – gefeiert. Die dänischen Familien treffen sich mit Freunden und Verwandten, schmücken in aller Ruhe den Tannenbaum und genießen einmal mehr das heimelige, behagliche Gefühl von *Julehygge*.

GLØGG
WEIHNACHTEN UND HYGGE – EIN REZEPT FÜR NEUGIERIGE

Ein bisschen *Hygge* ist ganz einfach zu kreieren: Einige nette Freunde oder die Familie einladen. Den Esstisch mit vielen Kerzen und frischem Tannengrün dekorieren, das bringt weihnachtlich angenehmen Duft und eine warme Atmosphäre. Dänischen Glühwein *Gløgg* und selbst gebackene Plätzchen auftischen – fertig!

	ZUTATEN
1 Flasche	*Rotwein*
100 ml	*dänischer Brondüm (alternativ Wodka oder Korn)*
10 g	*Zimtstange (in kleine Stücke gebrochen)*
20	*Gewürznelken*
1 kl. Stück	*Ingwer (geschält und geschnitten)*
1 TL	*Kardamom (zerstoßen)*
½	*Pomeranze oder Orange (geriebene Schale)*
300 g	*Zucker*
1 TL	*V anillezucker*
	nach Geschmack Mandeln (gehäutet) und Rosinen

ZUBEREITUNG: Alle Gewürze in ein Glas mit Schraubverschluss geben. * Mit dem Schnaps auffüllen. * 24 Stunden ziehen lassen. * Danach durch einen Kaffeefilter abseihen. * Wein und Schnaps in einen Topf geben. * Zucker, Vanillezucker, Mandeln und Rosinen hinzufügen. * Den *Gløgg* vorsichtig erwärmen – nicht kochen!

Von Kalenderkerzen
UND KALENDERSERIEN

Neben dem Adventskranz steht in vielen dänischen Familien eine *Kalenderlys* auf dem Tisch. Das ist eine weihnachtlich verzierte Kerze, auf der jeder Tag bis zum Heiligen Abend mit einer Kerbe markiert ist. Jeden Abend wird die *Kalenderlys* angezündet und brennt ein bisschen weiter ab, so verkürzt sie deutlich sichtbar die Wartezeit bis Weihnachten.

Ein weiteres Weihnachts-Highlight für dänische Kinder ist die Sendung *Julekalender* des Fernsehsenders *Danish Broadcasting Corporation*. Die jährlich neue Weihnachtsserie wird seit 1962 allabendlich vom 1. bis 24. Dezember ausgestrahlt. Sie erzählt meist eine spannende Weihnachtsgeschichte, die eines der Hauptgesprächsthemen der dänischen Kinder ist. Oft dreht sich die Handlung um die Rettung des Weihnachtsfestes vor einem Bösewicht, der es boykottieren will. Mit musikalischen Ohrwürmern, die natürlich auch im Radio gespielt werden, und immer wiederkehrenden Elementen wie den dänischen Weihnachtskobolden, dem Weihnachtsmann und Grönland gehört die Serie zum unverzichtbaren Repertoire der dänischen Weihnachtszeit.

Kobolde lieben Mandelreis

Dänische Kobolde, die *Nisser*, gibt es in Haus, Scheune und Wald. Die kleinen Wichtel sind immer für lustige Streiche zu haben und lieben Süßes. Damit sie es nicht zu wild treiben und den Hausbewohnern schaden, werden sie traditionell mit Milchreis besänftigt, der auf den Dachboden gestellt wird. Mit der Leckerei sichert man sich die Hilfe der *Nisser* beim Schutz von Haus, Hof, Tieren und Menschen. In der Weihnachtszeit unterstützen die *Julenisser* den Weihnachtsmann, dänisch *Julemand*, bei seiner Arbeit. Mit ihrer roten Zipfelmütze und dem roten Mantel passen die Kobolde perfekt zur typisch dänischen Weihnachtsdekoration in Rot und Weiß – und dort sind sie als kleine Figuren auch zu finden.

Den Milchreis, der für die *Nisser* gekocht wird, gibt es übrigens auch für die Menschen, und zwar am Abend des 23. Dezember, dem *Lille juleaften*. An diesem Abend ist eine ganze Mandel im Milchreis mitgekocht. Wer sie in seiner Portion der Nachspeise findet, bekommt ein kleines vorweihnachtliches Geschenk als Glücksbringer für das kommende Jahr.

HANS CHRISTIAN ANDERSEN

Der Traum der alten Eiche

Da stand einmal im Walde, an der Steilküste des Meeres, so eine recht alte Eiche, die gerade dreihundertfünfundsechzig Jahre zählte. Aber diese lange Zeit hatte für den Baum nicht mehr zu bedeuten als ebenso viele Tage für uns Menschen. Wir wachen am Tage, schlafen des Nachts und haben dann unsere Träume; aber mit dem Baume ist es anders, der Baum wacht drei Jahreszeiten hindurch, erst gegen den Winter versinkt er in Schlaf, der Winter ist seine Schlafzeit, er ist seine Nacht nach dem langen Tage, der Frühling, Sommer und Herbst heißt.

Manchen warmen Sommertag hatte die Eintagsfliege um seine Krone getanzt, gelebt, geschwebt und sich glücklich gefühlt, und ruhte dann das kleine Geschöpf einen Augenblick in stiller Glückseligkeit auf einem der großen frischen Eichenblätter, dann sagte der Baum immer: »Du armes kleines Wesen! Nur einen Augenblick währt dein ganzes Leben! Wie kurz doch! Es ist traurig!«

»Traurig?«, antwortete dann immer die Eintagsfliege, »was meinst du damit. Alles ist ja so unvergleichlich licht und klar, so warm und herrlich, und ich bin so froh!«

»Aber nur einen Tag und dann ist alles vorbei!«

»Vorbei?«, sagte die Eintagsfliege. »Was ist vorbei? Bist du auch vorbei?«

»Nein, ich lebe viele Tausende von deinen Tagen, und mein Tag umfasst ganze Jahreszeiten. Das ist etwas so Langes, dass du es gar nicht auszurechnen vermagst!«

»Nein, denn ich verstehe dich nicht! Du hast Tausende von meinen Tagen, aber ich habe Tausende von Augenblicken, um darin froh und glücklich zu sein! Hört alle Herrlichkeit dieser Welt auf, wenn du einmal stirbst?«

»Nein«, sagte der Baum, »sie besteht sicher länger, unendlich länger, als ich denken kann!«

»Aber dann haben wir ja gleich viel Lebenszeit, nur dass wir verschieden rechnen.«

Und die Eintagsfliege tanzte und schwang sich in die Luft empor, freute sich ihrer feinen künstlichen Flügel, die wie aus Flor und Samt waren. Sie freute sich der warmen Luft, die durchwürzt war mit dem Dufte der Kleefelder und der Heckenrosen, des Flieders und des Geißblattes; von Waldmeister, Schlüsselblumen und Krauseminze gar nicht zu reden. Der Duft war so stark, dass die Eintagsfliege glaubte, sie hätte davon einen kleinen Rausch bekommen. Der Tag war lang und herrlich, voller Freude und süßer Lust, und sobald die Sonne sank, fühlte sich immer die kleine Fliege so angenehm müde von all dem Vergnügen. Die Flügel wollten sie nicht länger tragen, und leise glitt sie auf den weichen, schaukelnden Grashalm hinab, nickte mit dem Kopfe, wie sie nun eben nicken kann, und schlief dann fröhlich ein. Das war ihr Tod.

»Arme, kleine Eintagsfliege!«, sagte der Eichbaum, »es war doch ein allzu kurzes Leben!«

Und jeden Tag wiederholten sich derselbe Tanz, dasselbe Gespräch, dieselbe Antwort und das gleiche Hinüberschlummern; es wiederholte sich in allen Geschlechtern der Eintagsfliegen, und alle waren sie gleich glücklich, gleich froh. Der Eichbaum durchwachte seinen Frühlingsmorgen, Sommermittag und Herbstabend; jetzt aber nahte seine Schlafzeit, seine Nacht. Der Winter rückte heran. Schon sangen die Stürme: »Gute Nacht! Gute Nacht! Hier fiel ein Blatt, da fiel ein Blatt! Wir pflücken! Wir pflücken! Sieh zu, dass du schlafen kannst! Wir singen dich in Schlaf, wir schütteln dich in Schlaf; aber, nicht wahr, das tut den alten Zweigen gut! Sie krachen dabei aus lauter Vergnügen! Schlafe süß! Schlafe süß! Es ist deine dreihundertfünfundsechzigste Nacht; eigentlich bist du nur ein Zwölfmonatekind! Schlafe süß! Die Wolke lässt Schnee auf dich herabrieseln; das wird ein ganzes Laken, eine warme Bettdecke um deine Füße! Schlafe süß und träume!«

Alles Laubes entkleidet stand der Eichbaum da, um für den ganzen langen Winter schlafen zu gehen und unterdes manchen Traum zu träumen – immer aus seinem Erleben heraus, gerade wie in den Träumen der Menschen.

Er war auch einmal klein gewesen, ja, eine Eichel war seine Wiege gewesen; nach menschlicher Rechnung stand er jetzt schon in seinem vierten Jahrhundert. Er war der größte und schönste Baum im Walde, mit seiner Krone ragte er hoch über allen anderen Bäumen hervor und wurde von der See aus schon in weiter Ferne gesichtet, er diente den Schiffen als Wahrzeichen. Er dachte gar nicht daran, wie viele Augen ihn suchten. Hoch oben in seiner grünen Krone bauten die wilden Tauben und rief der Kuckuck seinen Namen, und im Herbste, wenn die Blätter wie gehämmerte Kupferplatten aussahen, erschienen die Zugvögel und rasteten dort, ehe sie über das Meer flogen. Aber jetzt war Winter, blätterlos stand der Baum da, und man konnte recht deutlich sehen, in welchen Bogen und Krümmungen seine Zweige gewachsen waren. Krähen und Dohlen kamen und ließen sich scharenweise auf ihm nieder und plauderten von den strengen Zeiten, die jetzt begannen, und wie schwer es wäre, im Winter sein Futter zu finden.

Es war gerade die heilige Weihnachtszeit, als der Baum seinen schönsten Traum träumte; den wollen wir hören.

Der Baum empfand ganz deutlich, dass es eine festliche Zeit war; er glaubte ringsum alle Kirchenglocken läuten zu hören, und dabei war es ihm wie an einem herrlichen Sommertage zumute, mild und warm. Frisch und grün breitete er seine mächtige Krone aus, die Sonnenstrahlen spielten zwischen seinen Blättern und Zweigen, die Luft war mit dem Duft von Kräutern und Büschen erfüllt; bunte Schmetterlinge spielten Haschen miteinander, und die Eintagsfliegen tanzten, als ob alles nur dazu wäre, dass sie tanzen und sich freuen sollten. Alles, was der Baum Jahre hindurch erlebt und um sich gesehen hatte, zog wie in einem Festzuge an ihm vorüber. Er sah aus alter Zeit, wie Ritter und Frauen zu Pferde, mit Federn auf dem Hute und mit Falken auf der Hand, durch den Wald ritten. Das Jagdhorn tönte und die Hunde schlugen an. Er sah feindliche Soldaten mit blanken Waffen und in bunten Trachten, mit Spießen und Hellebarden, ihre Zelte aufschlagen und wieder abbrechen; Wachtfeuer loderten und unter des Baumes weit ausgebreiteten Zweigen wurde gesungen und geschlafen. Er sah, wie Liebesleute sich in stillem Glück hier im Mondenschein trafen und ihre Namen, den ersten Buchstaben, in die graugrüne Rinde einschnitten. Zither und Äolsharfe waren einmal – ja da lagen Jahre dazwischen – von munteren fahrenden Schülern in die Zweige der Eiche aufgehängt worden; nun hingen sie wieder da, nun klangen sie wieder so lieblich. Die wilden Tauben gurrten, als ob sie erzählen wollten, was der Baum dabei fühlte, und der Kuckuck rief, wie viel Sommertage er noch leben sollte.

Da war es, als ob ihn ein neuer Lebensstrom von den kleinsten Wurzelfasern bis hinauf zu den höchsten Zweigen, ja bis in die Blätter hinaus, durchrieselte. Der Baum fühlte, wie er sich dadurch streckte, er empfand mit den Wurzeln, dass auch unten in der Erde Leben und Wärme war; er fühlte seine Stärke zunehmen, er wuchs höher und höher. Der Stamm schoss empor, da war kein Stillstand, er wuchs mehr und immer mehr, die Krone wurde voller, breitete sich aus, hob sich empor – und je mehr der Baum wuchs, umso mehr wuchs auch sein Wohlgefühl, seine ihn mit unaussprechlichem Glücke erfüllende Sehnsucht, immer höher zu kommen, bis zu der glänzenden warmen Sonne.

Schon war er bis hoch über die Wolken gewachsen, die wie dunkle Scharen von Zugvögeln oder wie große weiße Züge von Schwänen unter ihm hinzogen.

Und jedes von den Blättern des Baumes konnte sehen, als ob es ein besonderes Auge hätte, alles damit anzuschauen. Die Sterne wurden am Tage sichtbar, so groß und blitzend waren sie; jeder von ihnen leuchtete wie ein paar Augen, so mild und so klar. Sie erinnerten an bekannte liebe Augen, an Kinderaugen, an die Augen von Liebespaaren, wenn sie unter dem Baume zusammentrafen.

Es war ein unendlich beglückender Augenblick, so freudevoll, und doch, in all der Wonne empfand der Eichbaum eine Sehnsucht danach, dass alle anderen Bäume des Waldes dort unten, alle Büsche, Kräuter und Blumen sich mit ihm zu erheben vermöchten, um auch diesen Glanz und diese Freude zu empfinden. Der mächtige Eichbaum war in dem Traume von all dieser Herrlichkeit doch nicht vollkommen glücklich, wenn er sein Glück nicht mit allen, groß und klein, teilen konnte, und dies Gefühl durchbebte die Zweige und Blätter ebenso innig und stark wie eine Menschenbrust.

Die Krone des Baumes bewegte sich, als ob er etwas suchte, als ob ihm etwas fehlte; er schaute zurück und da drang der Duft des Waldmeisters und bald noch stärker der Duft von Geißblatt und Veilchen zu ihm empor; er glaubte, den Kuckuck locken zu hören.

Ja, durch die Wolken sprossten die grünen Waldwipfel hervor; er sah die anderen Bäume unter sich wachsen und sich gleich ihm erheben. Büsche und Kräuter wuchsen hoch in die Luft, einzelne rissen sich mit den Wurzeln los und flogen schneller. Die Birke war am schnellsten; wie ein weißer Blitzstrahl sprühte ihr schlanker Stamm hinauf, ihre Zweige wallten wie grüner Flor und Fahnen. Die ganze Waldnatur, selbst das braun gefiederte Rohr, wuchs mit, und die Vögel folgten nach und sangen, und auf dem Halme, der wie ein langes, grünes Seidenband lose flatterte und flog, saß die Heuschrecke und spielte mit dem Flügel auf ihrem Schienbeine. Die Maikäfer brummten und die

Bienen summten, jeder Vogel sang, wie ihm der Schnabel gewachsen war.

»Aber die kleine rote Blume am Wasser, die sollte auch mit!«, sagte die Eiche, »und die blaue Glockenblume und das kleine Gänseblümchen!« – Ja, die Eiche wollte, dass sie alle dabei wären.

»Wir sind dabei, wir sind dabei!«, sang und klang es.

»Aber der schöne Waldmeister vom vorigen Sommer – und das Jahr vorher war ein wahrer Flor von Maiblümchen – und der wilde Apfelbaum, wie stand er doch so herrlich! – und all die Waldespracht seit Jahren, seit vielen Jahren! – wäre sie doch bis jetzt am Leben geblieben, dann hätte sie auch können mit dabei sein!«

»Wir sind mit dabei! Wir sind mit dabei!«, sang und klang es noch höher oben, es schien, als ob sie voraufgeflogen wären.

»Nein, das ist zu unglaublich schön!«, jubelte die alte Eiche. »Ich habe sie alle, klein und groß, nicht eines ist vergessen! Wie ist doch all diese Glückseligkeit nur möglich und denkbar!«

»In Gottes Himmel ist es möglich und denkbar!«, klang es.

Und der Baum, der immer noch wuchs, fühlte, dass sich seine Wurzeln aus der Erde lösten.

»Das ist nun das Allerbeste!«, sagte der Baum, »nun hält mich kein Band mehr! Ich kann mich zu den Allerhöchsten in Licht und Glanz emporschwingen! Und alle Lieben habe ich bei mir, klein und groß, alle bei mir!«

»Alle!«

Das war der Traum des Eichbaums; und während er träumte, ging ein heftiger Sturm über das Meer und Land in der heiligen Weihnacht. Die See wälzte schwere Wogen gegen den Strand, der Baum krachte, brach und wurde mit der Wurzel ausgerissen, gerade während er träumte, dass sich seine Wurzeln lösten. Er fiel. Seine dreihundertfünfundsechzig Jahre waren nun auch nichts anderes als der Tag einer Eintagsfliege.

Am Weihnachtsmorgen, als die Sonne wieder zum Vorschein kam, hatte sich der Sturm gelegt. Alle Kirchenglocken läuteten festlich, und aus jedem Schornstein, selbst aus dem kleinsten auf dem Dache des Häuslers, erhob sich der Rauch bläulich, wie vom Altare beim Feste der Druiden, ein Opferrauch des Dankes. Die See wurde ruhiger und ruhiger, und auf einem großen Schiffe draußen auf dem Meere, das während der Nacht das harte Wetter wohl überstanden hatte, wurden jetzt alle Flaggen gehisst.

»Der Baum ist fort! Der alte Eichbaum, unser Wahrzeichen auf dem Lande!«, sagten die Seeleute. »Er ist gefallen in dieser Sturmnacht! Wer wird ihn uns ersetzen können? Das kann keiner!«

Eine solche Leichenrede, kurz, aber wohlgemeint, erhielt der Baum, der auf der Schneedecke am Ufer ausgestreckt lag. Und über ihn hin erklang ein feierlicher Choral vom Schiffe, ein Lied von der Weihnachtsfreude und der Erlösung der Menschenseelen in Christo und vom ewigen Leben:

»Nun jauchzet laut, o Christenglein!
Nun senken wir den Anker ein;
die Freud ist ohnegleichen!
Halleluja! Halleluja!«

So lautete das Kirchenlied, und jeder draußen auf dem Schiffe fühlte sich durch Lied und Gebet in seiner Weise so erhoben wie der alte Baum in seiner letzten, seiner schönsten Traumweihnacht.

Großbritannien

WEIHNACHTEN IST DIE GROSSE ZEIT DES ZUVIEL.

JAMES HENRY LEIGH HUNT

MERRY CHRISTMAS!

WEIHNACHTS-STECKBRIEF

WEIHNACHTSZEIT:
vom 24. Dezember bis 6. Januar

GESCHENKE:
gibt's am 25. Dezember, werden vom Weihnachtsmann *Father Christmas* gebracht

WEIHNACHTSMENÜ:
gefüllter Truthahn, *Plumpudding*, Eierpunsch, Früchtekuchen

BESONDERHEIT:
Viele Briten lieben es zu Weihnachten bunt und feiern mit Knallbonbons und Papphütchen.

Küsse unter dem
MISTELZWEIG

ECHTE BUNTE WEIHNACHTSKARTEN werden in Großbritannien auch im Zeitalter der sozialen Netzwerke noch gerne verschickt; schließlich stammt diese schöne Sitte von der Insel. Die erhaltenen Karten zieren – fein säuberlich aufgereiht an einer Schnur – während der Adventszeit die Wohnung.
Ein weiterer fester Bestandteil des Weihnachtsschmucks ist in Großbritannien der Mistelzweig über dem Türrahmen. Am dekorativen roten Band wird ein Bündel aus Mistelzweigen nach altem heidnischen Brauch aufgehängt. Wer aus Versehen oder mit Absicht darunter hindurchgeht oder gar dort stehen bleibt, der darf ungefragt geküsst werden. Der Legende nach bleiben Paare, die sich unter dem Mistelzweig geküsst haben, ein Leben lang zusammen.
Außer ihrer Funktion als Aufhebung von Konventionen während der Weihnachtszeit steht die Mistel als Symbol für neues Leben und für den Wiederbeginn des Jahreszyklus mit der Wintersonnenwende.

CAROLING UND Weihnachtsparty

EINE WEITERE BELIEBTE TRADITION in England ist die des Caroling. Besonders Kinder ziehen gerne von Haus zu Haus und singen Weihnachtslieder. Der eigentliche Weihnachtsabend wird wie ein ausgelassenes Fest gefeiert. Bunte Papphütchen, die beliebten Christmas Crackers – mit Flitter gefüllte Knallbonbons – und andere an Karneval erinnernde Attribute dürfen nicht fehlen.

In der Heiligen Nacht rutscht Father Christmas durch den Kamin und bringt die Geschenke für die Kinder, die vorsorglich ihre Socken am Kaminsims aufgehängt haben.

Der geschmückte Weihnachtsbaum kam übrigens von Deutschland nach England. Die Kinder von Queen Victoria und Prinz Albert von Hessen hatten eine deutsche Erzieherin, die im Palast den ersten Weihnachtsbaum Englands aufstellen ließ. Die Begeisterung darüber sprach sich schnell herum und bald war eine neue Tradition geboren.

Zum Weihnachts-Festmahl gehören Truthahn, Gans, *Roastbeef*, *Mince Pie* und *Plumpudding*. Letzterer ist kein mit Milch angerührter Pudding, sondern wird aus Rinderfett, Zucker, Sirup, Rosinen, Brotkrumen, Eiern und Gewürzen gekocht.

MINCE PIE

Die kleinen runden Törtchen mit leckerer Füllung dürfen auf dem englischen Weihnachtstisch genauso wenig fehlen wie *Plumpudding*. Schließlich ist *Mince Pie* sogar die Lieblingsspeise von *Father Christmas*. Früher bestand die Füllung aus einer Mischung von Fleisch und getrockneten Früchten, heute sind *Mince Pies* eine reine Süßspeise. Die drei für die Füllung verwendeten Gewürze, meist Nelken, Zimt und Muskat, symbolisieren die Geschenke der drei Weisen aus dem Morgenland. Serviert werden *Mince Pies* entweder ofenwarm oder abgekühlt, auf jeden Fall aber mit Zuckerguss oder Puderzucker garniert.

ZUTATEN

185 g	kalte Butter
250 g	Mehl
1 TL	Salz
1 TL	Zucker
1	Eigelb
200 g	getrocknete Aprikosen
150 g	getrocknete Datteln
1 TL	gemahlener Piment
5 EL	Orangenlikör
	Mehl zum Bearbeiten
	Butter für die Formen
2	Muffinbleche mit je 12 Mulden

ZUBEREITUNG:

FÜR DEN TEIG Butter würfeln und mit dem Mehl verkneten. * Salz, Zucker, Eigelb und 2 – 3 EL kaltes Wasser zugeben und zu einem glatten Teig verkneten. * Den Teig zu einem flachen Ziegel formen, in Klarsichtfolie wickeln, eine Stunde kalt stellen.

FÜR DIE FÜLLUNG Aprikosen und Datteln in etwa 3 cm große Stücke schneiden. * In einem Topf 200 ml Wasser aufkochen, Trockenfrüchte unterrühren, vom Herd nehmen. * Füllung mit Piment und Likör würzen, abkühlen lassen. * Teig auf einer bemehlten Arbeitsfläche circa 3 mm dünn ausrollen und circa 22 Kreise (à 7 cm Durchmesser) ausstechen. * Teigkreise in gebutterte und bemehlte Muffinformen drücken, je einen Esslöffel Füllung in die Mulden dazugeben. Den restlichen Teig dünn ausrollen, 22 Kreise (à 5 cm Durchmesser) ausstechen. * Aus den Kreisen in der Mitte einen kleinen Stern ausstechen. * Die Teigkreise als Deckel auf die Füllung legen und leicht andrücken. * Im vorgeheizten Ofen bei 180 °C (Umluft 170 °C) 30 – 35 Minuten backen. * Die fertigen *Mince Pies* etwas abkühlen lassen und aus der Form stürzen. * In einer Dose halten sich die *Mince Pies* 1 bis 2 Wochen.

Keine fliegenden Fäuste!

DER 26. DEZEMBER steht in Großbritannien und Irland als Boxing Day ganz im Zeichen des Schenkens. An diesem Tag werden noch einmal Geschenke in bunten Schachteln verpackt – daher der Name – und diesmal nicht an die Familie und die Kinder verschenkt, sondern an Lieferanten, Briefträger oder Zeitungsleute. Damit soll der Dank gegenüber diesen Menschen ausgedrückt werden, die das ganze Jahr über im Hintergrund wichtige Arbeiten des Alltags verrichten und die sonst oft niemand so recht bemerkt.

WEIHNACHTEN KOMMT NÄHER.
DIE GÄNSE WERDEN FETTER.
GEBT EINEN GROSCHEN
DEM ARMEN ALTEN BETTLER!
HABT IHR KEINEN GROSCHEN,
EIN HALBER TUT'S ZUR NOT.
UND WENN IHR KEINEN HALBEN HABT,
DANN HELFE EUCH GOTT!

ALTENGLISCHES LIED

Frankreich

FREUDE IST EIN ZEICHEN,
DASS MAN DEM LICHT NAHE IST.

WEISHEIT AUS FRANKREICH

WEIHNACHTS-STECKBRIEF

WEIHNACHTSZEIT:
1. Dezember bis 6. Januar

GESCHENKE:
gibt's am 1. und 24. Dezember;
werden vom heiligen Nikolaus und dem
Weihnachtsmann *Père Noël* gebracht

WEIHNACHTSMENÜ:
Austern, Hummer, Gänseleber, Schnecken,
Truthahn mit Walnüssen oder Maronen,
gezuckerte Maronen, Champagner

Weihnachtskrippen

DER BESONDEREN ART

Ursprünglich stammt sie aus Italien, die Tradition, zu Weihnachten die biblische Krippenszene nachzustellen. Der Legende nach hatte Franz von Assisi im 13. Jahrhundert als Erster die Idee, die Geburt Christi mit lebenden Personen und Tieren nachzubilden. Gegen Ende desselben Jahrhunderts wurden in der Provence die ersten Krippenspiele gezeigt, und daraus wurde eine wichtige Tradition mit regionalen Eigenheiten. Heute steht in vielen Regionen Frankreichs neben dem Weihnachtsbaum, der bereits am 1. Dezember geschmückt wird, spätestens ab dem Barbaratag am 4. Dezember eine Krippe. Besonders in der Provence hat die Tradition ein gewisses Eigenleben entwickelt. Hier wird nicht nur der Stall zu Bethlehem dargestellt, sondern ganze Dorfszenen mit vielen speziellen Figuren. Das gesamte Gemeindeleben wird im Kleinformat gezeigt; selbst Backofen, Mühle, Brunnen oder spezielle Haustiere dürfen nicht fehlen.

Ebenso wichtig und typisch provenzalisch sind die SANTONS, die kleinen Heiligen. Sie sind mal naive und lustige, mal lächerliche, mal würdevolle Figuren aus der Weihnachtsgeschichte, einige davon mit unverwechselbar sprechenden Namen:

ROUSTIDO ist eine sympathische Bürgersfrau, die von ihrem Mann mit einem roten Regenschirm beschützt wird.
BARTOMIOU ist ein Trunkenbold mit langer Mütze, der dem Jesuskind einen flachen Stockfisch bringt.
PISTACHIÉ, ein langer Lulatsch, treibt seinen Packesel vor sich her.
LOU RAVI hebt voller Bewunderung seine Arme zum Himmel.

JULES SUPERVIELLE

Ochs und Esel bei der Krippe

Auf der Straße nach Bethlehem trug der Esel, geführt von Joseph, die Jungfrau; wenig wog sie, von nichts belastet als von der Hoffnung in ihr. Der Ochs folgte ihnen; er ging allein. Da waren die Wanderer in der Stadt, richteten sich in einem verlassenen Stall ein und Joseph machte sich gleich an die Arbeit.

Diese Menschen, dachte der Ochs, sind doch erstaunlich. Da siehst du, was sie mit ihren Händen und ihren Armen alles fertigbringen; die sind freilich mehr wert als bei uns Huf und Fessel.

Und unser Meister: Nicht seinesgleichen hat er doch im Hantieren und im Sortieren; er kann Verwickeltes einrichten und Rechtes verwickeln und alles Nötige macht er unverdrossen und ist nie traurig.

Joseph geht nun hinaus, kommt aber gleich wieder; Stroh hat er auf dem Rücken, aber was für Stroh! So starkes und wie von der Sonne durchstrahlt; es sieht aus, als ob ein Wunder komme. Was wird denn das, fragte sich der Esel, das könnte ja ein Kinderbett werden.

»Euch werden wir vielleicht diese Nacht nötig haben«, sagt die Jungfrau zu Ochs und Esel.
Die Tiere sehen sich lange an und versuchen zu begreifen; dann legen sie sich hin. Eine feine Stimme, die aber gerade den ganzen Himmel durchdrang, weckte sie alsbald wieder auf.
Der Ochs stellt sich auf und hat vor sich in der Krippe ein Kindlein, nackt und schlafend; das wärmt er nach allen Regeln der Kunst, ohne eine auszulassen, mit seinem Atem.
Lächelnden Blicks dankt ihm die Jungfrau.
Wesen mit Flügeln kommen und gehen; sie tun, als ob sie die Mauern nicht sähen, durch die sie so einfach hindurchdringen.
Da kommt Joseph zurück, mit Windeln, von einer seiner Nachbarinnen gestellt. »Sonderbar ist das«, sagt er mit seiner Zimmermannsstimme, die hier ein wenig zu laut klang, »es ist Mitternacht und doch Tag. Drei Sonnen sind da statt einer; aber die wollen zusammen.«
Im Dämmern steht der Ochs wieder auf, setzt die Hufe vorsichtig, aus Furcht, das Kind aufzuwecken oder eine himmlische Blüte zu zerstören oder einem Engel wehzutun. Wie ist doch alles seltsam schwierig geworden!
Nachbarn besuchen Jesus und die Jungfrau. Es sind arme Leute, die nur ihre strahlenden Gesichter zu verschenken haben.
Und dann kommen noch andere und bringen Nüsse und ein Flötchen.
Ochs und Esel gehen ein wenig beiseite, um sie herantreten zu lassen, und fragen sich, welchen Eindruck sie selbst wohl auf das Kind machen. Gesehen hat es sie bis jetzt noch nicht; gerade wacht es auf.
»Ungetüme sind wir doch nicht«, meint der Esel.
»Ja, aber unser Gesicht: Es sieht so anders aus als seins und das der Eltern – wir könnten es erschrecken.«
»Die Krippe, der Stall und das Dach mit den Balken, die haben noch weniger ein ähnliches Gesicht, und doch hat es sich nicht erschreckt.«
Doch der Ochs war nicht überzeugt, er dachte an seine Hörner und sinnierte. (...)
»Komm es doch ansehen«, sagte eines Tages die Jungfrau zum Ochsen, »warum gehst du denn nie mehr an das Kind heran, du, und hast es doch so gut gewärmt, als es noch ganz nackt war?«
Erkühnt stellte er sich ganz nah zu Jesus. Der wollte ihn sehr beglücken und umfasste mit beiden Händen des Ochsen Maul. Der Ochs hörte zu atmen auf – Atmen war jetzt ganz unnötig. Jesus lächelte. Die Freude des Ochsen war stumm. Sie hatte von seiner ganzen Gestalt Besitz genommen und erfüllte ihn bis in die Spitzen seiner Hörner.
(...) *(Auszug)*

Barbarazweige

Am 4. Dezember werden im Elsass von vielen Familien Zweige von einem Obstbaum abgeschnitten und in eine Vase gestellt. Blühen die Zweige bis zum Weihnachtsfest, soll das ein glückliches Vorzeichen für das kommende Jahr sein.

Diese Tradition gibt es in vielen europäischen Ländern, ihren Ursprung hat sie in Kleinasien. Dort wurde Ende des 3. Jahrhunderts nach Christus die historische Barbara von Nikomedien geboren. Der Überlieferung nach wandte die Kaufmannstochter sich gegen den Willen ihres heidnischen Vaters dem christlichen Glauben zu. Der Vater schloss seine kluge und schöne Tochter daraufhin in einen Turm ein, um sie von den seiner Ansicht nach schädlichen Einflüssen fernzuhalten. Während einer seiner Reisen ließ sich Barbara heimlich taufen: vom Heiligen Geist erleuchtet, erschien ihr Johannes der Täufer und spendete ihr das heilige Sakrament.
Nach seiner Rückkehr entdeckte der Kaufmann bald das Geheimnis Barbaras und wollte sie in seiner Wut erschlagen. Zwar konnte die Tochter entkommen, wurde aber kurze Zeit später gefasst und dem römischen Statthalter Marcianus ausgeliefert. Trotz Folter entsagte die mutige junge Frau ihrem Glauben nicht und wurde zum Tode verurteilt. Auf dem Weg in ihr letztes Gefängnis blieb ein trockener Zweig an ihrem Gewand hängen, den Barbara in ihrer Zelle mit Trinkwasser benetzte. Am Tag ihrer Hinrichtung blühte der Zweig auf und schenkte der Heiligen Hoffnung in ihren letzten Stunden. Der Vater, der seine Tochter eigenhändig enthauptete, wurde nach der Vollstreckung des Urteils vom Blitz erschlagen.

Singen
UND BESUNGEN WERDEN …

Eine der meistverkauften Weihnachtssingles aller Zeiten ist in Frankreich der beliebte Evergreen *Petit Papa Noël* von Tino Rossi. Weitere beliebte Weihnachtslieder sind *Vive le vent*, die französische Version von *Jingle Bells*, und *Mon beausapin* (O Tannenbaum).

PETIT PAPA NOËL,
QUAND TU DESCENDRAS DU CIEL
AVEC DES JOUETS PAR MILLIERS,
N'OUBLIE PAS MON PETIT SOULIER.

MAIS, AVANT DE PARTIR,
IL FAUDRA BIEN TE COUVRIR.
DEHORS, TU VAS AVOIR SI FROID,
C'EST UN PEU A CAUSE DE MOI.

(Auszug aus dem beliebten französischen Weihnachtslied
Petit Papa Noël von Tino Rossi)

KLEINER WEIHNACHTSMANN,
WENN DU VOM HIMMEL HERUNTERSTEIGST
MIT SPIELSACHEN FÜR MILLIONEN,
VERGISS NICHT MEINEN KLEINEN SCHUH.

ABER BEVOR DU AUFBRICHST,
ZIEH DICH WARM AN.
DRAUSSEN WIRST DU SONST FRIEREN,
UND DAS EIN BISSCHEN WEGEN MIR.

Zweimal Geschenke

UND GLÜCK BEIM ESSEN

Père Noël kommt in Frankreich am Heiligen Abend mit seinen Geschenken durch den Kamin und legt sie in die bereitgestellten Schuhe. Allerdings hat er nicht wie der amerikanische Weihnachtsmann einen Sack dabei, sondern eine Kiepe, die er auf dem Rücken trägt. Früher bekamen die Kinder hierzulande bereits am 6. Dezember von Saint Nicolas ihre Geschenke überreicht. Diese Tradition ist allerdings heute, ähnlich wie in Deutschland, nur noch im kleinen Rahmen mit Süßigkeiten üblich. Das traditionelle Weihnachtsessen findet in Frankreich am Vorabend des 24. Dezember statt: Familie und Freunde treffen sich zum Le Reveillon genannten Abend und schmausen gemeinsam – oft die ganze Nacht über. Ein ebenso großes Essen, besser gesagt ein Gelage mit sieben Mahlzeiten und 13 verschiedenen Nachspeisen, findet im Elsass zu Weihnachten statt. Die vielen Speisen symbolisieren das letzte Abendmahl und die Zahl der Jünger Jesu. Wer von allen Nachspeisen probiert, sichert sich Glück und Gesundheit für das kommende Jahr.

Holz und Schnee
ALS NACHSPEISE

Eine andere Spezialität, die man ansonsten vor allem noch auf dem Balkan kennt, ist die *Bûche de Noël*. In früheren Zeiten war sie ein Holzklotz, der in der Weihnachtsnacht verbrannt wurde. Die Asche hat man auf die Felder gestreut, im Glauben, dass die Ernten dann besonders üppig ausfallen würden.

In Frankreich ist dieser Weihnachtsklotz heute ein mit Buttercreme gefüllter Baumkuchen. Wer den Kuchen erfunden hat, weiß niemand mehr so genau. Dass der süße Ersatz für das Weihnachts-Holzscheit um 1880 erstmals gebacken wurde, ist aber erwiesen. Die Form des mit Buttercreme gefüllten Biskuitkuchens erinnert bis heute an ein Holzstück. Für die entsprechende Rinde sorgt der üppige, kunstvoll mit eingeritzten Mustern verzierte Schokoladenüberzug; Puderzucker ersetzt den echten Schnee.

BÛCHE DE NOËL

ZUTATEN

Für den Biskuitteig	
6	*Eier*
1	*Prise Salz*
100 g	*Zucker*
100 g	*Mehl*

Für die Füllung und Verzierung	
200 g	*weiche Butter*
150 g	*Zucker*
100 g	*Zartbitterschokolade*
2 TL	*Kakaopulver*
4	*Eigelb*
1	*Eiweiß*
Ein Schuss	*Whisky-Sahne-Likör oder Baileys*

ZUBEREITUNG:

BISKUITTEIG: Backofen auf 200 °C (Umluft 180 °C) vorheizen. * Blech mit Backpapier belegen. * Für den Teig die Eier trennen. * Die Eiweiße mit einer Prise Salz steif schlagen. * 30 g Zucker langsam einrieseln lassen. * Die Eigelbe in einer zweiten Schüssel mit den restlichen 70 g Zucker cremig rühren. * Mehl sieben und in die Eigelb-Zucker-Masse einrühren. * Eischnee unterheben. * Den Biskuitteig auf das Backpapier streichen und auf der mittleren Schiene 12 Minuten backen. * Ein leicht angefeuchtetes Küchentuch mit Zucker bestreuen, die Biskuitplatte daraufstürzen und das Backpapier abziehen. * Biskuit mit dem Tuch aufrollen.

FÜLLUNG: Butter und Zucker cremig rühren, bis sich der Zucker aufgelöst hat. * Schokolade in Stücke brechen, im Wasserbad schmelzen und langsam unter die Butter-Zucker-Mischung rühren. * Kakao dazugeben. * Eigelbe und Eiweiß einzeln einrühren. * Whisky-Sahne-Likör unterrühren. * Die fertige Creme 20 Minuten im Kühlschrank kalt stellen.

DEKORATION: Biskuitteig aus dem Küchentuch ausrollen. * Die Hälfte der Creme darauf verteilen, dabei am breiten Rand zwei Zentimeter frei lassen; Teig von der Breitseite her aufrollen. * Die restliche Creme auf die Roulade geben und mit einer Gabel die Struktur von Baumrinde nachmalen. * Über Nacht kalt stellen. * Vor dem Servieren mit etwas Puderzucker bestreuen und mit frischen Früchten garnieren.

BON APPETIT!

ES MUSS NICHT IMMER

rund sein

CHRISTBAUMKUGELN wurden in Goetzenbruck erfunden, einem kleinen Ort in Lothringen. Nach einer großen Dürre im Jahr 1858 fehlten in den Vogesen zu Weihnachten Äpfel als Dekoration für die Weihnachtsbäume. Ein Glasbläser aus Goetzenbruck löste das Problem seiner Landsleute, indem er Kugeln aus Glas erschuf, die ein würdiger Ersatz für das fehlende Obst wurden. Die versilberten Christbaumkugeln – auch in exotischen Formen wie Birnen, Tannenzapfen oder Heiligenfiguren – waren bis in die 1950er-Jahre ein Exportschlager des kleinen Ortes. Anfang der 1960er-Jahre wurde jedoch die industrielle Produktion eingestellt. Seit Ende der 1990er-Jahre werden im nahe gelegenen lothringischen Ort Meisenthal im Zentrum für Glasbläserkunst die alten Traditionen wiederbelebt. Seither gibt es dort wieder Christbaumkugeln nach altem Muster zu bewundern.

ES MUSS NICHT IMMER GLAS SEIN

Auch wer kein Glasbläser ist, kann sich Weihnachtskugeln selbst basteln. Aus Holzspänen, gefilzter Wolle oder bemalten Kunststoffkugeln entsteht ganz individueller Christbaumschmuck. Hier eine Bastelidee für Christbaumkugeln aus Wollfäden, die für die ganze Familie geeignet ist: klebrig einfach, einfach klebrig!

SELBSTGEMACHTE WEIHNACHTSKUGELN

Das wird benötigt:

Luftballons (klein) ✦ Tapetenkleister ✦ Wollreste in verschiedenen Farben ✦ kleine goldene, silberne oder bunte Sterne ✦ Schere ✦ Schüssel ✦ Bastelunterlage

So wird's gemacht:

Die Luftballons bis zur gewünschten Größe der späteren Christbaumkugel aufblasen und gut verknoten. Mehrere längere Fäden von der Wolle abschneiden und bereitlegen. ✦ Tapetenkleister in einer Schüssel anrühren (nach Anleitung auf der Packung). ✦ Wollfäden durch den Kleister ziehen, bis sie komplett durchfeuchtet sind. ✦ Ohne die Fäden noch einmal abzulegen, sofort um den Luftballon wickeln, die Fäden dabei möglichst gespannt halten und fest am Luftballon andrücken. ✦ Wenn gewünscht, zum Schluss die Kugel mit Sternen verzieren. ✦ Mindestens 12 Stunden trocknen lassen, damit der Kleister aushärtet. ✦ Danach den Luftballon aufstechen, damit die Luft entweicht, und vorsichtig aus der Kugel entfernen. ✦ Einen (trockenen) Wollfaden durch die Kugel ziehen und als Aufhänger verknoten oder über die Lämpchen einer Lichterkette ziehen.

König für einen Tag

DIE WEIHNACHTSFEIERLICHKEITEN nehmen in Frankreich mit dem Heiligen Abend noch lange kein Ende. Ein weiterer Kuchen, der auf keinen Fall fehlen darf, ist die *Galette des Rois*, die am Dreikönigstag serviert wird. Ob die ursprünglich heidnische Sitte auf die Römer oder auf das Mittelalter zurückgeht, darüber streiten sich nur Historiker. Heute jedenfalls wird am 6. Januar – oder am ersten Sonntag des neuen Jahres – die Verkündigung der Geburt Christi an die Heiligen Drei Könige gefeiert. Und zwar mit einem Kuchen aus Blätterteig und Marzipan.

Der wird nicht einfach so in der Familie verteilt, nein, die Tradition fordert, dass ein besonderes Ritual zelebriert wird. Der oder die Jüngste der Familie darf den Kuchen mit verbundenen Augen an die anwesenden Familienmitglieder verteilen. So ist sichergestellt, dass die im Kuchen versteckte kleine Porzellanfigur – früher war es eine Saubohne, deshalb heißt das Figürchen heute noch *fève* (deutsch: Bohne) – rein zufällig auf den Teller kommt. Wer die Figur findet, ist nämlich der König oder die Königin für den Rest des Tages, der *Roi de Noël*. Mit einer goldenen Pappkrone auf dem Kopf wird er oder sie hofiert. Und jedes Mal, wenn die royalen Lippen das Glas berühren, schreit der ganze versammelte Hofstaat begeistert: *Le roi boit, le roi boit!* (deutsch: Der König trinkt!). Eine ähnliche Tradition gibt es übrigens in anderen Ländern auch, zum Beispiel in England, Griechenland, Mexiko und der Schweiz.

OTTO JULIUS BIERBAUM

Die heiligen drei Könige

DIE HEILIGEN DREI KÖNIGE STEHN VORM HAUS,
MARIA GUCKT ZUM FENSTER HERAUS.

»IHR HEILIGEN DREI KÖNIGE, KOMMT NUR HEREIN,
ES WIRD SCHON FÜR EUCH NOCH EIN PLÄTZEL SEIN.«

SIE GINGEN GEBÜCKT IN DEN KLEINEN STALL
UND FIELEN AUF IHRE KNIE ALL.

»WIR SIND DREI KÖNIGE, KOMMEN WEIT HER,
DU ABER, O CHRISTKIND, BIST VIEL MEHR.

HAST GAR KEINE KRONE, HAST GAR KEINE ZIER,
HAST ABER EIN KÖNIGLICH HERZ IN DIR.

DAS WIRFT DEN ALLERHELLSTEN SCHEIN
UND WIRD DIE KRONE DER MENSCHHEIT SEIN.«

DIE KÖNIGE GINGEN. MARIA SANN
UND SAH AUS TRÄNEN IHR KINDEL AN.

AUGUST WILHELM SCHLEGEL

Die heiligen drei Könige

Aus fernen Landen kommen wir gezogen;
nach Weisheit strebten wir seit langen Jahren,
doch wandern wir in unsern Silberhaaren.
Ein schöner Stern ist vor uns hergeflogen.
Nun steht er winkend still am Himmelsbogen:
Den Fürsten Judas muss dies Haus bewahren.
Was hast du, kleines Bethlehem, erfahren?
Dir ist der Herr vor allen hochgewogen.
Holdselig Kind, lass auf den Knien dich grüßen!
Womit die Sonne unsre Heimat segnet,
das bringen wir, obschon geringe Gaben.
Gold, Weihrauch, Myrrhen liegen dir zu Füßen;
die Weisheit ist uns sichtbarlich begegnet,
willst du uns nur mit Einem Blicke laben.

Die Geschichte

DER HEILIGEN DREI KÖNIGE

Das Fest der Erscheinung des Herrn oder das Epiphanias-Fest feiert man am 6. Januar in christlichen Gemeinden auf der ganzen Welt. Epiphanias selbst ist ein Fest, das aus frühchristlicher Zeit stammt, es wurde bereits im zweiten Jahrhundert nach Christus begangen, lange bevor es das Weihnachtsfest gab. Bis ins Mittelalter hinein begann an diesem Tag das neue Jahr. Die Weisen aus dem Morgenland huldigen im Matthäusevangelium dem Jesuskind und bringen Gold, Weihrauch und Myrrhe als Geschenke (Matthäusevangelium 2, 11).

Um das Leben der drei Weisen selbst ranken sich Legenden und Kommentare, die von der Erscheinung des Sterns, ihrer Reise nach Jerusalem und Bethlehem, der Verehrung des Kindes und der Heimreise berichten. Die Namen Kaspar, Melchior und Balthasar erhielten die drei Könige erst im achten Jahrhundert, seither gelten sie auch als Vertreter der damals bekannten Erdteile Asien, Europa und Afrika. Als Schutzheilige der Reisenden und Pilger standen sie Pate für viele Gaststätten, die Namen wie *Stern*, *Drei Kronen* oder *Mohr* tragen.

Der Brauch der Sternsinger, die von Haus zu Haus wandern, um eine Gabe bitten und dafür das Haus segnen, ist heute weit verbreitet. Die Initialen C + M + B stehen allerdings nicht, wie oft angenommen, für die Namen der drei Könige, sondern für den lateinischen Haussegen *Christus Mansionem Benedicat*, zu Deutsch: Christus segne das Haus.

Italien

WER FREUDE BEREITET,
HAT SELBER FREUDE.

WEISHEIT AUS ITALIEN

BUON NATALE!

WEIHNACHTS-STECKBRIEF

WEIHNACHTSZEIT:
vom 6. Dezember bis 6. Januar

GESCHENKE:
gibt's am 25. Dezember und 6. Januar;
werden vom *Gesú bambino* und der Hexe *Befana*,
manchmal auch *Babbo Natale*, gebracht

WEIHNACHTSMENÜ:
unterschiedliche regionale Spezialitäten,
Panettone, *Pandoro*, Mascarpone-Creme

Mariä Empfängnis –

EIN OFFIZIELLER FEIERTAG

DAS WICHTIGE KIRCHENFEST Mariä Empfängnis, die *Festa dell'Immacolata Concezione*, wird in Italien am 8. Dezember mit einem offiziellen Feiertag begangen. Traditionell wird an diesem Tag das Haus weihnachtlich geschmückt mit Tannenbaum, Krippe und vielen Lichtern. Besonders wichtig ist vielen Familien die Weihnachtskrippe, italienisch *Il presepe*. Die Einführung der Krippe in Italien soll auf Franz von Assisi zurückgehen, der erstmals zum Fest von Mariä Empfängnis die Geburtsszene nachstellte und damit eine Tradition für ganz Italien begründete. Viele Familien basteln bereits Wochen vorher eigenhändig an der Krippenszene, die später ihren Ehrenplatz in der Wohnung einnehmen soll. Die Figuren ziehen allerdings erst nach und nach in die Krippe ein, zuletzt und erst am Heiligen Abend *Gesú bambino*, das Christuskind.

Was Dudelsäcke

MIT WEIHNACHTEN ZU TUN HABEN

Eine ungewohnte Kombination eines Musikinstruments mit dem Weihnachtsfest ist in Italien der Dudelsack. Früher war *la zampogna*, der Dudelsack, in ganz Italien verbreitet, heute wird er noch in den Abruzzen gespielt. Die *Zampognari* treten zu zweit oder zu dritt mit ihren Sackpfeifen in den Straßen und Plätzen der Städte auf und spielen traditionelle Weihnachtsmelodien. Gehüllt in Schaffelle und dicke Mäntel, symbolisieren sie den Einzug der Hirten in Bethlehem auf der Suche nach dem Christuskind.

Eines der bekanntesten italienischen Weihnachtslieder, das nicht nur von den *Zampognari* gespielt wird, ist *Tu scendi dalle stelle*, das im Jahr 1754 Bischof Alfonso Maria de' Liguori in Nola komponierte.

TU SCENDI DALLE STELLE,
O RE DEL CIELO,
E VIENI IN UNA GROTTA,
AL FREDDO AL GELO.

O BAMBINO MIO DIVINO,
IO TI VEDO QUI A TREMAR.
O DIO BEATO!
AHI, QUANTO TI COSTÒ
L'AVERCI AMATO!

A TE, CHE SEI DEL MONDO
IL CREATORE,
MANCANO PANNI E FUOCO;
O MIO SIGNORE!

CARO ELETTO PARGOLETTO,
QUANTO QUESTA POVERTÀ
PIÙ MI INNAMORA!
GIACCHÉ TI FECE AMOR
POVERO ANCORA!

DU STEIGST VON DEN STERNEN HERAB,
O KÖNIG DES HIMMELS,
UND KOMMST IN EINE HÖHLE,
BEI KÄLTE UND EIS.

O MEIN GÖTTLICHES KINDLEIN,
ICH SEHE DICH HIER ZITTERN.
O MEIN HEILIGER GOTT!
ACH, SO VIEL HAT ES DICH GEKOSTET,
MICH ZU LIEBEN.

DIR, DER DU DER SCHÖPFER
DER WELT BIST,
FEHLT ES AN DECKEN UND FEUER,
O MEIN HERR.

LIEBES AUSERWÄHLTES KINDLEIN,
WIE SEHR MACHT DEINE ARMUT
MICH DICH MEHR LIEBEN,
DA LIEBE DICH AUCH
NOCH ARM GEMACHT.

Dreimal Geschenke

UND EINE VERIRRTE HEXE

BESONDERS OFT werden italienische Kinder in der Weihnachtszeit beschenkt. Hier kommt am 6. Dezember *San Nicola*, der Nikolaus, am 13. Dezember wird wie in Skandinavien das Fest der Santa Lucia gefeiert, am ersten Weihnachtsfeiertag kommt das Jesuskind und am 6. Januar die Hexe Befana mit Geschenken. Zwar wird nicht in allen Regionen jedes der vier Feste mit Gaben an die Kinder gefeiert, aber an Gelegenheit mangelt es auf keinen Fall!

Eine besondere Legende rankt sich um die gute Hexe Befana. Ihr Name ist eine Verballhornung des kirchlichen Festes Epiphanias – das Fest der Erscheinung des Herrn, das am 6. Januar gefeiert wird – und ursprünglich war sie mehr Dämon oder Fee. Heute wird sie meist als gute Hexe dargestellt. Eigentlich sollte sie den Heiligen Drei Königen zur Krippe nach Bethlehem folgen, verpasste diese jedoch. Deshalb verirrte sie sich auf dem Weg, eilte mit ihrem Besen von Haus zu Haus, und in ihrer Not, das richtige Kind zu finden, entschied sie sich dazu, einfach bei jedem Kind ein Geschenk zu hinterlassen. Deshalb hängen italienische Kinder am Abend des 5. Januar ihre Strümpfe in den Kamin oder stellen Stiefel vor ihre Betten, damit Befana sie bis zum Morgen füllen kann. Wer am Morgen ein Kohlestück statt eines Geschenks findet, sollte sich Gedanken machen, ob er oder sie in der Zeit vor Weihnachten vielleicht die eine oder andere Unartigkeit begangen hat. Manchmal ist Befana selbst dann gnädig und verteilt statt der Kohle schwarze Lakritze.

Die Hexe Befana

In Italien lebte vor langer, langer Zeit eine alte Frau in einer einsam gelegenen Hütte. Eines Tages, als sie gerade den Besen aus der Ecke der Stube genommen hatte, um den rauen und groben Holzboden zu fegen, hörte sie es an der Tür klopfen. Da ihr dies nicht recht geheuer war, öffnete sie die Tür nur einen kleinen Spalt, um nachzusehen, wer wohl da sei. Draußen vor der Tür aber standen drei fremdländisch aussehende Männer, die waren in glänzende und prächtige Gewänder gehüllt. Und als die alte Frau sie nach ihrem Begehr fragte, gaben sie ihr zur Antwort: »Wir suchen ein neugeborenes Kind, einen großen König, der in Bethlehem geboren ist. Könnt Ihr uns den Weg dahin weisen?«

Die alte Frau aber war müde, und da sie ihre Hausarbeit immer noch nicht beendet hatte, schüttelte sie ihren Kopf, was so viel wie »Nein« bedeuten sollte, schlug den Männern die Tür vor der Nase zu und machte sich wieder daran, den Fußboden zu fegen. Neugierig schaute sie doch einmal aus dem Fenster und sah, wie die drei Männer über einer Bergkuppe davongingen. Dann sah sie nichts mehr von ihnen.

Aber es war seltsam. Den ganzen Abend und die ganze Nacht lang gingen die drei der alten Frau nicht aus dem Kopf. Sie musste unentwegt an ihre seltsamen Besucher und an das Kind, das sie aufsuchen wollten, denken. Und je mehr sie nachdachte, umso beschämter war sie darüber, dass sie die drei so unhöflich und hart abgewiesen hatte. Und so beschloss sie, sich schon gleich am nächsten Morgen auf die Suche nach den dreien und nach dem Kind zu machen.

Der Morgen graute kaum, als sie schon auf dem Weg war. Ein roter Schal umhüllte ihr Haupt und ein schwerer Mantel sollte sie vor der Kälte schützen. In der einen Hand trug sie ihren Besen und mit der anderen führte sie ihren Esel.

Auf ihren Schultern trug sie eine Hotte, die war voller Geschenke, und auch der Esel war mit Gaben beladen. So zog sie rastlos weiter. Aber sie konnte suchen, wo und solange sie nur wollte, im tiefen Schnee des Winters und in der glühenden Sommerhitze, sie fand die drei Männer und das Kind nie.

Noch bis auf den heutigen Tag ist sie unterwegs und geht mühsam Meile um Meile, doch ihre Suche wird nie ein Ende finden. Am 5. Januar, am Abend vor dem Dreikönigsfest, gibt sie den braven Kindern aus ihrer Hotte Süßigkeiten und andere Geschenke, in der Hoffnung vielleicht, dass eines von ihnen das Jesuskind ist, für die unartigen und bösen aber gibt es Birkenreiser, Kohlestückchen und Asche.

Legende aus Italien

Neben dem klassischen *Panettone* gibt es in einigen Regionen Italiens zu Weihnachten ein spezielles Gebäck mit ganzen Mandeln, das ebenfalls seine Erfolgsgeschichte auf der ganzen Welt feiert: *Cantuccini.*

CANTUCCINI

ZUTATEN

250 g	*Weizenmehl*
1 TL	*Backpulver*
150 g	*Zucker*
1 Päckchen	*Vanillezucker*
1 Prise	*Salz*
6 Tropfen	*Bittermandel-Aroma*
50 g	*Butter*
2	*Eier*
4 EL	*Milch*
200 g	*ganze oder in größere Stücke gehackte Mandeln*

ZUBEREITUNG: Mehl und Backpulver in eine große Schüssel sieben. * Zucker, Vanillezucker, Salz, Bittermandel-Aroma und Butter (in Stückchen) zufügen. * Die Eier und 2 EL Milch in die Mitte geben und alles mit den Knethaken des Handrührgerätes zu einem festen Teig verkneten. * Mit den Händen die Mandeln einarbeiten. * Auf der bemehlten Arbeitsfläche aus dem Teig zwei Rollen von je etwa 50 cm Länge formen. Mit mehreren Zentimetern Abstand beide Rollen diagonal auf das mit Backpapier ausgelegte Blech legen Die Teigrollen leicht flach drücken und die Oberflächen mit der restlichen Milch bepinseln. * Bei 200 °C im vorgeheizten Backofen in 25 – 30 Minuten goldgelb backen. * Aus dem Ofen herausnehmen und mit einem scharfen Messer schräg in circa 1 cm dicke Scheiben schneiden. * Weitere 5 – 10 Minuten backen, bis die Schnittflächen leicht Farbe annehmen. * Auf einem Kuchengitter auskühlen lassen.

Die fertigen Cantuccini sind trocken gelagert lange haltbar und schmecken abgesehen davon nicht nur zur Weihnachtszeit, sondern das ganze Jahr über.

BUON APPETITO!

Spanien

HAB GEDULD. DAS LEBEN IST KURZ.
MACH ES DIR NICHT MIT KOMPLIZIERTEN
GEDANKEN SCHWER.
GEH DAVON AUS, DASS ALLES KOMMEN WIRD,
WIE ES KOMMEN SOLL.

WEISHEIT AUS SPANIEN

FELIZ NAVIDAD!

WEIHNACHTS-STECKBRIEF

WEIHNACHTSZEIT:
vom 1. Dezember bis 6. Januar

GESCHENKE:
gibt's am 6. Januar, werden vom Weihnachtsmann gebracht

WEIHNACHTSMENÜ:
zu den Rennern gehören Truthahn, Austern, Schinken und Rotkohl, *Turrón* (Mandel-Honig-Gebäck)

Ein fetter Jackpot

UND DIE URNE DES SCHICKSALS

EL GORDO (DEUTSCH: DER FETTE) heißt die berühmte spanische Weihnachtslotterie, an der fast jeder Spanier teilnimmt. Mittlerweile haben sich auch andere Europäer vom Wettfieber der weltweit größten und ältesten Lotterie anstecken lassen und investieren ebenso wie die spanischen Fans pro Los 200 Euro. Bis zu vier Millionen Euro kann der Hauptgewinner absahnen.

Die Gewinnzahlen von *El Gordo* werden zwei Tage vor Weihnachten gezogen. Deshalb verbringt ein Großteil aller spanischen Familien den Abend des 22. Dezember auf jeden Fall vor dem Fernseher, schließlich will niemand die Ziehung des Hauptgewinns verpassen. Ein kurioses Detail bei der Fernsehübertragung ist, dass die Zahlen nicht einfach vorgelesen, sondern von Waisenkindern vorgesungen werden.

Eine zweite Chance auf einen besonderen Losgewinn, wenn auch nicht in Millionenhöhe, sondern nur in Form eines kleinen Geschenks, bietet die in Spanien am Heiligen Abend übliche *Urne des Schicksals*. Sie wird beim Familienessen auf den Tisch gestellt und jeder der Anwesenden darf ein Los daraus ziehen. Der Haken bei der Sache ist, dass die Urne natürlich auch Nieten enthält. Ein kleiner Trost für die Pechvögel, die eine Niete erwischen: Die richtigen Weihnachtsgeschenke gibt es in Spanien erst am 6. Januar. Sie werden hier nämlich traditionell erst von den *Reyes Magos*, den Heiligen Drei Königen, gebracht.

GEGEN DEN heiligen Ernst

DAS WEIHNACHTSFEST SELBST wird in Spanien, wie in vielen europäischen Ländern, eher ruhig im Kreis der Familie gefeiert. Wenige Tage später, am 28. Dezember, geht es dafür umso lustiger zu. Gutgläubige Menschen müssen an diesem Tag, dem *Día de los Santos Inocentes* (deutsch: Tag der unschuldigen Heiligen bzw. Tag der unschuldigen Kinder) besonders aufpassen. Sie sind beliebte Opfer für die Streiche, die denen am ersten April in Deutschland ähneln.

Besonders wild geht es an diesem Tag in der Provinz Alicante im Ort Ibi zu. Hier ziehen die *Els enfarinats* (deutsch: Mehlmänner) durch die Straßen und übernehmen für einen Tag sogar die Regierung der Stadt. Wer ihnen nicht schnell genug ausweicht, wird mit Mehl gepudert und mit Knallfröschen beworfen. Schnell bilden sich zwei gegnerische Parteien, die sich eine wahre Straßenschlacht liefern. Von den Inhabern der anliegenden Geschäfte fordern die Mehlmänner eine mehr oder weniger freiwillige Spende, die später für einen guten Zweck verwendet wird.

Erst gegen Abend klingt der Tag aus mit einer Gruppe Tänzer, die alle Mehlmänner einsammelt und endlich zur Ruhe zwingt – bis zum nächsten 28. Dezember.

Was das Wörtchen »Sch...«

MIT WEIHNACHTEN ZU TUN HAT

ZWEI EIGENWILLIGE TRADITIONEN im Zusammenhang mit Weihnachten pflegen die Katalonier. Die erste dreht sich um ein Stück Baumstamm. Der wird in der Vorweihnachtszeit von katalonischen Kindern mit Beinen, einer Mütze und einem gemalten Gesicht versehen. Außerdem erhält der bis zur Unkenntlichkeit verschönerte Baumstamm eine Decke, damit ihm nicht kalt wird, und einen Namen: *Tió de Nadal* (deutsch: Weihnachtsklotz). Damit aber genug der Ehre und Fürsorge, denn am Weihnachtstag singen die Kinder ihm zwar ein Liedchen, schlagen aber gleichzeitig mit Stöcken auf den Holzklotz. Der macht sich vor lauter Angst in die nicht vorhandenen Hosen – und siehe da, unter der Decke quellen zur Freude der Kinder Süßigkeiten und kleine Geschenke hervor!

EIN WEITERER BEZUG zum verbotenen Wort ist ebenfalls in Katalonien zu finden. Hier darf in keiner Krippe eine besondere Figur fehlen, der *Caganer*. Und man möchte es kaum glauben, aber das kleine »Scheißerchen« (so die Übersetzung) verrichtet völlig unverfroren etwas abseits der Geburtsstätte des Jesuskindes sein großes Geschäft. Ob er nun für den Kreislauf der Natur, für eine gute Gesundheit oder einfach als Glücksbringer auftritt, eines ist sicher: In Katalonien akzeptiert sogar die Kirche den Caganer als unvermeidliches Accessoire der Heiligen Weihnacht.

LUDWIG THOMA

Die heilige Nacht

SO WAR DER HERR JESUS GEBOREN
IM STALL BEI DER KALTEN NACHT.
DIE ARMEN, DIE HABEN GEFROREN,
DEN REICHEN WAR'S WARM GEMACHT.
SEIN VATER IST SCHREINER GEWESEN,
DIE MUTTER WAR EINE MAGD,
SIE HABEN KEIN GELD BESESSEN,
SIE HABEN SICH WOHL GEPLAGT.
KEIN WIRT HAT INS HAUS SIE GENOMMEN;
SIE WAREN VON HERZEN FROH,
DASS SIE NOCH IN STALL SIND GEKOMMEN.
SIE LEGTEN DAS KIND AUF STROH.
DIE ENGEL, DIE HABEN GESUNGEN,
DASS WOHL EIN WUNDER GESCHEHN.
DA KAMEN DIE HIRTEN GESPRUNGEN
UND HABEN ES ANGESEHN.
DIE HIRTEN, DIE WILL ES ERBARMEN,
WIE ELEND DAS KINDLEIN SEI.
ES IST EINE G'SCHICHT FÜR DIE ARMEN,
KEIN REICHER WAR NICHT DABEI.

Schweiz

SAMICHLAUS, I BIN SO FROH,
DASS DU HÜT ZU MIR BISCH CHO,
DU WEISCH, ICH DUE GÄRN NÜSSLI ÄSSE,
HESCH MIS SECKLI NID VERGÄSSE?

FROHI WIEHNACHTE!

WEIHNACHTS-STECKBRIEF

WEIHNACHTSZEIT:
vom 1. Dezember bis 6. Januar

GESCHENKE:
gibt's am 24. oder 25. Dezember, werden vom Christkind oder Weihnachtsmann gebracht

WEIHNACHTSMENÜ:
regional unterschiedliche Spezialitäten, dazu gehören *Fondue chinoise* (Fleischfondue mit heißer Brühe), Karpfen, Schweinefilet im Teigmantel, Panettone

Jeder nach seiner Art

UND TRADITION

DIE AUFTEILUNG DER SCHWEIZ in Kantone mit ihren jeweils unterschiedlichen Traditionen spiegelt sich auch zu Weihnachten wider, das auf sehr verschiedene Art gefeiert wird. Einer der Bräuche in der deutschsprachigen Schweiz ist das Klausjagen. Wahrscheinlich geht der Brauch auf heidnische Fruchtbarkeitskulte zurück, die eine gute Ernte für das nächste Jahr sichern sollten. Für die uralte Tradition, die früher überall in diesem Kanton gepflegt wurde, ist heute der Ort Küssnacht am Rigi bekannt. Am Abend des 5. Dezember erlöschen mit einem lauten Böllerschuss alle Lichter des Ortes. Nur die weiß gekleideten *Iffeleträger* erhellen die Nacht mit ihren großen bunten Laternen aus Seidenpapier und Karton, den *Iffelen*. Sie weisen dem heiligen Nikolaus, der hier auf den Namen *Samichlaus* hört, und seinem strengen Begleiter *Schmutzli* den Weg durch die dunklen Straßen. Damit ist der Umzug noch nicht zu Ende: Auf *Samichlaus* folgen die *Trychler*, lärmende Gesellen mit großen Kuhglocken, außerdem Leute mit Blasinstrumenten, Peitschen und Fackeln. Sie alle sollen mit Getöse die bösen Geister verjagen, die in den winterlich dunklen Straßen ihr Unwesen treiben.

LISA WENGER

Der Esel des Sankt Nikolaus

Als der Winter wieder einmal gekommen war, der Schnee in dicken Flocken zur Erde fiel und die Weihnachtszeit nahte, kam Sankt Nikolaus in den Stall, in dem sein Eselchen stand, klopfte ihm auf den glatten Rücken und sagte: »Nun, mein Graues, wollen wir uns wieder auf die Reise machen?«
Der Esel stampfte lustig mit den Füßen und wieherte leise.
So zogen sie denn zusammen aus, der Esel hoch bepackt mit Säcken, Sankt Nikolaus in seinem dicken Schneemantel, mit hohen Stiefeln und großen Pelzhandschuhen. Wie sie so durch den Wald zogen, knirschte der Schnee unter ihren Füßen und ihr Atem flog in großen Wolken um sie herum; aber Sankt Nikolaus lachte doch mit seinen fröhlichen alten Augen in die Welt hinein, und das Eselchen schüttelte sich vor Vergnügen, sodass die silbernen Glöcklein weit über das Feld klangen.
Im nächsten Dorf kehrten sie ein, denn sie waren beide hungrig. Sankt Nikolaus stellte sein Eselchen in den Stall und setzte sich selbst in die warme Stube zu einem Teller Suppe. Im Stall standen ein paar Pferde; auch ein Esel war unter ihnen, und gerade neben diesen – es war ein großer Mülleresel – kam unser Eselchen zu stehen.
»Was bist denn du für ein Kauz?«, fragte der große Esel verächtlich.
»Ich bin der Esel des Sankt Nikolaus«, antwortete stolz unser Grauer.
»So«, höhnte der Mülleresel, »da bist du auch etwas Rechtes! Immer hinter dem Alten herlaufen; im Schnee stehen vor den Häusern; fast erfrieren und verhungern, ehe du wieder in deinen Stall kommst; keinen rechten Lohn; immer das gleiche Futter, jahraus, jahrein; ich würde mir so etwas nicht gefallen lassen.«
»Ja, hast du es denn besser?«, fragte ganz erstaunt das Eselchen; »du musst doch auch Säcke tragen, oder nicht?«
»Natürlich«, prahlte der Esel, »aber nur, wenn es mir passt! Und zwischendurch laufe ich herum und gehe, wohin ich will! Habe ich Hunger, so komme ich heim und fresse, aber nicht nur dein lumpiges Heu, nein, Hafer, so viel es mir beliebt, und Brot und Zucker bringt man mir.«
Das Eselchen glaubte dem Aufschneider alles; denn beim Sankt Nikolaus hatte es natürlich nicht lügen gelernt. Solch ein Leben schien ihm beneidenswert; denn Hafer, Brot und Zucker bekam es nur selten.

»Es war natürlich nicht immer so«, fuhr der Mülleresel fort, »aber einmal lief ich einfach davon und kam acht Tage nicht wieder heim. Seither lassen sie mich machen, was ich will. Weißt du was, lauf deinem Alten auch einmal davon und lass ihn seine Säcke allein schleppen! Du sollst sehen, wie es nachher anders wird! Lauf, lauf, die Tür ist eben offen und du bist nicht angebunden!«

Das Eselchen, das wirklich ein rechtes Eselchen war, wurde ganz verwirrt im Kopf von all dem Neuen, und da ihm der große Esel Achtung einflößte und man auf das Böse viel leichter hört als auf das Gute, besann es sich nicht lange und ging wirklich zur Tür hinaus. Dort schüttelte es sich, schlug übermütig aus, dass der Schnee davonstob, und galoppierte zum Hof hinaus, über die Straße, durch den Kartoffelacker und lief in den Wald. Dort sprang es hin und her, rannte mit den Hasen um die Wette, spielte mit den Hirschen und Rehlein und machte hohe Sprünge, um den Schnee abzuschütteln, der von den Tannen auf seinen Rücken fiel.

Das Eselchen wurde schließlich müde und auch hungrig. Es lief auf eine große Wiese, um etwas Essbares zu suchen. Der Schnee aber war sehr hoch und hart gefroren und das Eselchen fand nicht das kleinste Kräutlein. Als es weiterlief, sah es am Ende der Wiese, hart am Waldesrand, ein altes Mütterchen gehen, das auf seinem Rücken eine große Bürde Holz schleppte. Mühsam und langsam ging es vorwärts und atmete schwer.

Das Eselchen, das im Grunde ein gar liebes Eselchen war und bei Sankt Nikolaus nur Gutes gelernt hatte, ging ganz nahe zu dem Mütterchen hin und blieb vor ihm stehen, senkte auch seinen Kopf und sah mit seinen klugen Augen die alte Frau so aufmunternd an, dass diese das Tier wohl verstand. Sogleich lud sie ihm ihr Holz auf den Rücken, tätschelte ihm den Hals und machte: »Hö!«, und das Eselchen trottete sanft hinter dem Mütterchen her, bis sie das kleine Haus erreicht hatten, weit draußen vor dem Dorf.

Kaum war das Holz abgeladen, kamen die Enkelkinder der Alten, sprangen um den Esel herum und schrien: »Ach, lass mich reiten, lass mich reiten!« Das Eselchen, das von Sankt Nikolaus gelernt hatte, die Kinder lieb zu haben, ließ sie reiten. Erst die Mädchen, dann die Buben, dann wieder die Mädchen und wieder die Buben; zuletzt saßen zwei auf, ritten gegen das Dorf, schrien hü und hott und schwangen ihre Mützen. Vor dem Dorf warf sie das Eselchen ab und es gab ein großes Gelächter und Geschrei. Darauf sprangen die Kinder heim; das Eselchen lief weiter und wusste nicht recht, wohin es gehen sollte. Es war schon müde und Hunger und Durst hatte es auch. Langsam lief es in den Wald zurück und dachte an seinen warmen Stall, an das viele Heu, das es immer bekam, und an den guten Sankt Nikolaus, der ihm beim Fressen jedes Mal über den Rücken strich.

Traurig stapfte das Eselchen vorwärts; hie und da fiel ein Tannenzapfen herunter oder es krachte ein dürrer Ast, aber sonst war alles still. Die Dämmerung kam und dem Eselchen wurde es unheimlich. Wenn es nur den Weg gewusst hätte! Wenn es doch nur wieder daheim wäre, dachte es betrübt und senkte den Kopf tief, tief herunter.

Nachdem der gute Sankt Nikolaus seine Suppe gegessen hatte, ging er in den Stall, um das Eselchen herauszuholen. Aber da war kein Eselchen mehr! Er suchte es überall und fragte alle Leute, ob sie sein Eselchen nicht gesehen hätten; aber niemand hatte es gesehen. Da kam er auf die Straße und sah im Kartoffelacker Spuren von kleinen Hufen. Er ging den Spuren nach, und richtig, als Sankt Nikolaus den Hügel hinter dem Dorf hinanstieg, sah er das Eselchen ganz traurig stehen. Es war so müde, dass es nicht einmal den Kopf wandte, als es Schritte hörte.

»Graues!«, rief Sankt Nikolaus.

Potztausend, was machte es da für einen Sprung, und wie lief es hin zu Sankt Nikolaus, den es, obwohl es ganz dunkel war, gleich erkannte. Es wieherte vor Freude, schmiegte sich dicht an ihn und rieb seinen Kopf an dem weichen, wohlbekannten Pelzmantel.

»Aber Graues«, sagte Sankt Nikolaus, »was machst du für Sachen!«

Da schämte sich das Eselchen ganz gewaltig.

Sankt Nikolaus nahm es am Zaum; die beiden guten Freunde trotteten durch den Schnee zur nächsten Herberge, und als das Eselchen auf sauberem Stroh im Stalle stand, das duftende Heu vor sich, und Sankt Nikolaus es hinter den Ohren kraulte, da dachte es bei sich: Diesmal bist du aber ein wirklicher Esel gewesen!

Und das ist die Geschichte vom Eselchen des Sankt Nikolaus!

FRANZ GRAF VON POCCI

Der Weihnachtsstern

VON OSTEN STRAHLT EIN STERN HEREIN
MIT WUNDERBAREM HELLEM SCHEIN,
ES NAHT, ES NAHT EIN HIMMLISCHES LICHT,
DAS SICH IN TAUSEND STRAHLEN BRICHT!
IHR STERNLEIN AUF DEM DUNKLEN BLAU,
DIE ALL IHR SCHMÜCKT DES HIMMELS BAU,
ZIEHT EUCH ZURÜCK VOR DIESEM SCHEIN.
IHR WERDET ALLE WINZIG KLEIN!
VERBERGT EUCH, SONNENLICHT UND MOND,
DIE IHR SO STOLZ AM HIMMEL THRONT!
ER NAHT, ER NAHT SICH VON FERN –
VON OSTEN HER – DER WEIHNACHTSSTERN!

MAX BOLLIGER

Das Hirtenlied

Auf einen Stock gestützt, den Blick zu den Sternen erhoben, stand der alte Hirte auf dem Felde. »Er wird kommen«, sagte er.

»Wann wird Er kommen?«, fragte der Enkel.

»Bald!«

Die anderen Hirten lachten. »Bald!«, höhnten sie, »das sagst du nun seit Jahren!«

Der Alte kümmerte sich nicht um ihren Spott. Nur der Zweifel, der in den Augen des Enkels aufflackerte, betrübte ihn. Wer sollte, wenn er starb, die Weissagungen der Propheten weitertragen? Wenn er doch bald käme. Sein Herz war voller Erwartung.

»Wird Er eine goldene Krone tragen?«, unterbrach der Enkel seine Gedanken.

»Ja!«

»Und einen purpurnen Mantel?«

»Ja! Ja!«

Der Enkel war zufrieden. Ach, warum versprach er ihm, was er selbst nicht glaubte! Wie würde er denn kommen? Auf Wolken aus dem Himmel? Aus der Ewigkeit? Als Kind? Arm oder reich? Bestimmt ohne Krone, ohne Schwert, ohne Purpurmantel – und doch mächtiger als alle anderen Könige. Wie sollte er es dem Enkel begreiflich machen?

Der Junge saß auf einem Stein und spielte auf seiner Flöte. Der Alte lauschte. Er spielte von Mal zu Mal schöner, reiner. Der Junge übte am Morgen und am Abend, Tag für Tag. Wenn es stimmte, was der Großvater sagte, so musste er bereit sein, wenn der König kam. Keiner spielte so wie er. Der König würde sein Lied nicht überhören. Der König würde ihn dafür beschenken. Mit Gold, mit Silber! Er würde ihn reich machen und die anderen würden staunen.

Eines Nachts standen die Sterne am Himmel, nach denen der Großvater Ausschau gehalten hatte. Die Sterne leuchteten heller als sonst. Über der Stadt Bethlehem stand ein großer Stern.Und dann erschienen Engel und sagten: »Fürchtet euch nicht! Euch ist heute der Heiland geboren!« Der Junge lief voraus, dem Licht entgegen. Unter dem Fell auf seiner Brust spürte er die Flöte. Er lief so schnell er konnte.

Da stand er als Erster und starrte auf das Kind. Es lag in Windeln gewickelt in einer Krippe. Ein Mann und eine Frau betrachteten es froh. Die anderen Hirten, die ihn eingeholt hatten, fielen vor ihm auf die Knie. Der Großvater betete es an. War das nun der König, den er ihm versprochen hatte? Nein, das musste ein Irrtum sein. Nie würde er hier sein Lied spielen. Er drehte sich um, enttäuscht, von Trotz erfüllt. Er trat in die Nacht hinaus. Er sah weder den offenen Himmel noch die Engel, die über dem Stall schwebten. Aber dann hörte er das Kind weinen. Er wollte es nicht hören. Er hielt sich die Ohren zu, lief weiter. Doch das Weinen verfolgte ihn, ging ihm zu Herzen, zog ihn zurück zur Krippe.

Da stand er zum zweiten Mal. Er sah, wie Maria und Josef und auch die Hirten erschrocken das weinende Kind zu trösten versuchten. Vergeblich! Was hatte es nur? Da konnte er nicht anders. Er zog die Flöte aus dem Fell und spielte sein Lied. Das Kind wurde still. Es schaute ihn an und lächelte. Da wurde er froh und spürte, wie das Lächeln ihn reicher machte als Gold und Silber.

Deutschland

ANNA RITTER

Vom Christkind

DENKT EUCH, ICH HABE DAS CHRISTKIND GESEHEN!
ES KAM AUS DEM WALDE, DAS MÜTZCHEN VOLL SCHNEE,
MIT ROTGEFRORENEM NÄSCHEN.
DIE KLEINEN HÄNDE TATEN IHM WEH,
DENN ES TRUG EINEN SACK, DER WAR GAR SCHWER,
SCHLEPPTE UND POLTERTE HINTER IHM HER –
WAS DRIN WAR, MÖCHTET IHR WISSEN?
IHR NASEWEISE, IHR SCHELMENPACK –
MEINT IHR, ER WÄRE OFFEN, DER SACK?
ZUGEBUNDEN BIS OBEN HIN!
DOCH WAR GEWISS ETWAS SCHÖNES DRIN:
ES ROCH SO NACH ÄPFELN UND NÜSSEN!

FROHE WEIHNACHTEN!

WEIHNACHTS-STECKBRIEF

WEIHNACHTSZEIT:
vom 1. Dezember bis 6. Januar

GESCHENKE:
gibt's am 24. Dezember, werden vom Christkind oder Weihnachtsmann gebracht

WEIHNACHTSMENÜ:
Würstchen mit Kartoffelsalat, Weihnachtsgans, Raclette

Christstollen

UND DIE LEGENDE VON DER JAHRESEND-FLÜGELPUPPE

Weihnachten in der DDR war anders als im konsumorientierten Westen. Der sozialistische Staat erlaubte keine religiösen Feste, die passten nicht zur Philosophie von Marx und Engels. Als Familienfest blieb Weihnachten aber trotzdem das liebste Fest im damaligen Ostdeutschland.

Wegen des allgegenwärtigen Versorgungsmangels in der sozialistischen Marktwirtschaft war es allerdings ein Kunststück, zum Fest all die schönen Dinge zu bekommen, die anderswo selbstverständlich waren. Für den Christstollen etwa wurden schon im Herbst Zutaten gesammelt und das Paket der Verwandten aus dem Westen mit unentbehrlichen Zutaten wie Orangeat, Zitronat, Mandeln und Sultaninen wurde sehnlichst erwartet. Wer nicht zu den Glücklichen gehörte, die die seltenen Zutaten per Geschenksendung aus dem Westen ergattern konnten, musste sich mit Ersatzprodukten wie kandierten grünen Tomaten statt Zitronat oder Möhren statt Orangeat helfen.

Ein schöner Weihnachtsbaum für die Wohnung war ebenfalls Glückssache, wobei dem Glück in diesem Fall nachgeholfen werden konnte: Viele Familien kauften zwei von den billigen Bäumen aus dem Erzgebirge. Die guten Zweige wurden von einem Baum abgesägt und kunstfertig in die Lücken des anderen Baumes eingefügt. Der Schmuck für den Weihnachtsbaum wurde – wie auch im Westen üblich – wiederverwendet. Allerdings war in der DDR das Lametta schwer zu bekommen und wurde daher nach Gebrauch sorgfältig gebügelt und so für mehrere Jahre aufgehoben.

Adventskalender verkürzten den Kindern die Wartezeit auf Weihnachten auch in der DDR, allerdings mussten sie unter dem unverfänglichen Namen vorweihnachtliche Kalender verkauft werden. Bis 1973 durften sie nicht mit christlichen Bildern bedruckt werden, stattdessen wurden Winterszenen verwendet.

Zwar gab sich der sozialistische Staat viel Mühe, um Weihnachten zu verdrängen, aber bereits in den 1970er-Jahren war klar, dass die Idee eines weltlichen Jahresabschlussfestes nicht Fuß fassen würde. Weihnachten wurde deshalb akzeptiert, wenn auch nicht als christliches Fest, sondern als willkommenes Mittel, um die DDR-Bürger von manchem Mangel und Missstand in der Planwirtschaft abzulenken. Eine Legende ist der Begriff der geflügelten Jahresendfigur, die als Synonym für Weihnachtsengel jahrelang als Eintrag in bundesdeutschen Lexika zu finden war. Die Wortschöpfung des DDR-Magazins Eulenspiegel war lediglich als überspitzte Kritik am DDR-Beamtendeutsch gedacht und wurde nie wirklich im Sprachgebrauch verwendet.

Der Schwibbogen ist eine der beliebten Weihnachtsdekorationen aus dem Erzgebirge. Beleuchtet mit echten Kerzen oder LED-Lichtern, bringt er warmes Licht und weihnachtliche Stimmung ins Haus. Wer so einen Boden selbst basteln will, kann das mit einfachen Mitteln tun:

HOLZARBEIT AUS DEM ERZGEBIRGE

Das wird benötigt:

Spanplatte ✦ Laub- oder Dekoupiersäge ✦ Schleifpapier ✦ Bohrmaschine mit Holzbohrern in 5 mm und 2 – 3 mm ✦ Holzschrauben 2 – 3 mm ✦ Holzleim ✦ 5 Kerzenhalter ✦ Kerzen

So wird's gemacht:

- Eine Vorlage aus festem Papier oder Pappe selbst gestalten; diese auf das Holz übertragen.
- In die Zwischenräume Löcher für das Sägeblatt bohren (5 mm).
- Konturen aussägen und gut abschleifen.
- In den Boden zwei Löcher bohren (2 – 3 mm).
- Den Schwibbogen von unten leimen und an den Boden schrauben.
- Kerzenhalter auf den Bogen leimen und gut trocknen lassen.
- Zum Schluss die Kerzen befestigen – fertig!

In der Nacht vom 5. auf den 6. Dezember freuen sich in Deutschland die Kinder auf »Äpfel, Nuss und Mandelkern«. Die füllt über Nacht der heilige Nikolaus in die bereitgestellten Stiefel, aber nur bei braven Kindern!

THEODOR STORM

Knecht Ruprecht

Von drauß' vom Walde komm ich her;
ich muss euch sagen, es weihnachtet sehr!
Allüberall auf den Tannenspitzen
sah ich goldene Lichtlein sitzen;
und droben aus dem Himmelstor
sah mit großen Augen das Christkind hervor;
und wie ich so strolcht' durch den finstern Tann,
da rief's mich mit heller Stimme an:

»Knecht Ruprecht«, rief es, »alter Gesell,
hebe die Beine und spute dich schnell!
Die Kerzen fangen zu brennen an,
das Himmelstor ist aufgetan,
Alt' und Junge sollen nun
von der Jagd des Lebens einmal ruhn;
und morgen flieg ich hinab zur Erden,
denn es soll wieder Weihnachten werden!«

Ich sprach: »O lieber Herr Christ,
meine Reise fast zu Ende ist;
ich soll nur noch in diese Stadt,
wo's eitel gute Kinder hat.« –

»Hast denn das Säcklein auch bei dir?«

Ich sprach: »Das Säcklein, das ist hier:
denn Äpfel, Nuss und Mandelkern
essen fromme Kinder gern.« –

»Hast denn die Rute auch bei dir?«

Ich sprach: »Die Rute, die ist hier:
Doch für die Kinder nur, die schlechten,
die trifft sie auf den Teil, den rechten.«

Christkindlein sprach: »So ist es recht;
so geh mit Gott, mein treuer Knecht!«

Von drauß' vom Walde komm ich her;
ich muss euch sagen, es weihnachtet sehr!
Nun sprecht, wie ich's hier innen find!
Sind's gute Kind, sind's böse Kind?

EIN *Heiliger* NAMENS NIKOLAUS

Der »echte«, historisch belegte Nikolaus wurde Ende des 3. Jahrhunderts in Patara, in der heutigen Türkei, geboren. Er stammte aus einer wohlhabenden Familie und wurde im Alter von 19 Jahren von seinem Onkel, dem damaligen Bischof Nikolaus von Myra, zum Priester geweiht. Er zog als Abt in das Kloster von Sion in der Nähe seiner Heimatstadt. Mit dem Tod seiner Eltern erbte er deren Vermögen. Er behielt es aber nicht für sich selbst, sondern verteilte es an Arme und Bedürftige. Der Legende nach bewahrte er arme junge Frauen vor der Prostitution, indem er ihnen eine gute Mitgift gab. Nach dem Tod seines Onkels und Förderers pilgerte Nikolaus ins Heilige Land. Zurück von seiner Pilgerreise, wurde er zum neuen Bischof von Myra ernannt und wurde bekannt für seine diplomatischen Fähigkeiten, seine Großherzigkeit und seine Gerechtigkeit. Die beiden historischen Personen von Onkel und Neffe, die beide Bischöfe von Myra waren, verschmolzen in den Legenden zu einem einzigen heiligen Nikolaus.

Über dessen Wohl- und Wundertaten gibt es viele Legenden: So soll er drei zu Unrecht zum Tode Verurteilte gerettet haben, indem er dem Kaiser im Traum erschien und um deren Begnadigung bat. Während eines Sturmes soll er die Wogen beruhigt und dafür gesorgt haben, dass ein in Seenot geratenes Schiff mit einigen Pilgern an Bord sicher zum Hafen gelangte. Während einer Hungersnot soll er in Myra 100 Scheffel Getreide verteilt haben, das als Abgabe für den römischen Kaiser bestimmt war. Er soll allen Bürgern versichert haben, dass es ihnen an nichts fehlen würde, wenn er für sie beten würde, was der Legende nach auch so eintraf.

Trotz der barmherzigen Taten wird der heilige Nikolaus erst im Mittelalter zu dem beliebten Heiligen, den wir heute kennen. Als Schutzheiliger der Seefahrer und Kaufleute wird er in vielen Kirchen verehrt, in Russland wird er sogar zum Nationalheiligen.

Das Nikolausfest am 6. Dezember mit Geschenken gibt es seit dem 12. Jahrhundert, den knurrigen Begleiter des Nikolaus, der unartige Kinder bestraft, gibt es erst seit dem 19. Jahrhundert. Je nach Region fürchten die Kinder in Deutschland das Urteil von Knecht Ruprecht, Krampus, Pulterklas oder Rupsack. Auch in anderen Ländern gibt es den strengen Begleiter des Nikolaus: In Frankreich heißt er *Père Fouettard*, in der Schweiz *Schmutzli*, in Luxemburg *Housecker*, in den Niederlanden *Zwarte Piet*.

Das Kostüm des Gegenparts zu Nikolaus ist sehr unterschiedlich, im Gegensatz zum Gewand des Heiligen selbst. Das traditionelle und eher strenge rote Bischofsgewand des heiligen Nikolaus mit Stab und Mitra blieb vor allem in Süddeutschland bis heute erhalten. In anderen Regionen wandelte sich das Bild vom Nikolaus nach und nach zum gemütlichen Opa mit weißem Rauschebart, der einen großen Sack mit Geschenken unter den Kindern verteilt.

RAINER MARIA RILKE

Advent

ES TREIBT DER WIND IM WINTERWALDE
DIE FLOCKENHERDE WIE EIN HIRT,
UND MANCHE TANNE AHNT,
WIE BALDE
SIE FROMM UND LICHTERHEILIG WIRD,
UND LAUSCHT HINAUS.

DEN WEISSEN WEGEN
STRECKT SIE DIE ZWEIGE HIN – BEREIT,
UND WEHRT DEM WIND UND WÄCHST ENTGEGEN
DER EINEN NACHT DER HERRLICHKEIT.

BRIEF VON THEODOR STORM AN SEINE ELTERN VOM 20. DEZEMBER 1856

Es weihnachtet sehr

Es wird Weihnachten! Mein Haus riecht schon nach braunen Kuchen – versteht sich, nach Mutters Rezept – und ich sitze sozusagen schon seit einer Woche im Scheine des Tannenbaums.
Ja, wie ich den Nagel meines Daumens besehe, so ist auch der schon halbwegs vergoldet. Denn ich arbeite jetzt abends nur in Schaumgold, Knittergold und bunten Bonbonpapieren; und während ich Netze schneide und Tannen- und Fichtenäpfel vergolde und die Frauen, d. h. meine Frau und Röschen, Lisbeths Puppe ausputzen, liest Onkel Otto uns die »Klausenburg« von Tieck vor oder gibt hin und wieder eine Probe aus den Bilderbüchern, die Hans und Ernst auf den Teller gelegt werden sollen.
Gestern Abend habe ich sogar Mandeln und Zitronat für die Weihnachtskuchen schneiden helfen, auch Kardamom dazu gestoßen und Hirschhornsalz. Den Vormittag war ich stundenlang auf den Bergen in den Wäldern herumgeklettert, um die Tannenäpfel zu suchen. Ja, Ihr hättet mich sogar in meinem dicken Winter-Sürtout hoch oben in einer Tannenspitze sehen können. Freilich hatte ich mich vorher gehörig umgesehen; denn der Herr Kreisrichter durfte sich doch nicht auf einem ganz offenbaren Waldfrevel ertappen lassen.
Jeden Morgen, die letzten Tage, kommt der Postbote und bringt Päckchen oder einen Brief aus der Heimat oder aus der Fremde von Freunden. Die Weihnachtszeit ist doch noch gerade so schön, wie sie in meinen Kinderjahren war.
Wenn nur noch der Schnee kommen wollte; wir wohnen hier so schön, da müsste der Weihnachtsbaum, wenn er erst brennt, prächtig in die Winterlandschaft hinausleuchten.

SCHMUCK IST NICHT NUR SCHMUCK – er hat Bedeutung

ÄPFEL – Symbol der Fruchtbarkeit und Erinnerung an das Paradies; Äpfel stehen für den Sommer, für Leben und Wachsen mitten im lebensfeindlichen Winter; die rote Farbe symbolisiert das Blut, das Christus am Kreuz vergossen hat.

GESCHENKE – die Gaben der drei Weisen aus dem Morgenland; ein Zeichen von Nächstenliebe und Hingabe.

GLOCKEN – der helle Klang verbreitet die frohe Botschaft, warnt vor Gefahr und erinnert daran, wachsam zu bleiben.

KUGELN – Weiterentwicklung aus dem Apfel, die Kugelform gilt auch als Zeichen der Einheit von Himmel und Erde.

ENGEL – Vermittler zwischen göttlicher und menschlicher Sphäre; Verkünder der Geburt des Heilands.

FISCHE – stehen für Wasser, Leben und Fruchtbarkeit; in der christlichen Tradition Symbol für Jesus Christus.

TROMPETEN – die Posaunen der Engel verkünden die frohe Botschaft.

HERZEN – Symbol für Liebe, Lust, Freude, Lebenskraft.

NÜSSE – stehen für die Unergründlichkeit von Gottes Wegen; verschlossen und schwer zu knacken, strahlen sie vergoldet und wirken lebendig und schillernd; symbolisieren die Natur, den Herbst, die Erntezeit.

STERNE – Zeichen der Hoffnung; Strohsterne erinnern daran, dass Jesus in einer Krippe geboren wurde; ein Stern wies den Hirten den Weg dorthin.

TANNENZWEIGE – stehen mit ihren immergrünen Nadeln für die Auferstehung und das ewige Leben.

TANNENZAPFEN – sind Fruchtbarkeitszeichen und stehen für die Unberührtheit der Jungfrau Maria.

VÖGEL – galten im Altertum als Träger der Seele, im Christentum sind sie Symbol für Frieden und Liebe.

Stoffsterne –
BAUMSCHMUCK ZUM SELBSTBASTELN

Die Sterne können als Schmuck für den Weihnachtsbaum und als Anhänger für Geschenke verwendet werden:

Das wird benötigt:

zweierlei Stoffreste, die farblich zueinanderpassen ✦ Sternenschablone (siehe unten)
Bügeleinlage (zweiseitig beschichtet) ✦ Seidenband

So wird's gemacht:

❋ Schablone abpausen und ausschneiden.
❋ Auf den Stoff und die Bügeleinlage übertragen und so viele Sterne wie gewünscht ausschneiden.
❋ Jeweils eine Bügeleinlage zwischen zwei Stoffschichten legen und die Sterne glatt bügeln.
❋ Zum Schluss das Seidenband annähen.

Sterne am Baum –

UND AM WINTERHIMMEL

IM WINTER kann man viele helle Sternbilder beobachten. In den dunklen, langen Nächten sind sie oft besonders gut zu sehen. Eine besondere Figur ist das sogenannte Wintersechseck, das sich aus sechs sehr hellen Sternen bilden lässt, die wiederum zu unterschiedlichen Sternbildern gehören. Es setzt sich zusammen aus Rigel im Orion, Aldebaran im Stier, Kapella im Fuhrmann, Pollux in den Zwillingen sowie Prokyon im Kleinen Hund und Sirius im Großen Hund.

Das schönste und eindrucksvollste Sternbild des Winterhimmels ist der Orion. Für unsere Vorfahren war er der große Jäger mit markanten Sternen im Gürtel, Fuß- und Gürtelbereich. Die drei Gürtelsterne sind leicht zu finden, und Rigel, der das linke Knie bildet, ist ebenfalls besonders hell. Verlängert man die Gürtelsterne des Orion nach links unten, findet man den leuchtenden Sirius. Nach rechts oben verlängert, führen die Gürtelsterne zu Aldebaran. Direkt über dem rechten Gürtelstern findet man Kapella. Verbindet man Rigel mit dem hellen Stern, der die rechte Schulter des Orion bildet, Beteigeuze, und führt die Linie gerade weiter nach oben, führt sie zu Kastor. Prokyon findet sich von Beteigeuze aus gesehen in nahezu gerader Linie auf der linken Seite.

In welchem Farbton uns ein Stern erscheint, hängt übrigens von seiner Temperatur ab. Je dunkler der Farbton, desto »kälter« ist der Himmelskörper. Während unsere grellweiße Sonne 6000 Grad heiß ist, hat der rötliche Aldebaran nur eine Temperatur von 3500 Grad.

WILHELM BUSCH

Der Stern

HÄTT' EINER AUCH FAST MEHR VERSTAND
ALS WIE DIE WEISEN AUS DEM MORGENLAND
UND LIESSE SICH DÜNKEN, ER WÄRE WOHL NIE
DEM STERNLEIN NACHGEREIST WIE SIE;
DENNOCH, WENN NUN DAS WEIHNACHTSFEST
SEINE LICHTLEIN WONNIGLICH SCHEINEN LÄSST,
FÄLLT AUCH AUF SEIN VERSTÄNDIG GESICHT,
ER MAG ES MERKEN ODER NICHT,
EIN FREUNDLICHER STRAHL
DES WUNDERSTERNES VON DAZUMAL.

DER STERN von Bethlehem

FÜR DEN STERN der drei Weisen aus dem Morgenland, der ihnen den Weg nach Bethlehem wies, gibt es drei mögliche astronomische Erklärungen: Die erste ist die eines Kometen, wie man ihn auf vielen Weihnachtsbildern, Adventskalendern und Postkarten sieht. Ein Stern mit einem Schweif aus Sternenstaub ist eine beeindruckende Erscheinung am Himmel und ist oft sogar bei Tageslicht zu sehen. Ob zu Christi Geburt ein heller Komet am Himmel zu sehen war, lässt sich nicht beweisen. Es steht aber fest, dass viele Schweifsterne nur einmal von der Erde aus zu sehen sind und danach wieder im unendlichen Weltall verschwinden. Allerdings galten Kometen seit jeher als böses Omen, weshalb es rückblickend unlogisch erscheint, die Geburt des Erlösers ausgerechnet mit dem Erscheinen eines Kometen zu verbinden.

Die zweite Möglichkeit ist die einer Supernova. Das ist die Bezeichnung für das blitzschnelle, äußerst helle Aufleuchten eines sterbenden Sterns durch eine Explosion. Die Leuchtkraft des Sterns nimmt dabei millionen- bis milliardenfach zu, er wird für kurze Zeit so hell wie eine ganze Galaxie. Wenn diese Explosion in der Nähe der Erde stattfindet, kann sie ein helles Licht am Himmel erzeugen. Von einer Supernova bleibt meist ein Nebel und ein kleiner, sehr dunkler Stern übrig, den man auch mit den Fernrohren erkennen konnte, die zur Zeit der Geburt Christi von Astronomen verwendet wurden.

Eine weniger spektakuläre Erklärung für den Stern von Bethlehem ist diese: Im Jahr sieben vor unserer Zeitrechnung standen Saturn und Jupiter – beide helle Planeten – sehr dicht beieinander. Teilweise konnte man sie mit bloßem Auge nicht voneinander trennen und nahm sie vielleicht als einen hellen, »neuen« Stern wahr.

JOACHIM RINGELNATZ

Schenken

SCHENKE GROSS ODER KLEIN,
ABER IMMER GEDIEGEN.
WENN DIE BEDACHTEN
DIE GABEN WIEGEN,
SEI DEIN GEWISSEN REIN.

SCHENKE HERZLICH UND FREI,
SCHENKE DABEI,
WAS IN DIR WOHNT
AN MEINUNG, GESCHMACK UND HUMOR,
SODASS DIE EIGENE FREUDE ZUVOR
DICH REICHLICH BELOHNT.

SCHENKE MIT GEIST UND OHNE LIST.
SEI EINGEDENK,
DASS DEIN GESCHENK
DU SELBER BIST.

Der 24. Dezember ist der große Abend, der Heilige Abend. Für die Kinder bedeutet er die Erfüllung ihrer Weihnachtswünsche und die Erlösung nach der langen Vorweihnachtszeit. Wenn die Kerzen auf dem Weihnachtsbaum brennen, leuchten ihre Augen mit dem Kerzenschein um die Wette. Zur Bescherung, wie die Vergabe der Geschenke heißt, ruft in manchen Regionen das Glöckchen vom Christkind. Damit man sich erinnert, was der Heilige Abend eigentlich bedeutet, wird in vielen Familien unter dem beleuchteten Weihnachtsbaum die Weihnachtsgeschichte aus der Bibel vorgelesen, ein Auszug aus dem Lukasevangelium, Kapitel 2, Vers 1–14:

Es begab sich aber zu jener Zeit, dass ein Gebot von dem Kaiser Augustus ausging, dass alle Welt geschätzt würde. Und diese Schätzung war die allererste und geschah zur Zeit, da Quirinius Statthalter in Syrien war. Und jedermann ging, dass er sich schätzen ließe, ein jeder in seine Stadt.

Da machte sich auf auch Josef aus Galiläa, aus der Stadt Nazareth, nach Judäa zur Stadt Davids, die da heißt Bethlehem, weil er aus dem Hause und Geschlecht Davids war, damit er sich schätzen ließe mit Maria, seinem vertrauten Weibe, die war schwanger.

Und als sie dort waren, kam die Zeit, dass sie gebären solle. Und sie gebar ihren ersten Sohn und wickelte ihn in Windeln und legte ihn in eine Krippe; denn sie hatten sonst keinen Raum in der Herberge.

Und es waren Hirten in derselben Gegend auf dem Felde bei den Hürden, die hüteten des Nachts ihre Herde. Und der Engel des Herrn trat zu ihnen, und die Klarheit des Herrn leuchtete um sie; und sie fürchteten sich sehr.

Und der Engel sprach zu ihnen: Fürchtet euch nicht! Siehe, ich verkündige euch große Freude, die allem Volk widerfahren wird; denn euch ist heute der Heiland geboren, welcher ist Christus, der Herr, in der Stadt Davids. Und das habt zum Zeichen: Ihr werdet finden das Kind in Windeln gewickelt und in einer Krippe liegen.

Und alsbald war da bei dem Engel die Menge der himmlischen Heerscharen, die lobten Gott und sprachen: »Ehre sei Gott in der Höhe und Friede auf Erden bei den Menschen seines Wohlgefallens.«

Brief

VON JOHANN WOLFGANG VON GOETHE AN SEINEN FREUND KESTNER

Frankfurt, 25. Dezember 1772

Christtag früh. Es ist noch Nacht, lieber Kestner, ich bin aufgestanden, um bei Lichte morgens wieder zu schreiben, das mir angenehme Erinnerungen voriger Zeiten zurückruft; ich habe mir Coffee machen lassen, den Festtag zu ehren, und will Euch schreiben, bis es Tag ist. Der Türmer hat sein Lied schon geblasen, ich wachte darüber auf. Gelobet seist du, Jesus Christ! Ich hab diese Zeit des Jahrs gar lieb, die Lieder, die man singt, und die Kälte, die eingefallen ist, macht mich vollends vergnügt. Ich habe gestern einen herrlichen Tag gehabt, ich fürchtete für den heutigen, aber der ist auch gut begonnen, und da ist mir's fürs Enden nicht angst.

Der Türmer hat sich wieder zu mir gekehrt; der Nordwind bringt mir seine Melodie, als blies er vor meinem Fenster. Gestern, lieber Kestner, war ich mit einigen guten Jungens auf dem Lande; unsre Lustbarkeit war sehr laut und Geschrei und Gelächter von Anfang zu Ende. Das taugt sonst nichts für die kommende Stunde. Doch was können die heiligen Götter nicht wenden, wenn's ihnen beliebt; sie gaben mir einen frohen Abend, ich hatte keinen Wein getrunken, mein Aug war ganz unbefangen über die Natur. Ein schöner Abend, als wir zurückgingen; es ward Nacht. Nun muss ich Dir sagen, das ist immer eine Sympathie für meine Seele, wenn die Sonne lang hinunter ist und die Nacht von Morgen heraus nach Nord und Süd um sich gegriffen hat und nur noch ein dämmernder Kreis von Abend herausleuchtet. Seht, Kestner, wo das Land flach ist, ist's das herrlichste Schauspiel, ich habe jünger und wärmer stundenlang so ihr zugesehn hinabdämmern auf meinen Wanderungen. Auf der Brücke hielt ich still. Die düstre Stadt zu beiden Seiten, der still leuchtende Horizont, der Widerschein im Fluss machte einen köstlichen Eindruck in meine Seele, den ich mit beiden Armen umfasste.

Ich lief zu den Gerocks, ließ mir Bleistift geben und Papier und zeichnete zu meiner großen Freude das ganze Bild so dämmernd warm, als es in meiner Seele stand. Sie hatten alle Freude mit mir darüber, empfanden alles, was ich gemacht hatte, und da war ich's erst gewiss, ich bot ihnen an, drum zu würfeln, sie schlugen es aus und wollen, ich soll's Mercken schicken. Nun hängt es hier an meiner Wand und freut mich heute wie gestern. Wir hatten einen schönen Abend zusammen,

wie Leute, denen das Glück ein großes Geschenk gemacht hat, und ich schlief ein, den Heiligen im Himmel dankend, dass sie uns Kinderfreude zum Christ bescheren wollen.
Als ich über den Markt ging und die vielen Lichter und Spielsachen sah, dacht ich an Euch und meine Buben, wie Ihr ihnen kommen würdet, diesen Augenblick ein himmlischer Bote mit dem blauen Evangelio, und wie aufgerollt sie das Buch erbauen werde. Hätte ich bei Euch sein können, ich hätte wollen so ein Fest Wachsstöcke illuminieren, dass es in den kleinen Köpfen ein Widerschein der Herrlichkeit des Himmels geglänzt hätte. Die Torschließer kommen vom Bürgermeister und rasseln mit den Schlüsseln. Das erste Grau des Tags kommt mir über des Nachbarn Haus, und die Glocken läuten eine christliche Gemeinde zusammen. Wohl, ich bin erbaut hier oben auf meiner Stube, die ich lang nicht so lieb hatte als jetzt.

Österreich

WENN DAS HAUS DURCHSICHTIG WIRD,
GEHÖREN DIE STERNE MIT ZUM FEST.

HUGO VON HOFMANNSTHAL

FROHE WEIHNACHTEN!

WEIHNACHTS-STECKBRIEF

WEIHNACHTSZEIT:
vom 1. Dezember bis 6. Januar

GESCHENKE:
gibt's am 24. Dezember, werden vom Christkind gebracht

WEIHNACHTSMENÜ:
Bratwürstel mit Sauerkraut und Kartoffelsalat, Karpfen, Tafelspitz mit Apfelkren

Stille Nacht! Heilige Nacht!

(1818)

STILLE NACHT! HEILIGE NACHT!
ALLES SCHLÄFT, EINSAM WACHT
NUR DAS TRAUTE HOCHHEILIGE PAAR.
HOLDER KNABE IM LOCKIGEN HAAR,
SCHLAF IN HIMMLISCHER RUH,
SCHLAF IN HIMMLISCHER RUH!

STILLE NACHT! HEILIGE NACHT!
GOTTES SOHN, O WIE LACHT
LIEB' AUS DEINEM GÖTTLICHEN MUND,
DA UNS SCHLÄGT DIE RETTENDE STUND:
JESUS IN DEINER GEBURT.
JESUS IN DEINER GEBURT.

STILLE NACHT! HEILIGE NACHT!
DIE DER WELT HEIL GEBRACHT,
AUS DES HIMMELS GOLDENEN HÖHN
UNS DER GNADE FÜLLE LÄSST SEHN:
JESUM IN MENSCHENGESTALT.
JESUM IN MENSCHENGESTALT.

STILLE NACHT! HEILIGE NACHT!
WO SICH HEUT ALLE MACHT
VÄTERLICHER LIEBE ERGOSS
UND ALS BRUDER HULDVOLL UMSCHLOSS
JESUS DIE VÖLKER DER WELT.
JESUS DIE VÖLKER DER WELT.

STILLE NACHT! HEILIGE NACHT!
LANGE SCHON UNS BEDACHT,
ALS DER HERR, VOM GRIMME BEFREIT,
IN DER VÄTER URGRAUER ZEIT
ALLER WELT SCHONUNG VERHIESS,
ALLER WELT SCHONUNG VERHIESS.

STILLE NACHT! HEILIGE NACHT!
HIRTEN ERST KUNDGEMACHT
DURCH DER ENGEL HALLELUJA,
TÖNT ES LAUT VON FERN UND NAH:
JESUS DER RETTER IST DA!
JESUS DER RETTER IST DA!

Das ewige Lied

UND SEINE REISE UM DIE WELT

AUF EINZIGARTIGE, UNVERWECHSELBARE UND EINGÄNGIGE WEISE spiegelt ein weltbekanntes Weihnachtslied den eigentlichen Sinn von Weihnachten wider: *Stille Nacht! Heilige Nacht!* mit dem Text von Joseph Mohr und der Melodie von Franz Gruber. Geschrieben wurde das Lied vor rund 200 Jahren für die kleine Kirchengemeinde von St. Nikolaus in Oberndorf im Salzburger Land. Zur Christmette des Jahres 1818 wurde es erstmals aufgeführt und gesungen. Und dort, in der kleinen Dorfkirche vor einfachen Leuten, begann die Erfolgsgeschichte des Liedes, das heute auf der ganzen Welt zu Weihnachten gesungen wird.

In mehr als 350 Sprachen und Dialekte ist Stille Nacht übersetzt worden, wird in der Südsee ebenso gesungen wie in der Arktis. Sogar in der Liste des immateriellen Kulturgutes der UNESCO ist das ewige Lied zu finden. *Stille Nacht* löst eine ganz besondere Stimmung aus, in jeder Liedzeile wie in der eingängigen Melodie liegt die Sehnsucht nach Frieden und Geborgenheit.

Hauptsächlich wollten die beiden Komponisten Anfang des 19. Jahrhunderts ihre Kirchengemeinde wohl für eine kurze Zeit von Mangel und Hoffnungslosigkeit, Armut und Hunger ablenken, die zu der Zeit herrschten. So entstand ein romantisches Lied mit einer Gitarrenstimme als Begleitung, die Pfarrer Mohr in der Christmette 1818 selbst spielte. Die Originalversion mit ihren sechs Strophen wurde in den meisten Liederbüchern später auf drei Strophen reduziert, die bis heute überall auf der Welt bekannt sind.

Wie um die Entstehung, so ranken sich auch um die Geschichte des Liedes zahlreiche Legenden. Eine davon erzählt von *Stille Nacht* als Friedenslied: Am Heiligen Abend 1914 sollen die verfeindeten Parteien der Deutschen, Briten und Franzosen über die Schützengräben hinweg gemeinsam Stille Nacht gesungen und für den Rest der Nacht einen kurzen, spontanen Weihnachtsfrieden eingehalten haben.

Mit Zuckerbrot und Rute

DER NIKOLAUS hat in Österreich einen besonders einschüchternden Begleiter, den Krampus. Dieses teufelsähnliche Wesen ist von Kopf bis Fuß mit Fell bedeckt und hat auf dem Kopf riesige Hörner. Mit den Ketten und Glocken, die der Krampus bei sich trägt, macht er ganz fürchterlichen Lärm und erschreckt die Kinder. Während der Nikolaus aus seinem allwissenden Buch vorliest und brave Kinder mit Leckereien aus seinem großen Sack beschenkt, bestraft der Krampus die unartigen Kinder mit der Rute. Manche soll er sogar in seiner Butte, einem auf seinem Rücken befestigten Behälter, weggetragen haben.

Rund um den 6. Dezember kann man in vielen österreichischen Orten als Krampus verkleidete Menschen beobachten, die mit lautem Getöse durch die Straßen ziehen und den Bewohnern einen gehörigen Schrecken einjagen. In manchen Gegenden heißen die pelzigen Monster Perchten und flößen mit ihren furchterregenden Kostümen, ihrem Lärmen und Gestampfe selbst Erwachsenen Angst ein. Ursprünglich hat sich die Tradition die Perchten aus viel älteren heidnischen Bräuchen entwickelt, die dazu dienten, die bösen Geister des Winters und das alte Jahr zu vertreiben. Deshalb treiben es die pelzigen Gestalten gerade in den Raunächten zwischen Weihnachten und dem Dreikönigstag besonders wild.

Der Bratapfel

KINDER, KOMMT UND RATET,
WAS IM OFEN BRATET!
HÖRT, WIE'S KNALLT UND ZISCHT.
BALD WIRD AUFGETISCHT
DER ZIPFEL, DER ZAPFEL,
DER KIPFEL, DER KAPFEL,
DER GELBROTE APFEL.

KINDER, LAUFT SCHNELLER,
HOLT EINEN TELLER,
HOLT EINE GABEL!
SPERRT AUF DEN SCHNABEL
FÜR DEN ZIPFEL, DEN ZAPFEL,
DEN KIPFEL, DEN KAPFEL,
DEN GOLDBRAUNEN APFEL!

DIE PUSTEN UND PRUSTEN,
SIE GUCKEN UND SCHLUCKEN,
SIE SCHNALZEN UND SCHMECKEN,
SIE LECKEN UND SCHLECKEN
DEN ZIPFEL, DEN ZAPFEL,
DEN KIPFEL, DEN KAPFEL,
DEN KNUSPRIGEN APFEL.

Island

NIMM DIR ZEIT,
FROH ZU SEIN,
ES IST DIE MUSIK DER SEELE.

WEISHEIT AUS ISLAND

WEIHNACHTS-STECKBRIEF

WEIHNACHTSZEIT:
vom 12. Dezember bis 6. Januar

GESCHENKE:
vom 12. bis 24. Dezember; werden von den Weihnachtskobolden *Jólesveinar* gebracht

WEIHNACHTSMENÜ:
Jólaar (Weihnachtsschaf) und das kunstvoll verzierte Fladenbrot *Laufabrauð* dürfen auf keinen Fall fehlen

DREIZEHN TAGE

Weihnachten!

GLÜCKLICHE ISLÄNDISCHE KINDER! Ihre Weihnachtsgeschenke bringt nicht Christkind oder Weihnachtsmann, sondern die 13 *Jólasveinar* (deutsch: Weihnachtskerle oder -trolle), die zwischen dem 12. und 24. Dezember auf Island ihr Unwesen treiben.

Ihren Ursprung haben die Trolle in der altisländischen Sagenwelt mit ihren Anfängen um das 13. Jahrhundert herum, die auf der Insel nicht nur zu Weihnachten noch sehr lebendig ist. Der erste Weihnachtskerl kommt am 12. Dezember vom *Esja*-Gebirge herunter, danach folgt jeden Tag ein weiterer Trollbruder, bis zum Heiligabend. Sie legen den braven Kindern kleine Geschenke in die Schuhe; wer nicht so brav war, findet bisweilen allerdings eine verschrumpelte Kartoffel statt der erwarteten Süßigkeiten. Ansonsten haben die Trolle mit einem freundlichen Weihnachtsmann wenig gemeinsam. Im Gegenteil, sie haben äußerst schlechte Manieren und spielen den Menschen alle erdenklichen Streiche. Sie rülpsen, stehlen, knallen die Türen. Die schlimmsten unter ihnen geben sich alle Mühe, ihren sprechenden Namen gerecht zu werden. Da gibt es den *Pottasleikir* (Topflecker), den *Gattapefur* (Türschlitzschnüffler) oder den *Bjugnakraekir* (Wurststibitzer) und ihre Mutter Grýla, die unartige Kinder sogar zum Fressen gern hat. Auch das Haustier der Trolle, die Weihnachtskatze, kann gefährlich werden: Nur wer zu Weihnachten ein neues Kleidungsstück bekommt, bleibt verschont. Alle anderen werden von ihr gefressen – vorausgesetzt, sie lassen sich fangen. Deshalb ist es in Island auch eine Erleichterung, wenn die Trollfamilie wieder in ihre Höhle verschwindet, so wie sie gekommen ist. Bis zum Ende der Weihnachtszeit am 6. Januar kehrt wieder an jedem Tag einer von ihnen in die Berge zurück und ward bis zum nächsten Winter nicht mehr gesehen.

Die isländischen Weihnachtstrolle verraten mit ihren klingenden Namen ganz einfach, auf welche Streiche man in welcher Nacht gefasst sein muss:

12. DEZEMBER: *Stekkjarstaur*, der Schafschreck oder Pferchpfahl, hat lange, steife Holzbeine und liebt Schafsmilch. Er ist einer der nettesten Trolle, der sich einfach mit ein bisschen Milch oder Käse besänftigen lässt.

13. DEZEMBER: *Giljagaur*, der Schaumschuft oder Schluchtentölpel, ist der größte und stärkste der Trollbrüder. Er mag Kinder und liebt den Schaum auf der frisch ausgemolkenen Milch.

14. DEZEMBER: *Stúfur*, der Kurze oder Knirps, ist der kleinste und fröhlichste Troll. Er kratzt gerne Pfannen aus, was auch immer zuletzt darin gebraten wurde, und freut sich über einen Stuhl unter dem Fensterbrett, damit er besser zu den aufgestellten Schuhen kommt, um seine Geschenke zu verteilen.

15. DEZEMBER: *Þvörusleikir*, der Löffelschlecker, hat immer Hunger und schleckt deshalb jeden Löffel ab, der ihm zwischen die Finger kommt. Er hat deshalb großes Verständnis für menschliche Schleckermäuler.

16. DEZEMBER: *Pottasleikir*, der Kesselkratzer oder Topflecker, hat eine besonders lange Zunge und ist unersättlich beim Sauberlecken von Töpfen und Pfannen, die er blitzschnell stibitzt.

17. DEZEMBER: *Askasleikir*, der Schüssellecker, ist ein weiteres Schleckermaul der Trollfamilie und hat sich auf die typisch isländischen Holzschüsseln mit Deckel namens Auskur spezialisiert, die früher jedes Familienmitglied hatte.

18. DEZEMBER: *Hurðaskellir*, der Türenknaller, ist weniger an Leckereien interessiert, sondern schlägt mit Freuden Türen zu, um Menschen zu erschrecken.

19. DEZEMBER: *Skyrgámur*, der Skyrgierschlund, mag am allerliebsten das typisch isländische Milchprodukt *Skyr*, ein Zwischending zwischen Quark und Joghurt, und würde dafür alles tun.

20. DEZEMBER: *Bjúgnakrækir*, der Rauchwursträuber oder Wurststibitzer, macht gerne Witze, spielt den Menschen Streiche und er liebt – wen wundert's – geräucherte Wurst.

21. DEZEMBER: *Gluggagægir*, der Fensterglotzer, ist ziemlich neugierig, bewegt sich unauffällig um die Häuser, linst durch die Fenster hinein und klaut alles, was ihm gefällt.

22. DEZEMBER: *Gáttaþefur*, der Türschlitzschnüffler, hat eine besonders feine Nase, mit der er Leckereien von Weitem riechen kann. Besonders gerne mag er das isländische Weihnachtsbrot Laufabrauð.

23. DEZEMBER: *Ketkrókur*, der Keulenklauer oder Fleischangler, liebt geräuchertes Lammfleisch, *Hangikjöt*, das es in Island vor allem am 23. Dezember gibt. Früher konnte er es mit seinem langen Haken einfach von oben aus dem Räucherkamin angeln, heute muss er dafür in die Kühlschränke schauen.

24. DEZEMBER: *Kertasníkir*, der Kerzenschnorrer, liebt die vielen Kerzen, die am Heiligen Abend brennen. Allerdings kommt er nicht, um das warme Licht zu bewundern, sondern um die Kerzen zu essen, die für ihn eine Delikatesse sind.

USA

WE WISH YOU A MERRY CHRISTMAS,
WE WISH YOU A MERRY CHRISTMAS,
WE WISH YOU A MERRY CHRISTMAS,
AND A HAPPY NEW YEAR!

ENGLISCHES WEIHNACHTSLIED, 16. JAHRHUNDERT

MERRY CHRISTMAS!

WEIHNACHTS-STECKBRIEF

WEIHNACHTSZEIT:
von Thanksgiving (der vierte Donnerstag im November) bis 25. Dezember

GESCHENKE:
werden am 25. Dezember von Santa Claus und seinen Rentieren gebracht

WEIHNACHTSMENÜ:
gefüllter Truthahn, Schinken, regionale Speisen

Ein »X-Mas«

UND DIE ROLLE DER COCA-COLA-COMPANY

RICHTIG BELIEBT ist Weihnachten in den USA erst seit dem 19. Jahrhundert, als eine Einwandererwelle aus Europa viele Bräuche und Traditionen rund um das große Fest mit in die Neue Welt brachte. Zuvor war von den puritanischen Kolonisten Weihnachten eher klein gehalten und als »unziemliche Fröhlichkeit« abgetan worden. So stammen die US-amerikanischen Weihnachtsbräuche aus den unterschiedlichsten Herkunftsländern: Das Anzünden des Yule-Scheites aus Skandinavien, das Aufhängen von Mistelzweigen aus England, das Schmücken des Kamins mit Weihnachtssternen aus Mexiko und der geschmückte Weihnachtsbaum aus Deutschland.
Mit dem Entstehen des Konsumrausches rund um »X-Mas« trat der religiöse Aspekt des Festes eher in den Hintergrund und verblasst heute vor dem Lichterfest in Straßen, Schaufenstern und Vorgärten. Der Begriff »X-Mas« selbst hat aber durchaus einen religiösen Anklang: Das »X« ist der erste Buchstabe der griechischen Schreibweise von Christus (Χριστός). Trotzdem spielt der Heilige Abend – Chrismas Eve –eine eher geringere Rolle. An diesem Abend werden zwar von den Kindern die Strümpfe aufgehängt, in die Santa Claus hoffentlich während der Nacht Geschenke füllt; aber nicht für alle Familien ist die Mitternachtsmesse als Auftakt zum eigentlichen Weihnachtstag wichtig.
Das heute allseits bekannte Erscheinungsbild von Santa Claus prägte folgerichtig eine Werbekampagne, die von der Coca-Cola-Company 1931 in Auftrag gegeben wurde. Der schwedisch-amerikanische Grafiker Haddon Sundblom kreierte damals den pausbäckigen, sanftmütigen und immer zu einem Scherz aufgelegten Mann mit dem Rauschebart und verpasste ihm das Kostüm mit dem roten Mantel. Inspiration holte Sundblom sich vom berühmten Weihnachtsgedicht »A Visit from St. Nicholas«, das der New Yorker Dichter Clarke Moore 1823 schrieb. Im Gegensatz zu seinem europäischen Vorbild klopft der US-amerikanische Santa Claus nicht an die Haustüre, sondern bringt die Geschenke aus der Luft direkt durch den Kamin in die Wohnzimmer. Seinen großen Schlitten ziehen fliegende Rentiere, deren berühmtes Leittier Rudolph mit der roten Nase ist. Wer sich bei Santa Claus und seinen Helfern besonders beliebt machen will, stellt eine Tasse mit heißer Milch und Zuckerstückchen für die Rentiere bereit.

Thanksgiving –

EIN FRÜHER AUFTAKT ZUR WEIHNACHTSZEIT

DIE ERSTEN SIEDLER, die sogenannten *Pilgrim Fathers* (deutsch: Pilgerväter) kamen 1620 auf der *Mayflower* über den Atlantik und gründeten im heutigen Massachusetts die Kolonie Plymouth. Nachdem im ersten harten Winter in der Neuen Welt viele der Siedler verhungert waren, wandten sie sich an die Ureinwohner und baten diese um Hilfe beim Anbau einheimischer Pflanzen. Nach der ersten erfolgreichen Ernte im nächsten Herbst feierten sie mit ihren Helfern gemeinsam drei Tage lang ein Erntedankfest. Damit begründeten sie die Tradition des heutigen Thanksgiving, das jeweils am vierten Donnerstag im November gefeiert wird. Traditionell kommt zu diesem Fest die ganze Familie zusammen, es wird gefüllter Truthahn, süßer Mais, Kürbiskuchen, Süßkartoffelbrei und vieles mehr gekocht und gemeinsam geschlemmt. Außerdem wird an diesem Tag in vielen Haushalten der Weihnachtsbaum aufgestellt und geschmückt. Je bunter, desto besser, damit die Freude gleich bis Weihnachten leuchtet!

Eierlikör

ZU WEIHNACHTEN

Zum Aufwärmen von innen heraus vor dem großen Essen wird in den USA zu Weihnachten oft *Egg Nogg* gereicht. Hier ist das Rezept dazu:

ZUTATEN

4	*Eigelb*
2 EL	*Ahornsirup*
½ l	*kalte Milch*
150 ml	*Bourbon-Whiskey*
	frisch geriebene Muskatnuss

ZUBEREITUNG: Die Eigelbe und den Ahornsirup verquirlen. * Mit Milch und Whiskey auffüllen. * Geriebene Muskatnuss dazugeben. * In einer Karaffe mit Eiswürfeln servieren.

Erich Kästners Adaption des US-amerikanischen Gedichts von Clarke Moore hat zwar zwei Zeilen weniger als das Original, ist aber deshalb nicht weniger weihnachtlich!

Als der Nikolaus kam

In der Nacht vor dem Christfest, da regte im Haus
sich niemand und nichts, nicht mal eine Maus.
Die Strümpfe, die hingen paarweis am Kamin
und warteten drauf, dass Sankt Niklas erschien.
Die Kinder lagen gekuschelt im Bett
und träumten vom Äpfel- und Nüsseballett.

Die Mutter schlief tief, und auch ich schlief brav,
wie die Murmeltiere im Winterschlaf,
als draußen vorm Hause ein Lärm losbrach,
dass ich aufsprang und dachte: Siehst rasch einmal nach!
Ich rannte zum Fenster und, fast noch im Lauf,
stieß ich die knarrenden Läden auf.

Es hatte geschneit, und der Mondschein lag
so silbern auf allem, als sei's heller Tag.
Acht winzige Renntierchen kamen gerannt,
vor einen ganz, ganz kleinen Schlitten gespannt!
Auf dem Bock saß ein Kutscher, so alt und so klein,
dass ich wusste, das kann nur der Nikolaus sein!

Die Renntiere kamen daher wie der Wind,
und der Alte, der pfiff, und er rief laut: »Geschwind!
Renn, Renner! Tanz, Tänzer! Flieg, fliegende Hitz'!
Hui, Sternschnupp'! Hui, Liebling! Hui, Donner und Blitz!
Die Veranda hinauf und die Hauswand hinan!
Immer fort mit euch! Fort mit euch! Hui, mein Gespann!«

Wie das Laub, das der Herbststurm die Straßen langfegt
und, steht was im Weg, in den Himmel hoch trägt,
so trug es den Schlitten hin auf unser Haus
samt dem Spielzeug und samt dem Sankt Nikolaus!

Kaum war das geschehen, vernahm ich schon schwach
das Stampfen der zierlichen Hufe vom Dach.
Dann wollt' ich die Fensterläden zuziehn,
da plumpste der Nikolaus in den Kamin!
Sein Rock war aus Pelzwerk, vom Kopf bis zum Fuß.
Jetzt klebte er freilich voll Asche und Ruß.
Sein Bündel trug Nikolaus huckepack,
so wie die Hausierer bei uns ihren Sack.

Zwei Grübchen, wie lustig! Wie blitzte sein Blick!
Die Bäckchen zartrosa, die Nas' rot und dick!
Der Bart war schneeweiß, und der drollige Mund
sah aus wie gemalt, so klein und halbrund.
Im Munde, da qualmte ein Pfeifenkopf,
und der Rauch, der umwand wie ein Kranz seinen Schopf.
Ich lachte hell, wie er so vor mir stand,
ein rundlicher Zwerg aus dem Elfenland.
Er schaute mich an und schnitt ein Gesicht,
als wollte er sagen: »Nun, fürchte dich nicht!«
Das Spielzeug stopfte er, eifrig und stumm,
in die Strümpfe, war fertig, drehte sich um,
hob den Finger zur Nase, nickte mir zu,
kroch in den Kamin und war fort im Nu!
In den Schlitten sprang er und pfiff dem Gespann,
da flogen sie schon über Täler und Tann.
Doch ich hört' ihn noch rufen, von fern klang es sacht:
»Frohe Weihnachten allen – und allen gut' Nacht!«

Mexiko

EINES UNSERER GRÖSSTEN PROBLEME BESTEHT DARIN, DASS WIR TÄGLICH SO VIELEN VERLOCKUNGEN AUSGESETZT SIND, DASS DIE ZEIT NICHT REICHT, ALLEN NACHZUGEBEN.

WEISHEIT AUS MEXIKO

FELIZ NAVIDAD!

WEIHNACHTS-STECKBRIEF

WEIHNACHTSZEIT:
15. Dezember bis 6. Januar

GESCHENKE:
gibt's am 6. Januar, manchmal werden sie schon am 25. Dezember überreicht

WEIHNACHTSMENÜ:
Truthahn, *Bacalao* (Kabeljau), *Buñuelos* (süßes Schmalzgebäck)

BESONDERHEIT:
Ponche Navideño, ein heißer Fruchtpunsch aus mexikanischem Weißdorn, Guaven, Äpfeln, Zimt

Pastorelas und Posadas

EIN VORWITZIGES TEUFELCHEN spielt eine wichtige Rolle in den typisch mexikanischen Krippenspielen, die vor Weihnachten überall zu sehen sind. Die *Pastorelas* nehmen oft lokale Größen mit lustigen Versen aufs Korn und die menschlichen Zielscheiben müssen natürlich gute Miene zum Schabernack machen. Der ausgiebig zelebrierte Spaß erinnert oft mehr an Karneval als an Weihnachten, gehört aber in Mexiko zum guten Ton. Ab dem 16. Dezember beginnt die symbolische Herbergssuche, die in *Posadas* nachgestellt wird. Feiernde Gruppen scharen sich um die Darsteller von Maria und Josef und ziehen singend mit ihnen durch die Straßen. Immer wieder bittet die Gruppe der Herbergssuchenden um Einlass, bis jemand ein Einsehen hat und das eigentliche Fest beginnen kann.

Bis zum Heiligen Abend ist reihum jede Familie in der Nachbarschaft einmal Gastgeber für eines der Feste, die der Herbergssuche folgen. Da wird bis in die Nacht hinein geschlemmt mit Leckereien wie *Buñuelos* (süßen Krapfen), Fruchtpunsch mit oder ohne »Schuss«, lauter Musik und Tanz. Der Höhepunkt der Posadas ist der Abend des 24. Dezember, an dem in vielen Dörfern auf offener Straße gemeinsam gefeiert wird – bis Mitternacht, zur Geburt Christi.

Piñatas –

STERNE MIT FÜLLUNG

ZU DEN POSADAS gehören sie wie das Weihwasser zur Messe: die *Piñatas*. Vor allem die mexikanischen Kinder fiebern in der Vorweihnachtszeit bei jedem Fest dem Höhepunkt entgegen, den der aus Pappmaché geformte, große Stern bedeutet. Denn eine *Piñata* ist nicht einfach nur ein schöner Stern – traditionelle mit sieben Spitzen – oder eine andere dekorative Fantasiefigur, die an einem Seil aufgehängt wird. Nein, die bunt dekorierte Pappfigur ist mit Leckereien gefüllt! Damit es nicht zu einfach ist, die süßen Belohnungen zu ergattern, bekommen die Kinder reihum die Augen verbunden und müssen versuchen, mit einem Holzschläger die *Piñata* zu treffen und zu zerschlagen. Begleitet von dem Lied »Dale, dale, dale – nopierdeselti-no – porque si lopierdes – pierdeselcamino …« darf jedes Kind eine Strophe lang sein Glück versuchen. Wenn die *Piñata* endlich zerbrochen ist, stürzen sich alle Kinder kreischend auf die herausgefallenen Süßigkeiten und schnappen so viel wie möglich. Ein Heidenspaß! Der lehrreiche Hintergrund der Tradition gerät dabei meistens in Vergessenheit. Denn die sieben Spitzen des *Piñata*-Sterns stehen für die sieben Todsünden, die mit jedem Schlag ausgetrieben werden sollen.

EIN *Stern* ZUM BASTELN

Wer eine *Piñata* nicht nur selbst zerschlagen, sondern sie auch basteln will, findet hier die Anleitung dazu:

PIÑATA

Das wird benötigt:

großer, runder Luftballon ✦ Tapetenkleister ✦ Zeitung ✦ weißes Papier ✦ Pinsel ✦ Papierkleber ✦ Krepppapier in bunten Farben ✦ Kordel ✦ eine Holzleiste mit ca. 5 cm Länge ✦ eine Mischung vieler kleiner Süßigkeiten

So wird's gemacht:

Luftballon aufblasen und verknoten; Zeitung in schmale Streifen reißen. ✦ Luftballon abschnittsweise mit Tapetenkleber bestreichen, Zeitungsstreifen darauflegen und mit dem Pinsel glatt streichen. ✦ Nach zwei Lagen über Nacht trocknen lassen, dann noch einmal zwei Lagen aufkleben. ✦ Der Verschluss des Ballons muss dabei frei bleiben, damit dieser nach dem zweiten Trocknen aus der Pappkugel herausgeholt werden kann. ✦ Aus Zeitung oder Papier sechs große und sechs kleine Trichter rollen und verkleben. ✦ Die Trichter an der offenen Seite circa 2 cm einschneiden und den entstandenen Kleberand nach außen umknicken. ✦ Die Trichter auf die Kugel kleben, einen Trichter für die Öffnung der Kugel aufheben – durch die Spitze dieses Trichters wird die Kordel gezogen, die mit der Holzleiste erknotet ist. ✦ Die *Piñata* mit Süßigkeiten füllen. ✦ Die Holzleiste mit Kordel in die Öffnung schieben und dort verkeilen, dann den letzten Trichter festkleben und die Kordel straff ziehen. ✦ Für die Dekoration das Krepppapier in circa 5 cm breite Rollen schneiden und diese vom offenen Ende her bis zur Hälfte einschneiden, damit später Fransen daraus werden. ✦ Die *Piñata* mit dem Krepppapier von außen nach innen bekleben, dabei wird nur die nicht eingeschnittene Seite des Krepppapiers verklebt. ✦ Die Trichter nach demselben Prinzip bekleben. ✦ Zum Schluss Fähnchen an die großen Spitzen kleben.

Nur ein Strohhalm

Die Hirten sind gekommen und dann wieder gegangen. Vielleicht haben sie damals Geschenke mitgebracht, aber gegangen sind sie mit leeren Händen. Ich kann mir aber vorstellen, dass vielleicht ein Hirte, ein ganz junger, doch etwas mitgenommen hat von der Krippe. Ganz fest in der Hand hat er es gehalten. Die anderen haben es zuerst gar nicht bemerkt. Bis auf einmal einer sagte: »Was hast du denn da in der Hand?«
»Einen Strohhalm«, sagte der junge Hirte, »einen Strohhalm aus der Krippe, in der das Kind gelegen hat.«
»Einen Strohhalm!«, lachten die anderen, »das ist ja Abfall! Wirf das Zeug weg.«
Aber er schüttelte nur den Kopf. »Nein«, sagte er, »den behalte ich, für mich ist er ein Zeichen, ein Zeichen für das Kind. Jedes Mal, wenn ich diesen Strohhalm in der Hand halten werde, dann werde ich mich an das Kind erinnern und daran, was die Engel von ihm gesagt haben.«
Und wie ist die Geschichte weitergegangen? Am nächsten Tag fragten die anderen Hirten ihn: »Und, hast du den Strohhalm immer noch? Ja? Mensch, wirf ihn weg, das ist doch wertloses Zeug!«
Er aber antwortete: »Nein, das ist nicht wertlos. Das Kind Gottes hat darauf gelegen.«

»Ja und?«, lachten die anderen, »das Kind ist wertvoll, aber nicht das Stroh.«
»Ihr habt unrecht«, sagte der junge Hirte, »das Stroh ist schon wertvoll. Worauf hätte das Kind denn sonst liegen sollen, arm wie es ist? Nein, mir zeigt es, dass Gott das Kleine braucht, das Wertlose. Ja, Gott braucht die Kleinen. Die, die nicht viel können, die nichts wert sind.« Ja, der Strohhalm aus der Krippe war dem kleinen Hirten wichtig. Wieder und wieder nahm er ihn in die Hand, dachte an die Worte der Engel, freute sich darüber, dass Gott die Menschen so lieb hat, dass er klein wurde wie sie.
Eines Tages aber nahm ihm einer der anderen den Strohhalm weg und sagte wütend: »Du mit deinem Stroh. Du machst mich noch ganz verrückt!« Und er zerknickte den Halm wieder und wieder und warf ihn zur Erde.
Der kleine Hirte stand ganz ruhig auf, strich ihn wieder glatt und sagte zu den anderen: »Sieh doch, er ist geblieben, was er war. Ein Strohhalm. Deine ganze Wut hat daran nichts ändern können. Sicher, es ist leicht, einen Strohhalm zu knicken, und du denkst, ‚Was ist schon ein Kind, wo wir einen starken Helfer brauchen'. Aber ich sage dir: Aus diesem Kind wird ein Mann, und der wird nicht totzukriegen sein. Er wird die Wut der Menschen aushalten, ertragen und bleiben, was er ist – Gottes Retter für uns. Denn Gottes Liebe ist nicht kleinzukriegen.«

Weihnachtsgeschichte aus Mexiko

VON ALTEN GÖTTERN und Heiligen

CHRISTLICHE FESTE werden in Mexiko oft mit Traditionen vermischt, die lange vor der Missionierung fest in der Bevölkerung verwurzelt waren. So ist es auch bei *Todos Santos*, Allerheiligen, einem der typischsten mexikanischen Feste, das schon im November einen Vorgeschmack auf Weihnachten gibt. Ursprünglich wurde zu diesem Zeitpunkt das Fest der Ankunft der Götter gefeiert, heute werden einfach zusätzlich die christlichen Heiligen und die Toten geehrt.

Beim Weihnachtsfest selbst verschmelzen ebenfalls die Götter der Azteken mit der Heiligen Dreifaltigkeit. Die Geburt des wichtigsten Gottes der Azteken, *Huitzilopochtli*, wurde vor der Christianisierung zwischen dem 7. und 26. Dezember gefeiert. Dazu wurden Gäste eingeladen und mit kleinen Figuren des Gottes beschenkt, die aus Amaranth gebacken waren. Die Mönche, die das Christentum nach Mexiko brachten, nutzten die alte Tradition, um den Azteken die neue Religion schmackhaft zu machen.

Mit der Zeit verflochten sich alte und neue Traditionen auf angenehme Weise, auch bei den angebotenen Speisen. Zu den Feiern rund um Weihnachten gehören zwar heute keine Figuren des Aztekengottes mehr, aber dafür ein gehaltvoller Weihnachtspunsch mit einheimischen Früchten, Rotwein und Rum, der unwiderstehliche *Ponche de Navidad*.

PONCHE DE NAVIDAD – MEXIKANISCHER WEIHNACHTSPUNSCH

ZUTATEN

1	*reife Quitte*
4	*Guaven*
1	*Apfel*
50 g	*Rosinen*
1	*Stange Zimt*
	Zucker nach Geschmack
¼ l	*Rotwein*
1 Schuss	*Rum*
1,5 l	*Wasser*

ZUBEREITUNG: Die Früchte waschen, halbieren, Kerne und Stiele entfernen und das Fruchtfleisch in mittelgroße Stücke schneiden. ❋ Wasser mit Rosinen, Zucker und Zimt aufkochen. ❋ Die Früchte hineingeben und kochen, bis sie weich sind. ❋ Topf vom Herd nehmen. ❋ Rotwein und Rum dazugeben. ❋ Erhitzen, ohne den Punsch zu kochen, und heiß servieren.

Brasilien

LASST UNS LAUFEN, LASST UNS LAUFEN,
DIE MUSIK ERTÖNT,
UM DEM KINDE ZU SINGEN
IN DER HEILIGEN NACHT.
KOMMT, KOMMT, IHR HIRTEN,
KOMMT UND BETET AN
DEN KÖNIG DER HIMMEL,
DER HEUTE GEBOREN IST.

WEIHNACHTSLIED AUS LATEINAMERIKA

FELIZ NATAL E BOAS FESTAS!

WEIHNACHTS-STECKBRIEF

WEIHNACHTSZEIT:
vom 1. Dezember bis 25. Dezember

GESCHENKE:
gibt's am 24. Dezember, werden vom Weihnachtsmann *Papai Noel* gebracht

WEIHNACHTSMENÜ:
gefüllter Truthahn/Pute, Milchpudding

BESONDERHEIT:
amigo secreto (deutsch: geheimer Freund): Geschenke werden oft als Wichtelgeschenke verteilt, wobei nur der Schenkende vorher weiß, wen er beschenkt.

Der Traum
VON DER WEISSEN WEIHNACHT

OBWOHL SOMMER IST, gibt es in Brasilien überall Weihnachtsbäume – oft unechte aus Plastik, aber immer reich dekorierte. Gerne werden die künstlichen Tannen auch durch einheimische Pflanzen wie Palmen, Mangobäume, Bananenstauden, dekorierte Pinienzweige und andere vergoldete Äste ersetzt, die genauso als Symbole der Vorfreude auf Heiligabend taugen. Mancherorts geht man sogar so weit, den fehlenden Schnee mit künstlichen Flocken aus Papier oder Plastik zu ersetzen.

Eine besondere Attraktion ist in dieser Hinsicht das Zentrum von Rio de Janeiro: am 24. Dezember um die Mittagszeit rieselt aus vielen Fenstern weißes oder buntes Konfetti. Aus den hohen Bürogebäuden lassen die Angestellten klein geschredderte Akten schneien, bevor sie sich in ihren *heiligen Feierabend* verabschieden.

Nachdem die Familien gemeinsam die traditionelle Mitternachtsmesse besucht haben, wird die Heilige Nacht als rauschendes Fest gefeiert. Mit bunten Feuerwerken, Gesang und Tanz zieht sich die fröhliche Nacht oft bis in den Morgen. Als Weihnachtsmenü steht in Brasilien gebratener Truthahn – *peru de Natal* – auf dem Tisch, gefüllt mit *farofa*, einer Füllung, die unter anderem aus Maniokmehl und getrockneten Früchten besteht.

White Christmas

VON BING CROSBY (1942)

I'M DREAMING OF A WHITE CHRISTMAS
JUST LIKE THE ONES I USED TO KNOW.
WHERE THE TREETOPS GLISTEN
AND CHILDREN LISTEN
TO HEAR SLEIGH BELLS IN THE SNOW.

I'M DREAMING OF A WHITE CHRISTMAS
WITH EVERY CHRISTMAS CARD I WRITE.
MAY YOUR DAYS BE MERRY AND BRIGHT
AND MAY ALL YOUR CHRISTMASES BE WHITE.

I'M DREAMING OF A WHITE CHRISTMAS
JUST LIKE THE ONES I USED TO KNOW.
WHERE THE TREETOPS GLISTEN
AND CHILDREN LISTEN TO HEAR
SLEIGH BELLS IN THE SNOW.

I'M DREAMING OF A WHITE CHRISTMAS
WITH EVERY CHRISTMAS CARD I WRITE.
MAY YOUR DAYS BE MERRY AND BRIGHT
AND MAY ALL YOUR CHRISTMASES ... BE ... WHITE.

Lichtermeer

UND SCHWIMMENDER WEIHNACHTSBAUM

EIN MEER VON LICHTERN kleidet brasilianische Städte während der Weihnachtszeit in ein buntes, leuchtendes Gewand. Haustüren, Balkone, Bäume und Kirchen – alles wird mit Lichterketten behängt und geschmückt.

In Rio de Janeiro steht seit 1996 der größte schwimmende Weihnachtsbaum der Welt. Mit ihren 85 Metern Höhe wurde die im *Rodrigo-de-Freitas*-See im Botanischen Garten schwimmende Attraktion zuletzt 2007 ins Guinness-Buch der Rekorde aufgenommen. Die Konstruktion des *Árvore de Natal* besteht aus 542 Tonnen Stahl. Er wird von rund drei Millionen Miniaturglühbirnen auf Lichterketten mit 52 Kilometern Länge und zusätzlich rund 1600 Blinklichtern jedes Jahr mit wechselnden Farben und Effekten feierlich beleuchtet – natürlich unter einem jährlich veränderten Motto. Die Energie für so viel Leuchtkraft kommt von zwei Generatoren, die mit umweltfreundlichem Bio-Diesel betrieben werden.

Weihnachten

IST EIN ORT IN BRASILIEN

AM NORDÖSTLICHEN ZIPFEL von Brasilien liegt die Stadt mit dem Namen *Natal* – übersetzt: Weihnachten. Sie ist die Hauptstadt des Bundesstaates *Rio Grande do Norte*, hat laut NASA die sauberste (Stadt-)Luft des ganzen Kontinents, einen der schönsten Strände der Gegend und den größten Cashew-Baum der Welt. Ihren Namen erhielt die Stadt zwar nicht direkt wegen des Weihnachtsfestes, sondern wegen ihres Gründungsdatums am 25. Dezember 1599. Dennoch fühlen sich die Einwohner der weihnachtlichsten Stadt Brasiliens dem Namen verpflichtet: Alljährlich kann man dort einen 120 Meter hohen Christbaum bestaunen, viele Bewohner tragen zur Weihnachtszeit rote Zipfelmützen und den einschlägigen Weihnachtsschmuck gibt es das ganze Jahr über zu kaufen.

Kontinentalverschiebung –
WIE DER PANETTONE ZUM PANÉTON WURDE

ZU EINEM SÜDAMERIKANISCHEN WEIHNACHTSFEST gehört eine Delikatesse unbedingt mit dazu: der *Panéton*. Bereits im Advent gibt es diese Variante eines Christstollens zu heißer Schokolade, Kaffee oder Tee. Die Legende zu dieser Tradition hat einen weihnachtlichen Hintergrund und ihre eigentlichen Wurzeln liegen auf einem anderen Kontinent: Vor langer Zeit, in der Renaissance, verliebte sich in Mailand ein Bäckerlehrling namens Toni in die adelige Tochter eines Kaufmanns. Um ihr seine Liebe zu beweisen, kreierte er für ein Festtagsmahl ihres Vaters ein spezielles Brot für sie. das lange, schlankeWeißbrot enthielt Zitrusaroma, Rosinen und getrocknete Früchte und wurde vor dem Backen mit einem eingeritzten Kreuz verziert. Die Erfindung wurde unter dem Namen *Pan de Toni* in Mailand schnell beliebt und nach und nach schliff sich der Name zur heute bekannten Bezeichnung *Panettone* ab. Seine typische Kuppelform erhielt der Panettone erst viel später, genauso wie das Rezept erst viel später im Gepäck einer Auswandererfamilie aus Mailand seinen Weg in die Neue Welt fand. Auch dort wurde das süße Brot in Kuppelform schnell beliebt, und damit war die Tradition des *Panéton* geboren!

DER SÜDAMERIKANISCHE **PANÉTON**

BELIEBTES WEIHNACHTSBROT MIT GESCHICHTE

ZUTATEN

400 g	*Mehl*
2 Päckchen	*Trockenhefe*
150 g	*Zucker*
1 Prise	*Salz*
1 TL	*Zitronenschale*
1	*Vanilleschote*
110 g	*Butter*
6	*Eigelb*
1/8 l	*lauwarmes Wasser*
50 g	*kandierte Früchte*
50 g	*Korinthen*
50 g	*Sultaninen*

ZUBEREITUNG: Mehl mit Trockenhefe und Zucker mischen und mit Salz, Zitronenschale und Vanille würzen. * 100 g Butter in kleinen Stückchen und die 6 Eigelbe dazugeben; nach und nach 1/8 Liter lauwarmes Wasser hinzufügen und zu einem geschmeidigen Teig kneten. * Den Teig bedeckt an einem warmen Ort circa 45 Minuten gehen lassen. * Dann Früchte, Sultaninen und Korinthen untermischen und erneut 20 Minuten gehen lassen. * Danach den Teig noch einmal kurz durchkneten und in eine hohe, mit Backpapier ausgelegte Backform füllen. * So lange gehen lassen, bis der Teig sichtbar größer geworden ist: Wegen des Fettgehalts und der schweren Früchte dauert das lange, deshalb am besten einfach über Nacht stehen lassen. * Den Backofen auf 160 °C (Umluft) vorheizen und den *Panetón* 20 Minuten backen. * Mit der restlichen, ausgelassenen Butter bestreichen. * Noch einmal 20 Minuten backen. * Danach etwas auskühlen lassen, aus der Form stürzen und das Backpapier abziehen. * Vor dem Essen gut abkühlen lassen.

Kolumbien

DAS LEBEN IST DIE BESTE ERFINDUNG.

GABRIEL GARCÍA MÁRQUEZ

FELIZ NAVIDAD!

WEIHNACHTS-STECKBRIEF

WEIHNACHTSZEIT:
vom 1. Dezember bis 6. Januar

GESCHENKE:
gibt's am 25. Dezember und werden vom *Papá Noel* oder *Niño de Dios* (Christkind) gebracht

WEIHNACHTSMENÜ:
Buñuelos (frittierte Käseteigbällchen), *Natilla* (Milchpudding mit Zimt), *Ajiaco* (Suppe mit Huhn und Kartoffeln) und *Tamales* (in Bananenblättern eingepackte Maisfladen, süß oder herzhaft)

BESONDERHEIT:
Der ganze Monat vor Weihnachten ist ein einziges Fest mit typischer Musik wie *Salsa*, *Merengue* oder *Cumbia*.

Die Nacht der Lichter

ZWAR BEGINNT die Weihnachtszeit in Kolumbien, wie in den meisten christlichen Ländern, mit dem ersten Advent. Die eigentliche, für alle sichtbare Vorfreude auf Weihnachten hat ihren Anfang hier in der Nacht vom 7. auf den 8. Dezember.
Statt wie in anderen Ländern ein Tag vorher der Nikolaustag, wird in Kolumbien in dieser Nacht, der *noche des las velitas*, das religiöse Fest der Ankunft der Jungfrau Maria gefeiert. Um Maria den Weg zu weisen, helfen die Menschen großzügig mit Kerzen und Papierlaternen in den Straßen, auf Fensterbänken,Balkonen und in Hauseingängen. Auf diese Art verwandeln sich nach Sonnenuntergang viele Orte in ganz Kolumbien in wahre Lichtermeere. Die Familien kommen an diesem Abend zusammen, Nachbarn besuchen sich gegenseitig und bewundern die beleuchteten Häuser.
Musiker treten auf und die Menschen tanzen, singen und feiern ausgelassen bis tief in die Nacht. Und die Kerzen werden nicht gelöscht, sondern brennen, bis sie von selbst ausgehen.

Neun Nächte –

NEUNMAL FEIERN

EIN WEITERES BESONDERES FEST feiern die Kolumbianer am 16. Dezember und den folgenden neun Nächten bis zum Heiligabend: die *Novena de Aguinaldos*. Mit jedem Tag wird einem der Monate der Schwangerschaft von Maria gedacht, bis in der Nacht vom 24. Dezember die Geburt Christi gefeiert werden kann. Jeder der neun Abende ist eine weitere willkommene Gelegenheit zum Feiern – meistens feuchtfröhlich und mit allen Freunden und Bekannten.

Natürlich kommt die Religion nicht zu kurz, denn vor den abendlichen Festen wird immer gemeinsam gebetet und Gottesdienste zur Einstimmung auf die weihnachtliche Nacht der Nächte werden gefeiert. Zentrum der Feiern ist deshalb auch immer die Krippe – ob in der Kirche oder im Haus des Gastgebers, sie ist immer ein Gegenstand der Bewunderung. In vielen Orten wird am Weihnachtsfeiertag sogar die schönste Krippe gekürt.

Für die kolumbianischen Kinder ist natürlich nicht nur die Krippe ein wichtiger Höhepunkt der Weihnachtszeit, sondern vor allem die Nacht vom 24. auf den 25. Dezember. Dann werden nämlich die Weihnachtsgeschenke versteckt, die manchmal bereits um Mitternacht, meistens aber erst am Morgen des Weihnachtstages ausgepackt werden dürfen. Erwachsene beschenken sich in Kolumbien zu Weihnachten selten, es ist aber besonders wichtig, am 25. Dezember neue Kleidung und Schuhe zu tragen.

Australien

WENN DER MAGEN VOLL IST,
SINGEN DIE VÖGEL
UND DIE MENSCHEN LACHEN.

WEISHEIT AUS AUSTRALIEN

MERRY CHRISTMAS!

WEIHNACHTS-STECKBRIEF

WEIHNACHTSZEIT:
vom 1. Dezember bis 26. Dezember

GESCHENKE:
bringt *Santa Claus* in der Nacht zum 25. Dezember

WEIHNACHTSMENÜ:
Truthahn, *Plumpudding*, Fisch, Meeresfrüchte, Barbecue

Sand, rote Blüten

UND WEISSE KÄNGURUS

AUF DER ANDEREN SEITE DER ERDE, in Australien, fällt Weihnachten in den Hochsommer. Kein Wunder, dass viele Australier in der Heiligen Nacht den Schnee durch einen weißen Sandstrand und den Weihnachtstruthahn durch ein Barbecue ersetzen. Santa Claus darf sich den sommerlichen Temperaturen ebenfalls anpassen: Er bringt in *Down Under* die Geschenke bekleidet mit roten Boxershorts auf Wasserskiern oder fährt einen von sechs weißen Kängurus gezogenen Schlitten.

Geschmückte Tannenbäume sind hier meist aus Plastik, aber die festliche Beleuchtung ist dafür umso üppiger. Ein typisch australischer Weihnachtsschmuck sind Äste vom *Christmas Bush*, einem australischen Baum mit kleinen grünen Blättern und cremefarbenen Blüten. Im australischen Sommer wechseln die Blüten für einige Wochen – in der Gegend um Sydney meist genau zur Weihnachtszeit – ihre Farbe zu einem dunklen, kräftigen Rot.

Die meisten anderen australischen Traditionen, die zu Weihnachten zelebriert werden, sind britischer Herkunft. Dazu gehört auch das typische Weihnachtsessen am 25. Dezember mit gefülltem Truthahn und *Plumpudding*. Der englische Pudding ist ursprünglich keine Süßspeise, sondern einfach eine in einer Form oder einem Puddingtuch gekochte, feste Masse aus Fleisch, Brot oder Gemüse, die als Hauptgericht auf den Tisch kommt. Zu Weihnachten aber, wenn er als *Chrismas Pudding* mit getrockneten Nüssen und Obst gewürzt und mit Alkohol flambiert serviert wird, ist er eine reichhaltige Nachspeise, die auf keiner Festtafel im ganzen Commonwealth fehlen darf.

Gesang
BEI KERZENSCHEIN

Wenn Australier Weihnachten feiern, gehört dazu ein Brauch, der im 19. Jahrhundert entstanden sein soll: *Carols by Candlelight*. Um in die richtige, besinnliche Feststimmung zu kommen, versammeln sich Freunde und Bekannte bei Kerzenlicht und singen gemeinsam Weihnachtslieder. Das muss nicht nur im kleinen Kreis sein, auch auf den Straßen vieler australischer Städte finden sich singende Menschen mit Kerzen in der Hand zusammen. Oft werden die großen Gruppen von bekannten Musikern und Orchestern begleitet. Zu einigen der beliebtesten Christmas-Songs, die immer wieder gerne gesungen werden, gehören laut der *Australian Times:*

WHITE WINE IN THE SUN

CHRISTMAS PHOTO

AUSSIE CHRISTMAS

THE 12 DAYS OF AN AUSTRALIAN CHRISTMAS

CAROL OF THE BIRDS

THE AUSSIE CHRISTMAS SONG

Afrika

DU WEISST NICHT,
WIE SCHWER DIE LAST IST,
DIE DU NICHT TRÄGST.

WEISHEIT AUS AFRIKA

NOHELI NZIZA! *(Kinyarwanda)*
MBOTAMA MALAMU! *(Lingala)*
KRISMASI NJEMA! *(Swahili)*
KRISMESIEMNANDI! *(Xhosa)*

WEIHNACHTS-STECKBRIEF

WEIHNACHTSZEIT:
Dezember bis Januar,
je nach Land unterschiedlich

GESCHENKE:
gibt es selten, wenn, dann eher Kleinigkeiten

WEIHNACHTSMENÜ:
was die Familie sich leisten kann

BESONDERHEIT:
in Burundi gibt es zu Weihnachten
selbst gebrautes Bananenbier

Burundi -

BANANEN MACHEN GLÜCKLICH

WER ES SICH IN BURUNDI LEISTEN KANN, sammelt vor Weihnachten reife Bananen und spart sie sich dabei im wahrsten Sinne vom Mund ab. Je mehr Früchte zusammenkommen, desto besser. Denn sie werden einige Tage vor dem Fest mit Hefe angesetzt und vergoren, damit Bananenbier entsteht. Und die einfache Regel dafür ist: Je mehr Früchte darin sind, desto besser wird der Geschmack. Das selbst gebraute Bier ist ein besonderer Luxus und wird traditionell zu Weihnachten ausgeschenkt.

Ein weiterer Luxus für burundische Familien ist die frische weiße Farbe, mit der die Familien ihre Wohnräume streichen, damit sie festlich sauber sind. Einen anderen Weihnachtsschmuck kennen und brauchen die Menschen hier nicht für die festliche Hochstimmung. Am 24. Dezember kommt dann die ganze Großfamilie zusammen und feiert gemeinsam das Fest der Feste, den Höhepunkt des Jahres. Je nachdem, wie viel Essen sich die Familie leisten kann – oft muss die einzige Ziege daran glauben, die das ganze Jahr über gut gefüttert wurde –, dauert die Feier einen oder mehrere Tage an. Gegenseitige Geschenke sind oft Dinge, die dringend benötigt werden, wie etwa neue Kleidungsstücke oder Schuhe.

Ein Kontinent –
VIELE UNTERSCHIEDLICHE LÄNDER UND SITTEN

AUF DEM AFRIKANISCHEN KONTINENT gibt es rund 350 Millionen Menschen, die christlichen Glaubensrichtungen anhängen. Viele von ihnen feiern Weihnachten im Kreis der Familie mit einem Festessen aus den Lebensmitteln, die sie sich leisten können. Besonders auf dem Land sind bereits die besonderen Speisen und der gemeinsame Besuch des Gottesdienstes einer der wichtigsten Höhepunkte des Jahres. Man kommt nicht zusammen, um Geschenke auszutauschen, sondern um zu tanzen, zu singen und zu feiern, bevor man wieder zurück an die Arbeit geht.

Zum Beispiel fällt in Ghana Weihnachten in die Zeit der Kakaoernte. Weil Ghana einer der wichtigsten Kakaoproduzenten der Welt ist, nimmt die Erntezeit der Bohnen einen entsprechenden Stellenwert ein. Als willkommene Pause von der anstrengenden Erntearbeit wird Weihnachten deshalb umso begeisterter gefeiert.

In anderen afrikanischen Staaten haben sich manche besondere Traditionen rund um das Weihnachtsfest entwickelt. In der Republik Kongo finden am Heiligen Abend in den Kirchen Krippenspiele mit mehreren Chören statt, die wie ein Musical ausgestattet werden. Dargestellt wird nicht nur die Weihnachtsgeschichte, sondern die gesamte Bibel, von der Schöpfung über den Garten Eden bis zur Tötung der Neugeborenen durch König Herodes. Entsprechend dauern die Aufführungen oft bis in die frühen Morgenstunden, was die Schauspieler nicht davon abhält, ihr Bestes zu geben. Zum besonderen Spaß der Zuschauer wird mit übertriebenen Pantomimen und Scherzen die Geschichte untermalt. Maskenpartys nicht nur für die Kirchengemeinde, sondern für das ganze Dorf gibt es in Sierra Leone und Gambia. So lassen die Christen auch ihre Nachbarn mit anderem Glauben am Weihnachtsfest teilhaben.

Beim Schenken geht es in Afrika etwas anders zu. Wer es sich leisten kann, schenkt sich gegenseitig Kleinigkeiten und in manchen Ländern kommt auch der Weihnachtsmann mit seinen Gaben. In Liberia zieht aber nicht Santa Claus durch die Straßen, sondern der *Bayka*, eine Figur, die unserem Teufel ähnlich ist. Damit er die Menschen in Ruhe lässt, verlangt er Geschenke von ihnen, statt wie der Weihnachtsmann selbst welche zu verteilen. Kein Wunder, dass man sich auf den Straßen in Liberia mit den folgenden Worten grüßt: »Meine Weihnachten für dich.« Sinngemäß bedeutet das so viel wie: »Bitte schenke mir etwas zu Weihnachten.«

China

ALLE DUNKELHEIT DER WELT
KANN DAS LICHT EINER EINZIGEN KERZE NICHT AUSLÖSCHEN.

WEISHEIT AUS CHINA

CHENGDANKUAILE!

WEIHNACHTS-STECKBRIEF

WEIHNACHTSZEIT:
vom 1. bis 26. Dezember

GESCHENKE:
nur Kleinigkeiten,
werden vom Weihnachtsmann *Shengdan Laoren*
gebracht

WEIHNACHTSMENÜ:
alles, was das Herz begehrt

Romantisches Fest

UND KAUFRAUSCH

IN CHINA sind nur etwa zwei bis sechs Prozent der Bevölkerung Christen, deshalb ist Weihnachten weniger ein religiöses Fest als ein aus dem Westen importierter und gerne angenommener Konsumrausch. Die meisten Chinesen wissen, was Weihnachten ist, und verbinden das Fest vor allem mit Romantik. Besonders jungen Chinesen scheint es wichtig zu sein, die Weihnachtszeit für das Zusammensein mit Freunden, die allseits beliebten Karaoke-Abende und natürlich für Shoppingausflüge zu nutzen.

Ein offizieller Feiertag ist Weihnachten in China nicht, deshalb steht dem Einkaufsvergnügen auch am Heiligen Abend nichts im Wege. Für die von vielen Chinesen bis ins Detail zelebrierte Weihnachtsatmosphäre sorgt vor allem in den großen Städten die üppige Dekoration. Bunte Lichterketten, überdimensionale Weihnachtsbäume, Kunstschnee, Weihnachtsmusik und klingende Glöckchen dürfen in keinem Laden oder Lokal fehlen. Da Rot in China traditionell die Farbe des Glücks ist, gibt es hier auch den rot gekleideten Weihnachtsmann, der den klingenden Namen *Dun Che Lao Ren* trägt.

Für die wenigen chinesischen Christen dagegen ist Weihnachten der festliche Höhepunkt des Jahres und oft sogar wichtiger als das traditionelle Neujahrsfest. Die Weihnachtsvorbereitungen beginnen viele Wochen vor dem Fest, es werden Lieder einstudiert und die Feier geplant. Zu den feierlichen Weihnachtsgottesdiensten laden katholische und evangelische Kirchen ein und oft bilden sich lange Schlangen vor den Türen.

Das gegenseitige Beschenken gehört in China allerdings weniger zu den weihnachtlichen Bräuchen, dafür ist das Frühlingsfest da. Zu Weihnachten werden dafür gerne Grußkarten überreicht. Obwohl die Weihnachtstraditionen seit Jahren – zumindest in den größeren Städten – gefeiert werden, gilt das Fest bei der chinesischen Kommunistischen Partei offiziell als Kulturgut des Auslandes, deshalb sollen Parteifunktionäre bis heute nicht an Feiern teilnehmen, die unter dem Weihnachtsmotto stehen.

Wer ist der Sünder?

Es waren einmal zehn Bauern, die gingen miteinander über ein Feld. Sie wurden von einem schweren Gewitter überrascht und flüchteten sich in einen halb zerfallenen Tempel. Der Donner aber kam immer näher, und es war ein Getöse, dass die Luft ringsum erzitterte. Kreisend fuhr ein Blitz fortwährend um den Tempel her. Die Bauern fürchteten sich sehr und dachten, es müsse wohl ein Sünder unter ihnen sein, den der Donner schlagen wolle. Um herauszubringen, wer es sei, machten sie aus, ihre Strohhüte vor die Tür zu hängen; wessen Hut weggeweht werde, der solle sich dem Schicksal stellen.

Kaum waren die Hüte draußen, so ward auch einer weggeweht, und mitleidlos stießen die andern den Unglücklichen vor die Tür. Als er aber den Tempel verlassen hatte, da hörte der Blitz zu kreisen auf und schlug krachend ein.

Der eine, den sie verstoßen hatten, war der einzige Gerechte gewesen, um dessentwillen der Blitz das Haus verschonte. So mussten die neun ihre Hartherzigkeit mit dem Leben bezahlen.

Chinesisches Volksmärchen

ERNST VON WILDENBRUCH

Christkind im Walde

CHRISTKIND KAM IN DEN WINTERWALD,
DER SCHNEE WAR WEISS, DER SCHNEE WAR KALT.
DOCH ALS DAS HEIL'GE KIND ERSCHIEN,
FING'S AN, IM WINTERWALD ZU BLÜHN.

CHRISTKINDLEIN TRAT ZUM APFELBAUM,
ERWECKT IHN AUS DEM WINTERTRAUM.
»SCHENK ÄPFEL SÜSS, SCHENK ÄPFEL ZART,
SCHENK ÄPFEL MIR VON ALLER ART!«

DER APFELBAUM, ER RÜTTELT SICH,
DER APFELBAUM, ER SCHÜTTELT SICH.
DA REGNET'S ÄPFEL RINGSUMHER;
CHRISTKINDLEINS TASCHEN WURDEN SCHWER.

DIE SÜSSEN FRÜCHTE ALLE NAHM'S,
UND SO ZU DEN MENSCHEN KAM'S.
NUN, HOLDE MÄULCHEN, KOMMT, VERZEHRT,
WAS EUCH CHRISTKINDLEIN HAT BESCHERT!

GLÜCKSÄPFEL – DIE CHINESISCHE GESCHENKVARIANTE

Neben weihnachtlichen Grußkarten verschenkt man in China gerne Äpfel an seine Lieben. Das rot gefärbte Obst wird mit Papier und Goldschleifen geschmückt und manchmal werden kleine Botschaften in die Schale eingeritzt. Der Apfel ist in den Augen der Chinesen deshalb ein ideales Weihnachtsgeschenk, weil die Bezeichnung für das Obst – pingguo – sehr ähnlich klingt wie das Wort für die Heilige Nacht – pinganye. Übersetzt bedeutet pingguo so viel wie »das Obst, das Sicherheit gibt«, und damit ist die Frucht, deren Schale noch dazu in der Glücksfarbe Rot glänzt, einfach ein Muss als Weihnachtsgabe.

Lust bekommen auf einen typisch chinesischen Glücksapfel? Hier ist das Rezept:

ZUTATEN

6	*mittelgroße säuerliche Äpfel*
550 g	*Zucker*
5 EL	*kaltes Wasser*
1 TL	*Zitronensaft*
1 TL	*rote Lebensmittelfarbe*
6	*stabile Holzspieße*

ZUBEREITUNG: Äpfel waschen, trocken reiben, Stiele entfernen. * Holzspieße durch das Stielloch in die Äpfel stecken. * Einen großen Teller mit Zucker bestreuen (darauf trocknen später die Äpfel). * Zucker, Wasser, Zitronensaft und Lebensmittelfarbe in einem Topf mischen und aufkochen lassen. * Wenn der Zucker anfängt zu karamellisieren und die Mischung klar wird, den Topf vom Herd nehmen. * Die Äpfel in der Mischung drehen, bis sie komplett damit überzogen sind. * Zum Trocknen kopfüber auf denvorbereiteten Teller stellen.

Wer das Kaufen von Geschenken und die passende Weihnachtsstimmung gerne miteinander verbindet, findet das in Europa am ehesten auf dem Weihnachtsmarkt. Hier einige Beispiele bekannter Weihnachtsmärkte in europäischen Städten:

BARCELONA

Im Stadtviertel *Barri Gòthic* steht die Kathedrale von Barcelona, die *Catedral de la Santa Creui Santa Eulàlia*. Zu ihren Füßen findet seit 230 Jahren einer der schönsten Weihnachtsmärkte der Stadt mit dem klingenden Namen *Fira de Santa Llúcia* statt. Bis vor einigen Jahren gehörte es zur vorweihnachtlichen Tradition, dass hier junge Frauen auf die Suche nach einem Ehemann gingen.

BRÜSSEL

Auf dem *Grand Place* in Brüssel verbreitet *Winter Wonders* weihnachtliche Vorfreude. Ein riesiger Weihnachtsbaum mit Lichter- und Musikshow, die weihnachtliche Parade und das blinkende Lichtermeer tragen ihren Teil dazu bei.

DRESDEN

Seit mehr als 580 Jahren ist der Dresdner Striezelmarkt bereits eine Institution. Bekannteste Delikatesse ist der Striezel, besser bekannt als Dresdner Christstollen. Außerdem gibt es hier die welthöchste Stufenpyramide mit über 14 Metern Höhe zu bestaunen und eine Krippe mit lebensgroßen Figuren.

EDINBURGH

Eher weltlich angehaucht ist Weihnachten in Schottlands Hauptstadt. In den *Princess Street Gardens* gibt es neben den üblichen Verkaufsständen einen Vergnügungspark mit Santa-Grotte, Spiegelzelt und Eislaufbahn.

KOPENHAGEN

Im zweitältesten Vergnügungspark der Welt, dem *Tivoli*, leuchten vor Weihnachten Tausende Lichter und der zugefrorene See lädt zum Eislaufen ein.

NÜRNBERG

Der Christkindlesmarkt von Nürnberg ist einer der größten Weihnachtsmärkte Europas. Vor der Kulisse der Frauenkirche werden traditionelle Spezialitäten wie Lebkuchen, Zwetschgenmännle oder Rauschgoldengel angeboten.

PRAG

Den Ruf, einer der schönsten Weihnachtsmärkte Europas zu sein, hat der Markt in der Altstadt von Prag am Wenzelsplatz. Er ist relativ klein, gemütlich und zieht mit seinem mittelalterlichen Flair die Besucher an. Zu einem Besuch gehört unbedingt ein Krug mit Honigwein, der hier nicht Met, sondern *Medovina* heißt.

RIGA

In Riga soll der geschmückte Weihnachtsbaum seine Geburtsstunde gehabt haben. Seither leuchten im Advent überall in der Stadt Weihnachtsbäume. Der Domplatz mit seiner Jugendstilarchitektur ist das Zentrum der Vorweihnachtszeit. Ein Teil der Einnahmen wird hier jedes Jahr an Bedürftige verteilt.

ROVANIEMI

In der offiziellen Heimat des Weihnachtsmanns, *Santa Claus Village* in Rovaniemi, geht es das ganze Jahr über weihnachtlich zu. In der Vorweihnachtszeit allerdings kann man den Elfen im Weihnachtspostamt bei der Arbeit zusehen, die Rentiere kennenlernen und den Aufbruch des Schlittens am 23. Dezember miterleben.

SALZBURG

Der Salzburger Christkindlmarkt hat seine Wurzeln, die bis ins 15. Jahrhundert zurückreichen, im historischen Tandlmarkt. Die Traditionen von damals leben bis heute in den schmalen Gassen der Salzburger Altstadt weiter.

STOCKHOLM

Auf dem Marktplatz *Stortorget* findet seit 1837 der älteste Weihnachtsmarkt Schwedens statt. Sogar August Strindberg und König Oscar I. haben ihn bereits besucht.

STRASSBURG

Der erste Christkindlmarkt Europas fand in Straßburg im Jahr 1570 statt. Der Markt mit dem Namen *Christkindelsmärik* berechtigt die Straßburger, ihre Stadt als Weihnachtshauptstadt zu bezeichnen.

VALKENBURG

Im niederländischen Valkenburg gibt es in der *Gemeentegrot* einen teilweise unterirdischen Weihnachtsmarkt. Die Atmosphäre in der Grotte mit ihrer warmen Beleuchtung ist besonders weihnachtlich und gemütlich.

Weihnachtsinseln

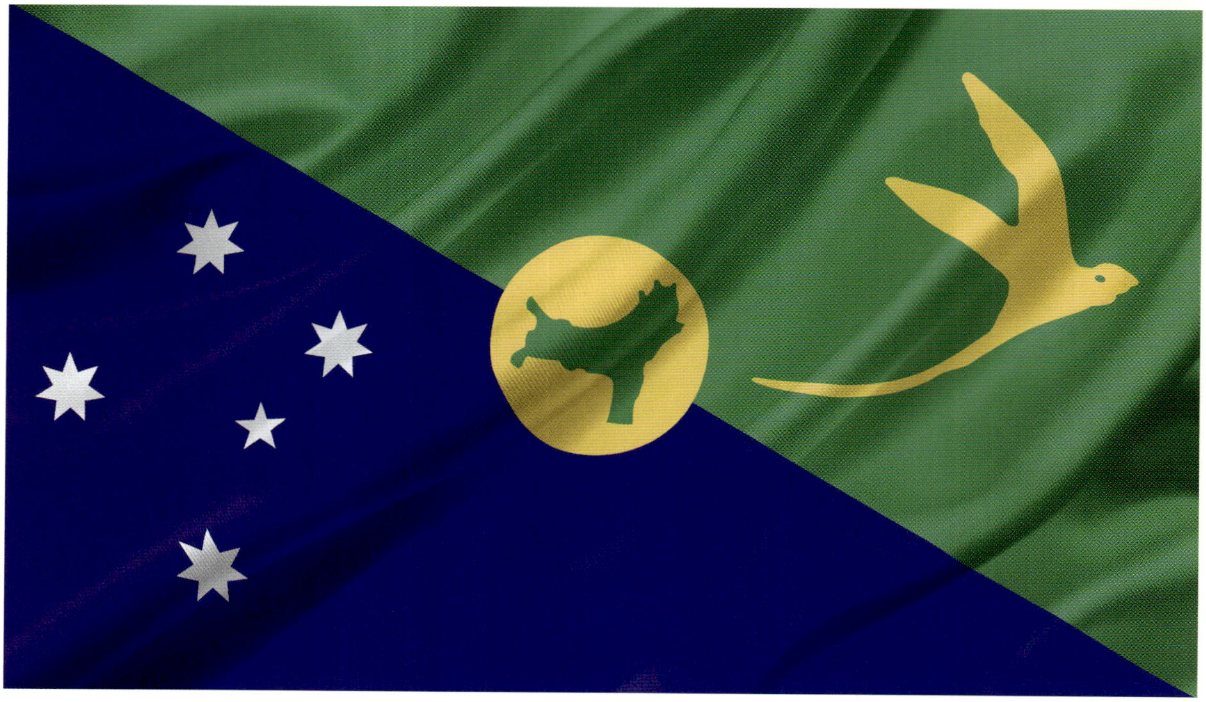

... UND ICH WERDE AN WEIHNACHTEN NACH HAUSE KOMMEN. WIR ALLE TUN DAS ODER SOLLTEN ES TUN. WIR ALLE KOMMEN HEIM ODER SOLLTEN HEIMKOMMEN. FÜR EINE KURZE RAST, JE LÄNGER, DESTO BESSER, UM RUHE AUFZUNEHMEN UND ZU GEBEN.

CHARLES DICKENS

Weihnachten

NUR DEM NAMEN NACH

ES GIBT ZWEI WEIHNACHTSINSELN, eine im Pazifik und eine im Indischen Ozean. Die Weihnachtsinsel im Pazifik entdeckte der weltberühmte britische Seefahrer James Cook. Er fand die unbewohnte Insel auf seiner dritten Expedition, die sich zum Ziel gesetzt hatte, die nördliche Durchfahrt zwischen Pazifik und Atlantik zu erforschen. Dabei stieß er mit seinem Schiff *HMS Resolution* am 24. Dezember 1777 knapp 190 km nördlich des Äquators auf die Insel. Cook verbrachte hier mit seiner Mannschaft die Weihnachtsfeiertage, was ihr den Namen *Christmas Island* einbrachte. Heute heißt die Insel mit ihren knapp 400 Quadratkilometern Landfläche und rund 6500 Einwohnern *Kiritimati* – eine Übersetzung des englischen Namens in die Inselsprache – und gehört zum pazifischen Inselstaat *Kiribati*.
Vor Kiritimati wurde die kleinere Weihnachtsinsel entdeckt, die im Indischen Ozean liegt und mit ganzem Namen *Territory of Christmas Island* heißt. Ganz anders, als es der Name vermuten lässt, feiern die Einwohner dieser zuerst entdeckten Weihnachtsinsel, die offiziell zu Australien gehört, gar kein Weihnachten. Kein Wunder, denn die Mehrheit der Bevölkerung sind Buddhisten. Die circa 135 Quadratkilometer große Insel ist, genau wie ursprünglich *Kiritimati* und die Osterinsel, lediglich nach dem Tag ihrer Entdeckung benannt. Und das war der 25. Dezember 1643, an dem Kapitän William Mynors von der britischen Ostindien-Kompanie mit seinem Schiff *Royal Mary* sie erreichte. Zu diesem Zeitpunkt war die Insel noch unbewohnt, was sich erst über 200 Jahre später wirklich änderte, nachdem sie erforscht und Phosphat-Vorkommen entdeckt wurden. Die Arbeiter der Phosphat-Minen, meist aus Singapur, China und Malaysia, siedelten sich Ende des 19. Jahrhunderts an. Heute leben etwas mehr als 2000 Menschen auf der Weihnachtsinsel, vor allem in der Hauptstadt *Flying Fish Cove*.

IRGENDWIE EIN BISSCHEN ENTTÄUSCHEND, NICHT WAHR?

THEMENREGISTER

GEDICHTE UND LIEDER

REZEPTE

ERZÄHLUNGEN

BASTELIDEEN

SONSTIGES

*

In einigen Fällen war es nicht möglich, für den Abdruck der Texte die Rechteinhaber zu ermitteln. Honoraransprüche der Autoren, Verlage und ihrer Rechtsnachfolger bleiben gewahrt.

Bildnachweis
Cover: Piyato / Shutterstock.com; marilyn barbone / Shutterstock.com; Kamil Macniak / Shutterstock.com; elitravo / Shutterstock.com; Yuganov Konstantin / Shutterstock.com; ANNA WITKIEWICZ / Shutterstock.com; Goncharenya Tanya / Shutterstock.com; LightField Studios / Shutterstock.com; Nitr / Shutterstock.com; AnjelikaGr / Shutterstock.com; Africa Studio / Shutterstock.com.

Innenteil: S. 4: marilyn barbone / Shutterstock.com, Seringa / photocase.de, ndanko / photocase.de, elitravo / Shutterstock.com; S. 7: OFC Pictures / fotolia.de; S. 8: Getty Images / Thinkstock, Nikolay N. Antonov / fotolia.de; S. 9, 21, 27, 35, 41, 49, 53, 57, 65, 75, 81, 97, 105, 111, 119, 137, 143, 147, 153, 161, 169, 173, 177, 181: eyegelb / fotolia.de; S. 11: dinasaeed / fotolia.de; S. 12: Oksana_Slepko / Shutterstock.com; S. 13: winyu / fotolia.de; S. 14: by-studio / fotolia.de; S. 18: Patryk Kosmider / Shutterstock.com; S. 19: mauritius images / Andrea Marka; S. 20: Leonid Andronov / fotolia.de; S. 22: J. Lekavicius / Shutterstock.com; S. 23, 30, 33, 38, 64, 68, 69, 70, 73, 74, 77, 78, 79, 86, 87, 91, 94/95, 102, 114, 116, 120, 121, 122, 126, 127, 133, 134, 141, 142, 144, 150, 152, 170, 172, 178, 180: Getty Images / Thinkstock; S. 24: gudrun / fotolia.de; S. 26: Evgenia Tiplyashina / fotolia.de; S. 29: jorisvo / fotolia.de; S. 31: diedel / fotolia.de; S. 32: Andy Ilmberger / fotolia.de; S. 34: Boyan Georgiev / fotolia.de; S. 36: Simic Vojislav / fotolia.de; S. 39: Ivana Lalicki / Shutterstock.com; S. 40: dimbar76 / fotolia.de; S. 42: Rawpixel.com / fotolia.de; S. 44: BMDstudio / fotolia.de; S. 45: mikhail_kayl / fotolia.de; S. 46: alexkich / fotolia.de; S. 48: Roman / fotolia.de; S. 50: pillerss / fotolia.de; S. 51: theartofphysio / Shutterstock.com; S. 52: BlueOrange Studio / fotolia.de; S. 54: mauritius images / Rene Truffy; S. 56: dimbar76 / fotolia.de; S. 58: Archivist / fotolia.de; S. 59: agneskantaruk / fotolia.de; S. 60: sipaphotography / fotolia.de; S. 62: S. 62: Kite_rin / Shutterstock.com; S. 66: Jacob Lund / fotolia.de; S. 67: ndanko / photocase.de; S. 69: oleg_ermak / fotolia.de; S. 76: marilyn barbone / Shutterstock.com; S. 80: Alexi Tauzin / fotolia.de; S. 82: Mike Fouque / fotolia.de, legabatch / fotolia.de; S. 83: oceane2508 / fotolia.de; S. 84: Mike Fouque / fotolia.de; S. 85: Africa Studio / fotolia.de; S. 88: chandlervid85 / fotolia.de; S. 90: Jessica / fotolia.de; S. 92: PUNTO STUDIO FOTO AG / fotolia.de; S. 96: e55evu / fotolia.de; S. 98: e55evu / fotolia.de; S. 99: Mannaggia / fotolia.de; S. 100: Comugnero Silvana / fotolia.de; S. 101: Comugnero Silvana / fotolia.de; S. 104: vulcanus / fotolia.de; S. 106: Alfonso de Tomas / Shutterstock.com; S. 107: JackF / fotolia.de; S. 108: jcg_oida / fotolia.de; S. 110: Stephane Debove / Shutterstock.com; S. 112: mauritius images / Prisma / Sonderegger Christof; S. 118: ksfotodesign / fotolia.de; S. 123: jorisvo / fotolia.de; S. 125: Floydine / fotolia.de; S. 126: Photocreo Bednarek / fotolia.de, gudrun / fotolia.de; S. 127: S.H.exclusiv / fotolia.de, Tim_Walters2017 / Shutterstock.com; S. 130/131: by-studio / fotolia.de; S. 132: silverkama / fotolia.de; S. 135: S. 135: Minerva Studio / Shutterstock.com, S. 136: sborisov / fotolia.de; S. 139: HannesBrandstätter / fotolia.de; S. 140: FooTToo / Shutterstock.com; S. 145: mauritius images / ARCTIC IMAGES / Alamy; S. 146: aforlenza / fotolia.de; S. 148: Kit Leong / fotolia.de, Popova Olga / fotolia.de; S. 149: Goncharenya Tanya / Shutterstock.com; S. 151: peony / fotolia.de; S. 154: ulrikestein / fotolia.de; S. 155: rusty426 / Shutterstock.com; S. 156: fergregory / fotolia.de; S. 157: Gino Santa Maria / fotolia.de; S. 158: AGcuesta / fotolia.de; S. 159: carlosrojas20 / fotolia.de; S. 160: dabldy / fotolia.de; S. 162: mauritius images / Maria Adelaide Silva / Alamy; S. 164: A.PAES / Shutterstock.com; S. 165: mrmello / fotolia.de; S. 166: Fabio Balbi / fotolia.de; S. 167: mauritius images / United Archives; S. 168: mauritius images / Jeremy Pembrey / Alamy; S. 171: Travelrebel / Shutterstock.com; S. 174: Kevin / fotolia.de; S. 175: rook76 / fotolia.de; S. 176: mauritius images / imageBROKER / Neil Overy; S. 179: ChiccoDodiFC / fotolia.de; S. 182: Max Top Photo and Video / Shutterstock.com; S. 183: mdesigner125 / fotolia.de; S. 184: eyetronic / fotolia.de; S. 185: Oliver Raupach / fotolia.de; S. 186: Jürgen Fälchle / fotolia.de, melis / shutterstock.com; S. 188: adaptice photography / fotolia.de; S. 189: KiltedArab / Shutterstock.com.

Hintergründe und Vignetten: Premarnunt2536 / Shutterstock.com; ViSnezh / Shutterstock.com; Avisnana / Shutterstock.com; Curly Pat / Shutterstock.com; Curly Pat / Shutterstock.com; arigato / Shutterstock.com; Lisla / Shutterstock.com; leziles / Shutterstock.com; Merfin / Shutterstock.com; Getty Images / Thinkstock.

Covergestaltung: arsEdition
Innengestaltung: Eva Schindler

ISBN 978-3-8458-2835-0
1. Auflage

www.arsedition.de

MIX
Papier aus verantwortungsvollen Quellen
FSC® C020056

*

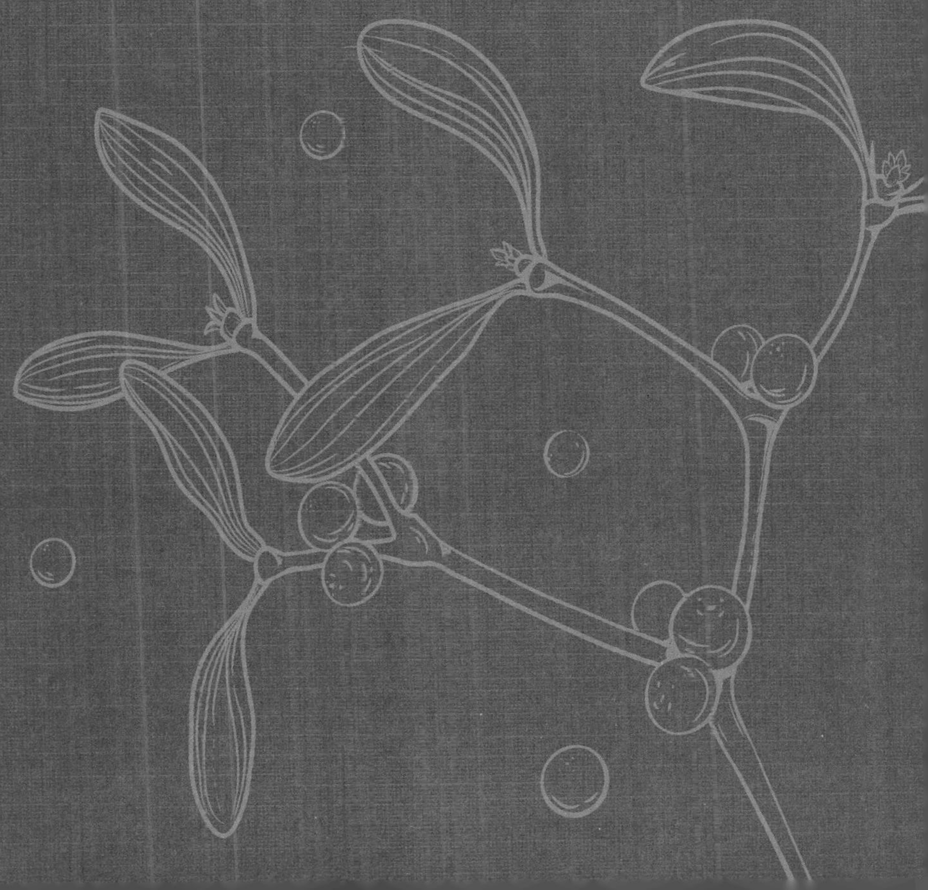

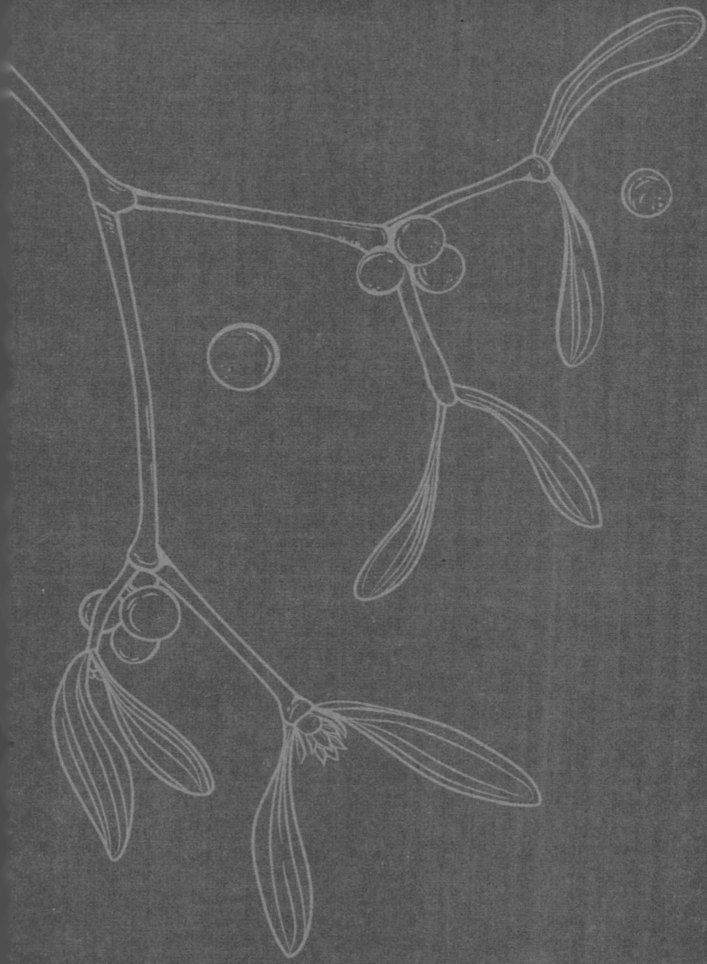